DER TIPPING POINT

MALCOLM GLADWELL

DER TIPPING POINT

WIE KLEINE DINGE GROSSES BEWIRKEN KÖNNEN

Aus dem Amerikanischen übersetzt
von Malte Friedrich

Berlin Verlag

Die Originalausgabe erschien 2000 unter dem Titel
The Tipping Point
How Little Things Can Make a Big Difference
bei Little, Brown and Company, Boston · New York · London
© 2000 Malcolm Gladwell
Für die deutsche Ausgabe
© 2000 Berlin Verlag, Berlin
Alle Rechte vorbehalten
Umschlaggestaltung:
Nina Rothfos und Patrick Gabler, Hamburg
Gesetzt aus der Stempel Garamond
und Cg Alpin durch
psb, Berlin
Druck & Bindung: GGP, Pößneck
Printed in Germany 2000
ISBN 3-8270-0274-5

Gedruckt auf chlor- und säurefreiem Papier

Für meine Eltern,
Joyce und Graham Gladwell

INHALT

EINLEITUNG

F ür die Hush Puppies – die klassischen amerikanischen Wildlederschuhe mit der leichten Kreppsohle – kam der Tipping Point irgendwann zwischen Ende 1994 und Anfang 1995. Die Marke war bis zu diesem Zeitpunkt praktisch tot gewesen. Es wurden nur noch etwa 30.000 Paar im Jahr verkauft, zum größten Teil in der Provinz und in Schuhläden in Kleinstädten. Wolverine, die Firma, die die Hush Puppies herstellt, dachte daran, die Produktion der Schuhe, die sie berühmt gemacht hatten, ganz einzustellen. Aber dann geschah etwas Seltsames. Bei Modeaufnahmen wurden zwei leitende Wolverine-Manager – Owen Baxter und Geoffrey Lewis – von einem Designer aus New York angesprochen, der ihnen berichtete, dass die klassischen Hush Puppies in den Clubs und Bars in Downtown Manhattan plötzlich der letzte Schrei seien. »Er erzählte uns«, erinnert sich Baxter, »daß es Läden im East Village und in Soho gebe, wo die Schuhe verkauft würden. Die Besitzer hätten begonnen, in die alten Emmaläden zu laufen, wo die Schuhe noch vorrätig waren, und sie aufzukaufen.« Baxter und Lewis waren zunächst nur verblüfft. Wie konnten Schuhe, die offensichtlich nicht mehr in Mode waren, ein solches Comeback erleben? »Er sagte uns, dass Isaac Mizrahi selbst diese Schuhe trage«, sagt Lewis. »Ich muss hinzufügen, daß wir zu der Zeit keine Ahnung hatten, wer Isaac Mizrahi war.«

Bis zum Herbst 1995 überstürzten sich die Ereignisse. Zuerst rief der Designer John Bartlett an. Er wollte in seiner Frühlings-kollektion Hush Puppies einsetzen. Dann rief eine weitere Designerin aus Manhattan an, Anna Sui, die für ihre Modeschau ebenfalls Hush Puppies wollte. In Los Angeles setzte der Designer Joel Fitzgerald einen sieben Meter hohen aufblasbaren Basset, das Markenzeichen der Hush Puppies, auf das Dach seines Modegeschäftes in Hollywood und wandelte eine daneben stehende Kunstgalerie in eine Hush Puppies-Boutique um. Als die Arbeiten noch in Gange waren, die Wände wurden gestrichen und Regale aufgebaut, kam der Schauspieler Pee-wee Herman herein und wollte zwei Paar kaufen. »Es war total von Mund zu Mund«, erinnert sich Fitzgerald.

1995 verkaufte die Firma 430.000 Paar der klassischen Hush Puppies, und im nächsten Jahr verkaufte sie vier Mal so viele und im darauf folgenden Jahr noch mehr, bis Hush Puppies wieder ein unverzichtbarer Teil der Kleidung junger amerikanischer Männer geworden waren. 1996 gewannen die Hush Puppies auf dem Council of Fashion Designers Dinner den Preis als bestes modisches Accessoir, und der Vorstandsvorsitzende von Wolverine stand neben Calvin Klein und Donna Karan auf der Bühne und nahm einen Preis für eine Leistung entgegen, zu der die Firma – wie er als erster zugeben würde – fast nichts beigetragen hatte. Hush Puppies waren förmlich explodiert, und es hatte alles mit einer Handvoll junger Leute im East Village und in Soho begonnen.

Diese ersten Jugendlichen, wer immer sie gewesen sein mögen, hatten sicherlich nicht vor, die Hush Puppies wieder populär zu machen. Sie trugen sie aus dem einzigen Grund, weil niemand sonst sie trug. Dann nahmen zwei Modedesigner die Idee auf und gebrauchten die Schuhe, um etwas ganz anderes zu verkaufen – Haute Couture. Die Schuhe waren nur eine Zutat, mehr nicht. Und dann war es innerhalb eines Jahres passiert – die Hush Puppies brachen alle Rekorde. Sie erreichten einen bestimmten Punkt, und von da an wurde es zu einer Lawine. Wie war das möglich? Wie schafft es ein Paar Schuhe für dreißig Dollar, die von einer Handvoll junger modebewusster Leute in Manhattan entdeckt werden, innerhalb von zwei Jahren jedes Kaufhaus in den Vereinigten Staaten zu erobern?

I.

Es gab eine Zeit, das ist noch nicht lange her, als sich ganze Viertel in den verzweifelt armen Stadtteilen von New York, in Brownsville und East New York etwa, nach Einbruch der Dunkelheit in Geisterstädte verwandelten. Normale arbeitende Menschen wagten sich im Dunkeln nicht auf die Straße. Man sah keine Kinder auf Fahrrädern. Ältere Leute saßen nicht auf den Treppen vor den Haustüren oder auf Parkbänken herum. In diesen Teilen Brooklyns war der Drogenhandel so offen und die Bandenkriege waren so allgegenwärtig, dass die meisten Menschen es vorzogen, sich nach der Dämmerung in die Sicherheit ihrer Wohnungen zurückzuziehen. Polizisten, die in den achtziger und frühen neunziger Jahren in Brownsville Dienst taten, berichten, dass der Polizeifunk nach Einbruch der Dunkelheit von Nachrichten über jede vorstellbare Art von Gewalt und Kriminalität überquoll. 1992 gab es in New York City 2145 Morde und 626.182 Gewaltverbrechen, wobei das Schwergewicht der Straftaten in Distrikten wie Brownsville und East New York lag. Aber dann geschah etwas Seltsames. An einem rätselhaften und kritischen Punkt begann die Verbrechensrate sich zu drehen. Sie erreichte den Tipping Point und kippte. Innerhalb von fünf Jahren fiel die Anzahl der Morde um 64,3 Prozent auf 770 und die Gewaltverbrechen halbierten sich auf 355.893. In Brownsville und East New York belebten sich die Gehsteige, Fahrräder tauchten auf, und alte Leute erschienen wieder auf den Bänken und vor den Haustüren. »Früher war es nichts Ungewöhnliches, auf den Straßen Maschinenpistolenfeuer zu hören wie irgendwo im Dschungel von Vietnam«, sagt Inspektor Edward Massadri, Chef des Polizeireviers von Brownsville. »Man hörte die automatischen Waffen in Bed-Sty und Brownsville und besonders in East New York. Jetzt hör ich so was nicht mehr.«[1]
Die Polizei der Stadt New York wird einem dazu sagen, dass das, was diese dramatische Verbesserung zu Stande brachte, die neue Polizeistrategie war. Kriminologen verweisen auf das

Nachlassen des Crack-Handels und die veränderte Altersstruktur der Bevölkerung. Ökonomen sagen, dass die allmähliche Verbesserung der Wirtschaftslage in der Stadt im Laufe der neunziger Jahre die jungen Leute in Lohn und Brot brachte, die sonst zu Kriminellen geworden wären. Dies sind die konventionellen Erklärungen für den Aufstieg und Niedergang sozialer Probleme, aber letztlich sind sie alle ebenso wenig zufriedenstellend wie die Aussage, dass es die jungen Leute im East Village waren, die den beispiellosen Erfolg der Hush Puppies verursachten. Die Veränderungen im Drogenhandel, die Bevölkerungsstruktur und die Wirtschaft sind alle langfristige Trends, die im ganzen Land stattfinden. Sie erklären nicht, warum die Verbrechensrate in New York so viel radikaler abgesunken ist als in anderen Städten des Landes, und sie erklären nicht, warum dies in so außerordentlich kurzer Zeit geschah. Was die Verbesserung der Polizeiarbeit angeht, so ist sie sicher wichtig. Aber es gibt eine rätselhafte Lücke zwischen dem Maß der Veränderung in der Polizeistrategie und der Größe der Wirkung auf Orte wie Brownsville und East New York. Schließlich ebbte das Verbrechen in New York nicht langsam ab, als sich die Lebensbedingungen allmählich verbesserten. Es stürzte ab. Wie kann die Veränderung einer Handvoll von wirtschaftlichen und gesellschaftlichen Indizes innerhalb von fünf Jahren zu einer Verringerung der Mordrate um zwei Drittel führen?

2.

Der Tipping Point ist die Biografie einer Idee, und die Idee ist sehr einfach. Sie besagt, dass man die dramatische Verwandlung von unbekannten Büchern in Bestseller oder den Anstieg des Rauchens unter Teenagern oder das Phänomen der Mundpropaganda oder eine ganze Anzahl von anderen geheimnisvollen Veränderungen im Alltagsleben am besten versteht, wenn man sie sich als Epidemien vorstellt. Ideen und Produkte und Botschaften und Verhaltensweisen verbreiten sich genauso wie ein Virus.

Der Aufstieg der Hush Puppies und der Niedergang der Verbrechensrate in New York sind Lehrbuchbeispiele für den Ablauf einer Epidemie. Obwohl sie auf den ersten Blick wenig miteinander zu tun zu haben scheinen, teilen sie eine grundlegende Struktur. Niemand schaltete eine Anzeige und teilte den Leuten mit, dass die traditionellen Hush Puppies »cool« seien und dass man sie tragen sollte. Diese jungen Leute zogen die Schuhe einfach an, wenn sie in Clubs oder Cafés gingen oder in den Straßen von Manhattan herumliefen, und indem sie das taten, setzten sie andere Leute ihrem Modegefühl aus. Sie infizierten sie mit dem Hush Puppies-»Virus«.

Der Fall der Verbrechensrate in New York verlief mit Sicherheit in genau derselben Form. Es war nicht so, dass eine riesige Zahl potenzieller Mörder im Jahr 1993 plötzlich aufschreckten und beschlossen, keine Verbrechen mehr zu begehen. Und es war auch nicht so, dass es der Polizei plötzlich auf magische Weise gelang, in viele Situationen einzugreifen, die ansonsten einen tödlichen Ausgang genommen hätten. Was geschah, ist etwas anderes: die kleine Anzahl von Menschen in der kleinen Anzahl von Situationen, auf welche die Polizei oder die neuen gesellschaftlichen Kräfte Einfluss nahmen, fingen an, sich anders zu verhalten, und dieses Verhalten sprang irgendwie auf andere potentielle Kriminelle in ähnlichen Situationen über. Auf irgendeine Weise wurde eine große Anzahl von Menschen in New York innerhalb kurzer Zeit von einem Anti-Verbrechens-Virus »infiziert«.

Und beide Veränderungen liefen sehr schnell ab. Sie bauten sich nicht langsam und stetig auf. Es ist lehrreich, sich die Kurve der Verbrechensrate in New York von, sagen wir, Mitte der sechziger Jahre bis Ende der neunziger Jahre anzuschauen. Die Kurve wirkt wie ein riesiger Torbogen. 1965 wurden in der Stadt 200.000 Gewaltverbrechen begangen, und von diesem Punkt an beginnt die Zahl steil anzusteigen. Sie verdoppelt sich innerhalb von zwei Jahren und steigt kontinuierlich, bis sie in der Mitte der siebziger Jahre 650.000 Gewaltverbrechen pro Jahr erreicht. Auf dieser Ebene verharrt sie die nächsten zwei Jahrzehnte, um dann im Jahre 1992 ebenso steil abzufallen, wie sie dreißig Jahre zuvor gestiegen ist. Die Verbrechensrate in New York ging nicht langsam zurück. Sie flachte nicht sanft ab. Sie erreichte einen bestimmten Punkt, und dann war es, als ob jemand mit aller Kraft auf die Bremse getreten hätte.

Diese drei Eigenschaften – zum einen die Ansteckung, zum zweiten die Tatsache, dass kleine Ursachen große Wirkungen haben können, und zum dritten, dass die Veränderung nicht allmählich, sondern in einem dramatischen Moment eintritt – sind dieselben drei Prinzipien, die bestimmen, wie die Masern sich durch eine Grundschulklasse bewegen oder wie die Grippe in jedem Winter die Menschen erfasst. Von den dreien ist das dritte, das epidemische Prinzip – die Tatsache, dass Epidemien sich in dramatischer Schnelligkeit ausbreiten oder zurückziehen –, das Bedeutendste. Denn dieses Prinzip erklärt zugleich die anderen beiden und erlaubt Erkenntnisse darüber, warum gesellschaftliche Veränderungen sich heute so entwickeln, wie sie es tun. Und den dramatischen Moment in einer Epidemie, wenn alles plötzlich umschlagen kann, nennt man Tipping Point.

3.

Eine Welt, die den Regeln von Epidemien folgt, unterscheidet sich sehr von der Welt, in der wir im Augenblick zu leben glauben. Denken Sie einen Moment lang über das Konzept der Ansteckung nach. Wenn ich das Wort benutze, denken Sie an Erkältung oder Grippe oder vielleicht an etwas sehr Gefährliches wie HIV oder Ebola. Wir haben alle eine sehr spezifische, biologische Vorstellung dessen, was Ansteckung bedeutet. Aber wenn es Verbrechensepidemien gibt oder Modeepidemien, dann muss es Formen von Ansteckung geben, die nichts mit Viren zu tun

haben. Haben Sie zum Beispiel schon mal an das Gähnen gedacht? Gähnen ist eine überraschend machtvolle Handlung. Nur
weil Sie das Wort »Gähnen« in den letzten beiden Sätzen gelesen
haben – und die zwei zusätzlichen »Gähnen« in diesem Satz –,
wird eine beträchtliche Zahl von Ihnen innerhalb der nächsten
Minuten gähnen. Während ich dies niedergeschrieben habe,
musste ich zwei Mal gähnen. Wenn Sie dies an einem öffentlichen
Ort lesen, so ist die Wahrscheinlichkeit groß, dass ein gewisser
Prozentsatz der Leute, die Sie gähnen sahen, jetzt auch gähnen.
Und ein Prozentsatz der Leute, die die Leute beobachteten, die
Sie haben gähnen sehen, gähnen jetzt auch und so weiter und so
weiter in einem sich stets erweiternden gähnenden Kreis.

Gähnen ist unglaublich ansteckend. Ich habe einige von Ihnen, die diese Zeilen lesen, zum Gähnen gebracht, einfach indem
ich das Wort »Gähnen« niederschrieb. Die Leute, die gähnten,
als sie Sie gähnen sahen, wurden durch den Anblick Ihres Gäh-
nens infiziert – was eine zweite Art der Ansteckung ist. Sie haben
vielleicht sogar nur gegähnt, weil sie Sie haben gähnen hören,
denn das Gähnen ist auch akustisch ansteckend: wenn man blinden Menschen ein Tonband mit Gähngeräuschen vorspielt, werden sie auch gähnen. Und schließlich: Wenn Sie gegähnt haben,
als Sie dies gelesen haben, ist Ihnen der Gedanke durch den Kopf
gegangen – wie unbewußt und flüchtig auch immer –, dass Sie
müde sein könnten? Ich habe den Verdacht, dass dies bei einigen
von Ihnen so gewesen ist, was bedeutet, dass Gähnen auch emotional ansteckend sein kann. Einfach indem ich das Wort nieder-
schreibe, kann ich Ihnen ein Gefühl eingeben.[2] Kann das Grip-
pevirus so etwas tun? Ansteckung ist also eine Eigenschaft, die
in den unerwartetsten Dingen liegen kann, und das müssen wir
im Kopf behalten, wenn wir epidemische Veränderungen erkennen und diagnostizieren wollen.

Das zweite unter den Prinzipien von Epidemien – dass kleine
Veränderungen große Wirkungen haben können – ist auch eine
ziemlich radikale Vorstellung. Wir sind durch unsere Sozialisa-
tion dazu erzogen, eine ungefähre Annäherung zwischen Ur-

sache und Wirkung herzustellen. Wenn wir eine starke Emotion ausdrücken wollen, wenn wir etwa jemanden davon überzeugen wollen, dass wir ihn oder sie lieben, dann wissen wir, dass wir leidenschaftlich und direkt sprechen müssen. Wenn wir jemandem eine schlechte Nachricht überbringen müssen, sprechen wir leise und wählen jedes Wort sorgfältig. Man hat uns gelehrt, dass wir uns anstrengen müssen, wenn wir in irgendeiner Beziehung oder Transaktion oder in irgendeinem System ein Ergebnis von großer Intensität und Bedeutung wünschen. Wir müssen eine dem erhofften Ergebnis kommensurable Energie einsetzen, glauben wir.

Aber nehmen Sie zum Beispiel die folgende Denksportaufgabe. Ich gebe Ihnen ein großes Stück Papier, und ich fordere Sie auf, es einmal zu falten, dann das gefaltete Stück zu nehmen und es nochmals zu falten, und dann noch einmal und noch einmal und noch einmal, bis Sie das ursprüngliche Papier fünfzig Mal gefaltet haben. Wie dick, glauben Sie, wird der zusammengefaltete Papierstapel schließlich sein?

Um die Frage zu beantworten, werden die meisten Leute das Blatt vor ihrem geistigen Auge falten und zu dem Schluss kommen, dass es schließlich so dick wie ein Telefonbuch ist, oder, wenn sie mutig sind, so hoch wie der Kühlschrank. Aber die richtige Antwort lautet, dass der Papierstapel so hoch wäre wie die Entfernung zur Sonne. Und wenn man ihn noch einmal falten könnte, so hoch wie die Entfernung zur Sonne und zurück. In der Mathematik nennt man so etwas eine geometrische Progression. Wenn ein Virus sich in einer Bevölkerungsgruppe ausbreitet, verdoppelt er sich und verdoppelt sich wieder, bis er (bildlich gesprochen) in fünfzig Schritten auf die Distanz zwischen Erde und Sonne angewachsen ist. Unsere menschliche Vorstellungskraft hat es schwer mit dieser Art von Progression, weil das Ergebnis – die Wirkung – so außerhalb jeder Proportion zur Ursache zu stehen scheint. Um die Macht von Epidemien zu erfassen, müssen wir unsere Vorstellung von Proportionalität aufgeben. Wir müssen uns auf die Möglichkeit einstellen, dass kleine Ereignisse große Veränderungen auslösen können, und dass diese Veränderungen manchmal sehr schnell eintreten. Diese Möglichkeit einer schnellen Veränderung steht im Zentrum der Idee des Tipping Point, und sie mag durchaus die Vorstellung sein, die für uns am schwersten zu akzeptieren ist. Der Ausdruck wurde zum ersten Mal in weiteren Kreisen bekannt, als er in den siebziger Jahren benutzt wurde, um die Flucht weißer Bevölkerungsgruppen aus den Zentren der älteren Städte im Nordosten der USA in die Vorstädte zu beschreiben. Wenn die Zahl zugezogener schwarzer Amerikaner in einem bestimmten Stadtviertel einen gewissen Punkt erreicht hatte – zum Beispiel 20 Prozent –, beobachteten Soziologen, dass dieses Viertel »kippte«: die verbleibenden Weißen zogen fast sofort danach weg.

Der Tipping Point ist der Moment der kritischen Masse, die Schwelle, der Hitzegrad, bei dem Wasser zu kochen beginnt. Es gab einen Tipping Point für Gewaltverbrechen am Anfang der neunziger Jahre in New York und einen Tipping Point für das Wiederauftauchen der Hush Puppies, genauso wie es einen Tipping Point für die Einführung neuer Technologien gibt. Sharp produzierte das erste preiswerte Faxgerät im Jahre 1984 und verkaufte etwa 80.000 dieser Geräte im ersten Jahr. In den nächsten drei Jahren kauften Betriebe aller Art langsam und stetig immer mehr Faxgeräte, bis im Jahre 1987 so viele Leute ein Fax besaßen, dass es für jeden sinnvoll war, sich so ein Gerät anzuschaffen. 1987 war der Tipping Point des Faxgerätes. Eine Million Geräte wurden in dem Jahr verkauft, und bis 1989 waren zwei Millionen weitere in Betrieb. Mobiltelefone folgten der gleichen Kurve. Im Laufe der neunziger Jahre wurden sie kleiner und billiger, und der Service wurde besser, bis die Technologie im Jahre 1998 den Tipping Point erreichte und plötzlich jeder ein Mobiltelefon besaß. (Eine Erklärung der mathematischen Abläufe des Tipping Points findet sich in den Anmerkungen.[3])

Alle Epidemien haben Tipping Points. Jonathan Crane, ein Soziologe an der Universität von Illinois, hat die Wirkung untersucht, die die Zahl von so genannten »role models« – hier verstanden als soziale Vorbilder – in einem Stadtviertel auf die Teenager dieser Gemeinde ausübt. Unter Vorbildern für eine Gemeinde versteht er die Akademiker, Manager, Lehrer, die das Census Bureau als »high status« definiert hat. Er untersuchte das Verhältnis von der Zahl der Vorbilder in einer Gemeinde zu Teenagern, die noch zur Schule gingen. Und er stellte fest, dass es nur wenig Unterschiede in der Zahl der Frühschwangeren oder der Schulabgänger ohne Abschluss gab, wenn der Prozentsatz der Vorbilder zwischen 40 und 5 lag. Sank aber die Zahl der Vorbilder in einer Gemeinde unter 5 Prozent, vermehrten sich die Problemfälle schlagartig. Im Falle schwarzer Schulkinder zum Beispiel verdoppelte sich die Zahl der Schulabgänger ohne Abschluss, wenn der Prozentsatz der Vorbilder auch nur um 2,2 Prozentpunkte sank – von 5,6 Prozent auf 3,4 Prozent. Bei demselben Tipping Point verdoppelte sich auch die Rate der Schwangerschaften unter Teenage-Mädchen, die sich vor Erreichen des Punktes kaum verändert hatten. Wir setzen intuitiv voraus, dass die sozialen Probleme in einem Stadtviertel in einer Art stetiger Progression zunehmen. Aber manchmal ist dieser Prozess alles andere als stetig; wenn der Tipping Point erreicht ist, schlägt die Situation plötzlich um, Schulen verlieren die Kontrolle über ihre Schüler, und Familien lösen sich in kurzer Zeit auf.

Ich kann mich daran erinnern, wie ich als Kind zuguckte, wie unser junger Hund zum ersten Mal Schnee erlebte. Er war zugleich verblüfft und entzückt und überwältigt. Er wedelte aufgeregt mit dem Schwanz, während er in der seltsamen federleichten Substanz herumschnüffelte. Er winselte angesichts dieser geheimnisvollen Veränderung seiner Umwelt. Am Morgen seines ersten Schnees war es nicht viel kälter gewesen als am Abend zuvor. Es mag am Abend des vorhergehenden Tages zwei Grad Celsius gewesen sein, und am Morgen ein Grad unter Null. In anderen Worten, fast nichts hatte sich verändert, und doch – das war das Erstaunliche – fast alles war anders. Der Regen hatte sich in etwas ganz anderes verwandelt. Schnee! Wir sind im Kern alle Geschöpfe der Allmählichkeit, unsere Erwartungen messen wir am stetigen Fluss der Zeit. Aber die Welt des Tipping Points ist ein Ort, an dem das Unerwartete zum Normalfall wird, wo die radikale Veränderung mehr ist als eine Möglichkeit. Sie ist – all unseren Erwartungen entgegen – eine Gewissheit.

Auf der Spur dieses radikalen Gedankens werde ich Sie mit nach Baltimore nehmen, damit Sie etwas über die Syphilisepidemie in dieser Stadt erfahren. Ich werde Sie mit drei faszinierenden Menschentypen bekannt machen, die ich Kenner, Vermittler und Verkäufer nenne und die eine entscheidende Rolle in den gesellschaftlichen Epidemien spielen, welche unsere Vorlieben und Trends und Moden diktieren. Ich werde Sie in das Studio mitnehmen, wo die Kindersendungen »Sesamstraße« und »Blue's Clues« produziert werden, und in die faszinierende Welt des Mannes, der daran mitwirkte, den Columbia Record Club zu schaffen. An diesen Beispielen wollen wir untersuchen, wie Botschaften beschaffen sein müssen, damit sie die größtmögliche Wirkung auf das Publikum haben. Ich führe Sie in eine High-Tech-Firma in Delaware, um über Tipping Points zu sprechen, die das Gruppenleben bestimmen, und in die U-Bahn von New York, um zu verstehen, wie die Verbrechensepidemie dort beendet wurde. Der Sinn dieser Streifzüge ist es, zwei einfache Fragen zu beantworten, die im Kern all dessen liegen, was wir als Erzieher, Eltern, Geschäftsleute und Politiker gerne erreichen würden. Warum lösen bestimmte Ideen oder Verhaltensweisen oder Produkte Epidemien aus und andere nicht? Und was können wir tun, um bewusst positive Epidemien auszulösen und zu kontrollieren?

EINS

DIE DREI REGELN VON EPIDEMIEN

U m die Mitte der neunziger Jahre wurde die Stadt Baltimore von einer Syphilisepidemie erfasst. Innerhalb eines Jahres, von 1995 bis 1996, nahm die Zahl der Kinder, die mit der Krankheit geboren wurden, um 500 Prozent zu. Wenn man sich die Syphilisfälle in Baltimore auf einer Kurve anschaut, bleibt die Linie jahrelang stabil, um dann, 1995, fast im rechten Winkel anzusteigen.

Was brachte die Syphilis in Baltimore dazu, zu kippen? Nach Auffassung der Gesundheitsbehörden bestand das Problem im Crack-Kokain. Crack ist bekannt dafür, dass es einen dramatischen Anstieg von riskantem sexuellen Verhalten hervorbringt, das zur Verbreitung von AIDS und Syphilis führt. Es zieht viele Leute in die ärmeren Viertel der Stadt, um Drogen zu kaufen, was die Wahrscheinlichkeit erhöht, dass sie sich dort anstecken und eine Infektion in ihr eigenes Viertel tragen. Es verändert die Muster sozialer Verbindungen zwischen Stadtvierteln. Crack, sagten die Gesundheitsbehörden, war der kleine Anstoß, den das Syphilisproblem brauchte, um sich in eine Epidemie zu verwandeln.[4]

John Zenilman von der Johns Hopkins University in Baltimore, ein Experte für sexuell übertragene Krankheiten, hat eine andere Erklärung: den Zusammenbruch der medizinischen Versorgung in den ärmsten Stadtbezirken. »1990 bis 91 suchten etwa 36.000 Patienten die städtischen Kliniken für sexuell übertragene Krankheiten auf«, sagt Zenilman. »Dann beschloss die Stadt auf Grund von Haushaltsproblemen Sparmaßnahmen in den Krankenhäusern. Pro Klinik ging die Zahl des medizinischen Personals von siebzehn auf zehn zurück. Die Zahl der Ärzte sank von drei auf praktisch null. Daraufhin kamen im Jahr nur noch etwa 21.000 Patienten in die Kliniken. Auch im ambulanten Gebiet, bei den Leuten, die auf die Straßen hinausgingen,

gab es einen ähnlichen Einschnitt. Das hatte natürlich viele poli-
tische Ursachen. Dinge, die früher gemacht worden waren, wie
das Upgrading der Computer und so weiter, wurden nicht mehr
gemacht. Es war der schlimmste Fall einer nicht funktionieren-
den kommunalen Verwaltung. Manchmal hatten sie nicht mal
mehr genug Arzneimittel.«

Zu der Zeit, als es noch 36.000 Patienten pro Jahr in den Kliniken im Zentrum von Baltimore gab, blieb die Krankheit sozusagen im Gleichgewicht. An irgendeinem Punkt zwischen
36.000 und 21.000 Patientenbesuchen im Jahr aber brach, nach
Meinung von Zenilman, die Epidemie aus. Sie übersprang die
Grenzen der Innenstadt und erreichte auch die Außenbezirke.
Menschen, die vorher eine Woche lang ansteckend gewesen waren, bevor sie behandelt wurden, trugen die Infektion nun drei
oder vier Wochen mit sich herum, bevor sie geheilt wurden. Der
Zusammenbruch der medizinischen Versorgung ließ die Syphilis zu einem viel größeren Problem werden, als sie es zuvor gewesen war.

Aber es gibt noch eine dritte Theorie, die von John Potterat,
einem der führenden amerikanischen Epidemiologen, aufgestellt wurde. Für ihn sind die baulichen Veränderungen in East
und West Baltimore die Schuldigen. East und West Baltimore
sind die heruntergekommenen Viertel zu beiden Seiten von Baltimores Innenstadt. In diesen beiden Bezirken lag das Zentrum
des Syphilisproblems. Mitte der neunziger Jahre, erklärt Potterat, ging die Stadtverwaltung von Baltimore dazu über, die alten
städtischen Sozialwohnungshochhäuser im Stil der sechziger
Jahre in East und West Baltimore abzureißen. Sie wurden unter
großer publizistischer Anteilnahme gesprengt. Bilder von den
Sprengungen waren in allen Zeitungen, das Fernsehen übertrug.
Zwei der berühmtesten Fälle – Lexington Terrace in West Baltimore und Lafayette Courts in East Baltimore – waren riesige
Bauten, in denen Hunderte von Familien wohnten. Sie galten als
Schwerpunkte der Kriminalität und als Herde ansteckender
Krankheiten. Zur selben Zeit begannen die Menschen, die alten

Reihenhäuser in East und West Baltimore zu verlassen, da diese ebenfalls verfielen.

»Es war unübersehbar«, sagt Potterat, der zu dieser Zeit zum ersten Mal East und West Baltimore besuchte. »Die Hälfte der Reihenhäuser war leer, die Fenster und Türen zugenagelt. Und zur gleichen Zeit wurden die Hochhäuser abgerissen. Was da geschah, war eine Art Aushöhlung. Das beschleunigte die Diaspora. Jahrelang war die Syphilis auf eine bestimmte Gegend von Baltimore beschränkt gewesen, sie blieb innerhalb eng umgrenzter soziosexueller Netze. Aber die Zerstörung der Häuser führte dazu, dass die Leute in andere Stadtteile von Baltimore zogen, und sie nahmen die Syphilis und andere Verhaltensweisen mit.«

An allen drei Erklärungen ist interessant, dass sie eigentlich nichts Dramatisches an sich haben. Die Gesundheitsbehörden glaubten, dass Crack das Problem sei. Aber es war nicht so, dass Crack erst 1995 in Baltimore auftauchte. Es war seit Jahren da gewesen. Was sie meinten, war, dass eine leichte Verschärfung des Crack-Problems in der Mitte der neunziger Jahre eingetreten war, und dass diese kleine Veränderung ausreichte, um eine Syphilisepidemie in Gang zu setzen. Auch Zenilman behauptete nicht, dass die Kliniken für sexuell übertragene Krankheiten in Baltimore geschlossen worden seien. Sie waren gegenüber früher nur schlechter ausgestattet, die Zahl des Personals pro Klinik war von siebzehn auf zehn zurückgenommen worden. Und Potterat sagte auch nicht, dass ganz Baltimore »ausgehöhlt« worden war. Aber es reichte aus, behauptete er, dass eine Handvoll Bauten mit Sozialwohnungen abgerissen und Reihenhäuser in einer Schlüsselregion im Stadtzentrum aufgegeben wurden, um die Syphilis explodieren zu lassen. Kleinste Veränderungen genügen, eine Epidemie auszulösen.

Die zweite und vielleicht interessantere Tatsache bei diesen Erklärungsversuchen liegt darin, dass sie alle eine unterschiedliche Art des Kippens einer Epidemie schildern. Die Behörden sprechen von dem allgemeinen Kontext der Epidemie – wie die

Einführung und Zunahme einer Suchtdroge die Lebensbedingungen in einer Stadt so verändern kann, dass sie die Epidemie zum Kippen bringt. Zenilman redet von der Epidemie selbst. Als die Krankenhäuser ihre Versorgungsleistungen einschränken mussten, hauchte dies der Syphilis ein zweites Leben ein. Sie war eine akute Infektion gewesen, und nun wurde sie zu einer chronischen. Sie war ein hartnäckiges Problem geworden, das nicht mehr zügig bekämpft wurde. Potterat seinerseits konzentrierte sich auf die Träger der Syphilis. Die Krankheit wurde von einem bestimmten Personentyp in Baltimore verbreitet, sagte er, von sehr armen, wahrscheinlich drogensüchtigen, sexuell aktiven Individuen. Wenn dieser Menschentyp plötzlich aus seiner oder ihrer alten Nachbarschaft herausgerissen und in eine neue verpflanzt wurde – in ein neues Stadtviertel, wo die Syphilis nie ein Problem gewesen war –, wurde der Krankheit die Möglichkeit gegeben, den Tipping Point zu erreichen.

In anderen Worten, es gibt mehr als eine Art, eine Epidemie zum Kippen zu bringen. Epidemien sind eine Funktion der Leute, die die Krankheit übertragen, eine Funktion der Ansteckung selbst und eine Funktion der Umgebung, in der die Infektion agiert. Und wenn eine Epidemie kippt, wenn sie aus ihrem Gleichgewicht ausbricht, dann kippt sie, weil eine Veränderung in einem (oder zwei oder drei) dieser Gebiete eingetreten ist. Diese drei Träger der Veränderung nenne ich das Gesetz der Wenigen, die Verankerung und die Macht der Umstände.

I.

Wenn wir sagen, dass eine Handvoll junger Leute im East Village die Hush Puppies-Epidemie in Gang setzte oder dass der Auszug der Bewohner einiger Siedlungen ausreichte, in Baltimore eine Syphilisepidemie auszulösen, so sagen wir im Grunde, dass in einem bestimmten Prozess oder System einige Leute wichtiger sind als andere. Das ist zunächst einmal keine besonders radikale Aussage. Ökonomen sprechen häufig vom 80/20-Prinzip, und sie meinen damit, dass in fast jeder Situation etwa 80 Prozent der »Arbeit« von 20 Prozent der Beteiligten verrichtet wird.[5] In den meisten Gesellschaften begehen 20 Prozent der Kriminellen 80 Prozent der Verbrechen. 20 Prozent der Autofahrer verursachen 80 Prozent aller Unfälle. 20 Prozent der Biertrinker trinken 80 Prozent des Biers. Bei Epidemien indessen wird dieses Missverhältnis sehr viel extremer: ein winziger Prozentsatz der Menschen verrichtet den größten Teil der »Arbeit«.

Potterat zum Beispiel untersuchte einmal eine Gonorrhöe-Epidemie in Colorado Springs.[6] Er sah sich über einen Zeitraum von sechs Monaten jeden Patienten an, der in das städtische Krankenhaus kam, um sich gegen die Krankheit behandeln zu lassen. Dabei stellte er fest, dass die Hälfte aller Fälle aus vier Stadtbezirken kam, die etwa 6 Prozent der Stadtfläche ausmachten. Die Hälfte dieser Patienten wiederum besuchten dieselben sechs Bars. Dann interviewte Potterat 768 Leute in dieser winzigen Untergruppe und fand heraus, dass 600 von ihnen die Gonorrhöe entweder gar nicht weitergetragen oder nur eine andere Person angesteckt hatten. Jene, die die Verbreitung der Epidemie ausgelöst hatten – diejenigen, die zwei, drei, vier oder fünf andere infiziert hatten –, waren die verbleibenden 168. In anderen Worten, in ganz Colorado Springs – einer Stadt von mehr als 100.000 Einwohnern – kippte die Gonorrhöe-Epidemie auf Grund der Aktivitäten von ungefähr 170 Menschen, die in vier kleinen Bezirken der Stadt wohnten und im Grunde dieselben sechs Bars besuchten.

Wer waren diese 170 Menschen? Sie sind nicht wie Sie und ich. Es sind Leute, die jeden Abend ausgehen, Leute, die weit mehr Sexualpartner haben als der Durchschnitt, Leute, deren Leben und Verhalten von der Norm der Gesellschaft deutlich abweicht. In der Mitte der neunziger Jahre gab es zum Beispiel in den Pool-Salons und auf den Rollschuhbahnen von East St. Louis, Missouri, einen Mann, der Darnell McGee hieß und »Boss Man« genannt wurde. Er war groß, fast zwei Meter, und attraktiv, ein talentierter Rollschuhfahrer, der junge Mädchen mit seinem Geschick auf der Bahn beeindruckte. Seine Spezialität waren Dreizehn- bis Vierzehnjährige. Er kaufte ihnen Schmuck, fuhr sie in seinem Cadillac spazieren, gab ihnen Crack und schlief mit ihnen. Zwischen 1995 und 1997, als er von einem Unbekannten erschossen wurde, hatte er mit mindestens 100 Frauen Sex und infizierte – wie sich später herausstellte – mindestens dreißig von ihnen mit HIV.

Zur selben Zeit gab es in der Nähe von Buffalo, New York, etwa 1500 Meilen von Colorado Springs entfernt, einen anderen Mann, eine Art Klon des Boss Man, der sich in den Elendsvierteln von Jamestown herumtrieb. Sein Name war Nushawn Williams, aber er wurde auch »Face« genannt oder »Sly« und »Shyteek«. Williams hatte Dutzende von Frauen auf einmal, er hatte drei oder vier Wohnungen überall in der Stadt angemietet, und er verdiente sein Geld damit, Drogen aus der Bronx nach Jamestown zu bringen und da zu verkaufen. (Ein Epidemiologe, der mit dem Fall vertraut war, sagte mir lakonisch: »Der Mann war ein Genie. Wenn ich damit durchkommen könnte, was Williams machte, bräuchte ich nie wieder zu arbeiten.«) Williams war ein ähnlich attraktiver Mann wie Boss Man. Er kaufte seinen Mädchen Rosen, ließ sie sein langes Haar zu Zöpfen flechten, war großzügig mit Marihuana und Whisky und inszenierte in seinen Wohnungen nächtelange Orgien. »Ich schlief drei oder vier Mal in einer Nacht mit ihm«, erinnerte sich eine seiner Partnerinnen. »Es war eine Party nach der anderen, und ich war immer dabei … Wenn Face Sex gehabt hatte, machten es die anderen ihm nach. Einer ging raus, und der nächste kam rein.« Williams sitzt jetzt im Gefängnis. Er hat mindestens sechzehn seiner früheren Freundinnen mit AIDS infiziert. Der berühmteste Fall dieser Art aber findet sich in dem Buch *And the Band Played On*, in dem der Autor Randy Shilts auf den so genannten »Patienten Null«, den angeblich ersten Überträger von AIDS, eingeht.[7] Dies war ein kanadischer Fluglinienstewart namens Gaetan Dugas, der behauptete, in ganz Nordamerika mit über 2500 Partnern

Sex gehabt zu haben und dessen Namen mit mindestens vierzig der frühesten AIDS-Fälle in Kalifornien und New York in Verbindung steht. Das sind die Leute, die eine Epidemie zum Kippen bringen.

Gesellschaftliche Epidemien nehmen genau denselben Verlauf. Sie werden ebenfalls von einer Handvoll ungewöhnlicher Menschen angetrieben. Nur dass es in diesen Fällen nicht der sexuelle Appetit ist, der sie von anderen unterscheidet. Hier geht es darum, wie gesellig sie sind oder wie energisch oder kenntnisreich oder welchen Einfluss sie auf ihre Umgebung haben. Im Fall der Hush Puppies besteht das Rätsel darin, wie diese Schuhe ihren Weg von einigen modebewussten Leuten in Manhattan zu einem Massenerfolg in allen Kaufhäusern des Landes machen konnten. Worin bestand die Verbindung zwischen dem East Village und dem so genannten »Middle America«, der breiten Masse auf dem Kontinent? Das Gesetz der Wenigen sagt, die Antwort liege darin, dass einige dieser außergewöhnlichen Menschen den Trend erkannten und durch gesellschaftliche Verbindungen, Energie, Begeisterung und die Kraft ihrer Persönlichkeit dafür sorgten, dass sich Hush Puppies im Lande verbreiteten, genauso wie Gaetan Dugas und Nushawn Williams in der Lage waren, den HIV-Virus zu verbreiten.

2.

Als in Baltimore die städtischen Krankenhäuser zu Sparmaßnahmen gezwungen wurden, wandelte sich das Wesen der Syphilis, die in den ärmeren Vierteln der Stadt verbreitet war. Bis dahin war sie eine akute Infektion gewesen, die bei den meisten der Erkrankten schnell behandelt werden konnte, bevor sie die Möglichkeit hatten, andere anzustecken. Aber mit dem Niedergang der Kliniken wurde Syphilis zunehmend zu einer chronischen Krankheit, und ihre Träger hatten drei oder vier Mal so viel Zeit, ihre Infektion weiterzugeben. Epidemien kippen, weil einige wenige Träger durch ihren extremen Lebensstil die Verbreitung schlagartig beschleunigen. Aber sie können auch den Tipping Point erreichen, wenn etwas geschieht, was die Form der Krankheit selbst verändert.

Der niederländische AIDS-Forscher Jaap Goudsmit behauptet, dass genau dies bei der AIDS-Epidemie geschah.[8] Goudsmits Theorie ist ein Versuch, eines der großen Rätsel der Virusforschung zu beantworten. Die Frage lautet: Wann sprang HIV von Affen auf Menschen über, und wann wurde das Virus im Laufe dieses Übergangs so tödlich? Seine Arbeit konzentrierte sich auf eine Form der Lungenentzündung, die PCP genannt wird und die in den vierziger und fünfziger Jahren dieses Jahrhunderts in Mitteleuropa grassierte. PCP ist ein Bakterium, das wir alle in unserem Körper tragen, wahrscheinlich von Geburt an oder bald danach. Meistens bleibt es harmlos. Unser Immunsystem hält es unter Kontrolle. Aber wenn etwas anderes, wie zum Beispiel HIV, das Immunsystem schwächt, wird PCP so unkontrollierbar, dass es zu einer tödlichen Form der Lungenentzündung kommt. Bei AIDS-Patienten ist PCP so verbreitet, dass man es heute als einen fast sicheren Hinweis auf die Infektion mit HIV betrachtet. Goudsmit ging daran, in medizinischen Archiven der Vergangenheit Fällen von PCP nachzugehen, und was er herausfand, ist erschreckend. Kurz nach dem Zweiten Weltkrieg gab es eine PCP-Epidemie, die in Danzig ihren Ausgang nahm, sich durch ganz Mitteleuropa verbreitete und das Leben von Tausenden kleiner Kinder forderte.

Goudsmit hat eine der Städte, die von der PCP-Epidemie am härtesten getroffen wurde, genau untersucht, die Bergbaustadt Heerlen in der niederländischen Provinz Limburg. Heerlen besaß damals ein Ausbildungskrankenhaus für Hebammen, das sich Kweekschool voor Vroedvrouwen nannte. In dieser Klinik befand sich eine Abteilung – die sogenannte »Schwedische Baracke« –, die in den fünfziger Jahren als eine besondere Station für Frühgeburten diente. Zwischen Juni 1955 und Juli 1958 erkrankten 81 Babys in der Schwedischen Baracke an PCP, und 24 von ihnen starben. Goudsmit sagt, dass die Kinder die Krankheit eindeutig nicht von ihren Müttern geerbt hatten. Sie erkrankten alle zwischen fünfzig und hundert Tagen nach ihrer Geburt, und PCP hat nur eine Inkubationszeit von etwa einem Monat. Die Krankheit wurde eindeutig durch Ansteckung übertragen. Zwei Babys in einem nahegelegenen Krankenhaus starben ebenfalls, und sie hatten beide in Betten neben Babys gelegen, die aus der Schwedischen Baracke verlegt worden waren. Goudsmit glaubt, dass es sich dabei um eine frühe HIV-Epidemie handelte und dass das Virus irgendwie in das Krankenhaus kam und von Kind zu Kind weitergegeben wurde, weil man damals offensichtlich noch dieselben Spritzen für Bluttransfusionen oder antibiotische Injektionen wieder und wieder benutzte. Er schreibt:

> Sehr wahrscheinlich brachte zumindest ein Erwachsener – wahrscheinlich ein Bergmann aus Polen, der Tschechoslowakei oder Italien – das Virus nach Limburg. Dieser eine Erwachsene könnte, ohne dass es großes Aufsehen erregte, an AIDS gestorben sein. Er könnte das Virus an seine Frau und die Kinder weitergegeben haben. Seine infizierte Frau (oder Freundin) könnte in der Schwedischen Baracke ein Kind zur Welt gebracht haben, das gesund schien, aber HIV-infiziert war. Nicht sterilisierte Spritzen könnten dann das Virus auf die anderen Kinder übertragen haben.

Das wirklich Seltsame an dieser Geschichte ist natürlich, dass nicht alle Kinder starben. Nur ein Drittel starb. Die anderen schafften etwas, was heute fast unmöglich erscheint. Sie besiegten HIV, ihr Immunsystem rang das Virus nieder, und sie lebten gesund weiter. In anderen Worten, die Arten von HIV, die in den fünfziger Jahren in Umlauf waren, scheinen ganz anderer Natur gewesen zu sein als die heutigen. Sie waren genauso ansteckend. Aber sie waren schwach genug, um den meisten Menschen – sogar kleinen Kindern – zu erlauben, sie niederzukämpfen und zu überleben. Die HIV-Epidemie kippte in den frühen achtziger Jahren, kurz gesagt, nicht nur auf Grund der enormen Veränderungen im sexuellen Verhalten in den homosexuellen Gemeinden, die es dem Virus ermöglichten, sich so schnell auszubreiten. Sie kippte auch, weil HIV selbst sich verändert hatte. Aus welchem Grund auch immer – das Virus wurde sehr viel tödlicher. Wenn man sich infizierte, blieb man infiziert. Das Virus verankerte sich.

Die »Verankerung« hat enorme Implikationen auch für gesellschaftliche Epidemien. Wir verbringen viel Zeit damit, darüber nachzudenken, wie man Botschaften ansteckender machen kann – wie man so viele Menschen wie möglich mit Produkten oder Ideen erreichen kann. Aber der schwierige Teil jeder Kommunikation ist es, zu verhüten, dass die Botschaft in ein Ohr hinein- und aus dem anderen wieder hinausgeht. Man will, dass sie sich »verankert«, denn nur das bedeutet, dass eine Botschaft Wirkung erzielt. Die Menschen haben sie »gelernt«. Als zum Beispiel Winston im Frühjahr 1954 Filterzigaretten einführte, warb die Firma mit dem Slogan: »Winston tastes good like a cigarette should.« Zu der Zeit verursachte das grammatisch falsche und irgendwie provokative »like« des Satzes (richtig hätte es »as« lauten müssen) eine kleine Sensation. Es war eine Werbung, über die die Leute damals sprachen, wie auch über den späteren Slogan von Wendy's Hamburgern im Jahr 1984, in dem die Konkurrenz provokativ gefragt wurde: »Where's the beef?«

In seiner Geschichte der Zigarettenindustrie schreibt Richard Kluger[9], dass die Marketingleute bei R. J. Reynolds, die Winston vertrieben, über die Aufmerksamkeit, die ihre Werbung erweckte, begeistert waren. Sie setzten den Slogan zu eingängiger Musik und verbreiteten ihn in Radio und Fernsehen. Innerhalb weniger Monate und zweifellos auf Grund dieses ansteckenden Slogans erreichte Winston den Tipping Point und schob sich vor Parlament, Kent und L & M an die zweite Stelle der meistverkauften amerikanischen Zigaretten, übertroffen nur noch von

Viceroy, der damals beliebtesten Zigarette. Innerhalb einiger Jahre wurde Winston zur bestverkauften Marke in den USA. Noch heute kennen die meisten Menschen in Amerika den Slogan. Er ist unvergesslich, eine Werbezeile, die sich auf klassische Weise im Kopf verankert, und diese Verankerung ist ein entscheidender Faktor, wenn man den Tipping Point erreichen will. Denn wenn Sie sich nicht daran erinnern, was ich Ihnen sage, warum sollten Sie Ihr Verhalten ändern oder mein Produkt kaufen oder ins Kino gehen, um meinen Film anzuschauen?

Der Verankerungs-Faktor besagt, dass es spezifische Wege gibt, eine ansteckende Botschaft unvergesslich zu machen; es gibt also relativ einfache Veränderungen in der Präsentation und der Strukturierung von Information, die sich entscheidend auf die Verbreitung auswirken.

3.

Jedes Mal, wenn jemand in Baltimore in ein öffentliches Krankenhaus geht, um sich gegen Syphilis oder Gonorrhöe behandeln zu lassen, hält John Zenilman die Adresse des Mannes oder der Frau in seinem Computer fest, so dass der Fall als kleiner schwarzer Stern auf dem Stadtplan auftaucht. Es ist eine medizinische Version der Pläne, die die Polizeireviere an den Wänden haben, mit verschiedenfarbigen Stecknadeln, die den Schauplatz des Verbrechens markieren. Auf Zenilmans Plan häufen sich die Sterne in den Bezirken East und West Baltimore, zu beiden Seiten der Innenstadt. Von diesen beiden Bereichen strahlen die Fälle entlang zweier zentraler Straßen aus, die durch beide Viertel hindurchgehen. Im Sommer, wenn es die meisten Fälle sexuell übertragener Krankheiten gibt, vermehren sich die schwarzen Sterne am Rande der Straßen, die aus East und West Baltimore hinausführen. Die Krankheit gerät in Bewegung. Aber in den Wintermonaten ändert sich die Lage. Wenn es kalt wird, und die Bewohner von East und West Baltimore mehr Zeit in den Woh-

nungen verbringen und nicht in Bars und Clubs und an Straßenecken, wo die sexuellen Handlungen stattfinden, vermindert
sich die Zahl der Sterne deutlich.

Die Wirkung der Jahreszeiten auf die Zahl der Fälle ist so
stark, dass es nicht schwer fällt, sich vorzustellen, dass ein langer,
harter Winter in Baltimore ausreichen würde, um die Syphilis-
Epidemie zu verlangsamen oder zum Stehen zu bringen.

Epidemien, das macht Zenilmans Plan sehr anschaulich, werden stark von ihrer Situation beeinflusst – von den Umständen,
Bedingungen und Besonderheiten der Umgebung, in der sie ablaufen. Das ist offensichtlich. Wirklich interessant aber ist die
Frage, wie weit dieses Prinzip trägt. Es sind nicht nur die bana-
len Faktoren wie das Wetter, die das Verhalten von Menschen
beeinflussen. Selbst der kleinste, subtilste und am wenigsten er-
wartete Faktor kann unsere Gewohnheiten verändern.

Eines der berüchtigtsten Verbrechen in der Stadt New York
war der Mord an einer jungen Frau aus Queens, Kitty Genovese,
die 1964 auf offener Straße erstochen wurde. Sie wurde von
dem Täter durch ihre Straße gejagt und innerhalb einer halben
Stunde drei Mal angegriffen, während 38 Menschen, ihre Nach-
barn, durch die Fenster zusahen. Während dieser ganzen Zeit
griff aber niemand der 38 Augenzeugen zum Telefon, um die
Polizei anzurufen. Der Fall provozierte einen Aufschrei in der
Presse. Er wurde zum Symbol der Kälte und Inhumanität groß-
städtischen Lebens. Abe Rosenthal, der später Chefredakteur
der *New York Times* wurde, schrieb in einem Buch über den
Fall:

Niemand kann sagen, warum die achtunddreißig nicht zum
Telefon griffen, während Miss Genovese attackiert wurde,
denn sie können es selbst nicht sagen. Man kann aber annehmen, dass ihre Apathie auf die Lebensbedingungen der
Großstadt zurückgeht. Es ist fast eine Frage des psychologischen Überlebens, dass man, bedrängt und umgeben von
Millionen von Menschen, so viele wie möglich ignoriert, um

zu verhindern, dass sie ständig auf einen eindringen. Gleichgültigkeit gegenüber seinem Nächsten und seinen Schwierigkeiten ist der konditionierte Reflex des Lebens in New York, genau wie in anderen Großstädten.[10]

Das ist die Art von gesellschaftlicher Erklärung, die uns intuitiv einleuchtet. Die Anonymität und Entfremdung des Lebens in der Großstadt macht die Menschen hart und gefühllos. Die Wahrheit im Fall Genovese aber erweist sich als etwas komplizierter – und interessanter. Zwei Psychologen aus New York – Bibb Latane von der Columbia University und John Darley von der New York University – führten in der Folge des Verbrechens eine Serie von Untersuchungen durch, um zu einem Verständnis dessen zu gelangen, was sie das »Zuschauerproblem« nannten.[11] Sie schufen künstliche Notsituationen verschiedener Art, um herauszufinden, wer den Betroffenen zu Hilfe kommen würde. Was sie zu ihrer Überraschung herausfanden, war, dass es einen Faktor gab, der bei den Bedingungen, unter denen Leute Hilfe leisteten, alle anderen in den Schatten stellte. Und dieser Faktor bestand darin, wie viele Zeugen es gab.

In einem Experiment ließen Latane und Darley einen Studenten, der sich allein in einem Raum befand, einen epileptischen Anfall spielen. Wenn es im benachbarten Zimmer nur eine Person gab, die den Anfall hörte, reagierte sie in 85 Prozent der Fälle und lief in das Nachbarzimmer, um dem Studenten zu helfen. Aber wenn die Betreffenden glaubten, dass es noch vier andere Menschen gab, die den Anfall des Studenten hörten, kamen sie ihm nur in 31 Prozent der Fälle zu Hilfe.

In einem weiteren Experiment schlugen Leute, die Rauch unter einer Tür austreten sahen, zu 75 Prozent Alarm, wenn sie allein waren, aber nur 38 Prozent reagierten, wenn sie sich in einer Gruppe befanden.

In anderen Worten, wenn Menschen sich in einer Gruppe befinden, wird das Verantwortungsgefühl diffus. Sie gehen davon aus, dass jemand anderes zum Telefon greifen wird, oder sie nehmen an, dass es sich bei den Geräuschen aus dem Nachbarzimmer oder dem Rauch nicht um ein wirkliches Problem handelt, weil niemand sonst etwas tut. Im Fall von Kitty Genovese lautet also die Lehre, die man nach Psychologen wie Latane und Darley aus dem Fall ziehen muss, nicht, dass niemand anrief, obwohl 38 Menschen ihre Schreie hörten, sondern dass niemand anrief, *weil* 38 Menschen sie hörten. Ironischerweise hätte sie vielleicht überlebt, wenn sie auf einer einsamen Straße angegriffen worden wäre und es nur einen Zeugen gegeben hätte.

Der Schlüssel zur Veränderung des Verhaltens von Menschen liegt, anders ausgedrückt, oft in den kleinsten Details ihrer unmittelbaren Situation. Die Theorie von der Macht der Umstände sagt aus, dass Menschen sehr viel empfindlicher auf ihre Umgebung reagieren, als man gemeinhin annimmt.

4.

Die drei Regeln des Tipping Points – das Gesetz der Wenigen, der Verankerungsfaktor, die Macht der Umstände – bieten eine Methode, Epidemien sinnvoll zu erklären. Sie liefern Hinweise darauf, wie man es schaffen kann, den Tipping Point zu erreichen. Die weiteren Kapitel dieses Buches werden von diesen Gedanken ausgehen und sie auf andere rätselhafte Situationen und Epidemien unserer Alltagswelt anwenden. Auf welche Weise zum Beispiel helfen diese drei Regeln, das Rauchen unter Teenagern zu verstehen, oder das Phänomen der Mundpropaganda oder die Kriminalität oder das Entstehen eines Bestsellers? Die Antworten könnten Sie überraschen.

ZWEI

DAS GESETZ DER WENIGEN: VERMITTLER, KENNER UND VERKÄUFER

A m Nachmittag des 18. April 1775 hörte ein Junge, der in einem Reitstall in Boston arbeitete, wie ein britischer Ar-
meeoffizier zu einem anderen sagte: »Morgen ist die Hölle los.«
Der Stalljunge lief in Bostons North End in das Haus eines Sil-
berschmieds namens Paul Revere. Revere hörte ihn sofort mit
großer Aufmerksamkeit an; dies war nicht das erste Gerücht,
das ihm an dem Tag zu Ohren gekommen war. Schon vorher
hatte er von einer ungewöhnlichen Anzahl britischer Offiziere
gehört, die sich auf Bostons Long Wharf, am Hafen, versammelt
und leise unterhalten hatten. Ungewöhnliche Aktivitäten waren
auch auf den Schiffen der Briten im Hafen, der HMS *Somerset*
und der HMS *Boyne*, festgestellt worden, Boote wurden eilig
hin- und hergerudert, und Matrosen hasteten an Land herum –
offenbar um letzte Befehle zu überbringen. Während die Stunden des Nachmittags verstrichen, wurde Revere und seinem engen Freund Joseph Warren immer klarer, dass die Briten kurz
davor standen, den lang erwarteten Vorstoß ins Innere zu machen – nach Lexington, nordwestlich von Boston, zu marschie-
ren, um die Führer der Kolonisten John Hancock und Samuel
Adams zu verhaften, und dann weiter in die Stadt Concord, um
das Waffen- und Munitionsarsenal in die Hand zu bekommen,
das die örtliche Miliz der Kolonisten dort gelagert hatte.

Was dann geschah, ist Teil der historischen Legende Ameri-
kas geworden, eine Geschichte, die jedem Schulkind in den USA
erzählt wird. Um 22 Uhr an diesem Abend trafen sich Warren
und Revere. Sie beschlossen, die Gemeinden um Boston zu warnen, dass die Briten auf dem Marsch waren, so dass die örtlichen
Milizen zusammengerufen werden konnten, um sich ihnen entgegenzustellen. Revere wurde mit einem Boot über den Hafen
von Boston zum Fähranleger in Charleston gebracht. Dort bestieg er ein Pferd und begann seinen »Mitternachtsritt« nach Le-

xington. In zwei Stunden legte er dreizehn Meilen zurück. In jeder Stadt, die auf seiner Route lag – Charlestown, Medford, North Cambridge, Menotomy –, schlug er an die Türen und verbreitete die Nachricht, dass die Briten kamen. Zugleich forderte er die Leute auf, die Botschaft weiterzutragen. Kirchenglocken begannen zu läuten. Trommeln wurden gerührt. Die Nachricht verbreitete sich wie ein Virus, da die Leute, die Paul Revere unterrichtet hatte, selbst die Pferde sattelten, um die Botschaft weiterzutragen. Bald befand sich die ganze Region in Aufruhr. Um ein Uhr morgens war die Nachricht in Lincoln, Massachusetts, angekommen, um drei in Sudbury, um fünf in Andover, das vierzig Meilen nordwestlich von Boston lag, und um neun Uhr hatte sie Ashby in der Nähe von Worcester erreicht. Als die Briten schließlich ihren Marsch nach Lexington am Morgen des 19. April begannen, trafen sie zu ihrer großen Überraschung auf organisierten und harten Widerstand. In Concord wurden sie von der Miliz der Kolonien gestellt und vernichtend geschlagen, und aus diesem Konflikt erwuchs der Krieg, den man die Amerikanische Revolution nennt.[12]

Paul Reveres Ritt ist vielleicht das berühmteste historische Beispiel einer Mund-zu-Mund-Epidemie. Eine außerordentliche Nachricht legt eine große Entfernung in sehr kurzer Zeit zurück und mobilisiert eine ganze Region. Natürlich sind nicht alle Mund-zu-Mund-Epidemien derart sensationell. Aber man kann, glaube ich, sagen, dass die Mundpropaganda, das Gespräch, selbst in unserem Zeitalter der Massenkommunikation und der Multimillionen-Werbekampagnen noch immer die wichtigste Form menschlicher Kommunikation ist. Denken Sie für einen Moment an das letzte teure Restaurant, das Sie besucht, das letzte teure Kleidungsstück, das Sie gekauft, und an den letzten Film, den Sie gesehen haben. In wie vielen solcher Fälle war Ihre Entscheidung, wo und wofür Sie Ihr Geld ausgegeben haben, von der Empfehlung eines Freundes oder einer Freundin abhängig? Es gibt eine Menge Werbeleute, die glauben, dass die Mundpropaganda, gerade weil Werbung und Marketing in unserem Alltag praktisch allgegenwärtig sind, die einzige Art der Überredung geworden ist, auf die die meisten von uns überhaupt noch reagieren.

Aber diese Art der Überredung ist trotz ihrer Bedeutung sehr geheimnisvoll geblieben. Die Menschen geben die ganze Zeit alle möglichen Informationen weiter. Nur dass daraus in der Regel keine Epidemie entsteht. Das geschieht nur sehr selten. In meiner Nachbarschaft gibt es ein kleines Restaurant, das ich sehr mag und von dem ich meinen Freunden seit Monaten erzähle. Aber es ist immer noch halb leer. Meine Unterstützung reicht nicht aus, um eine Mund-zu-Mund-Epidemie in Gang zu setzen. Dennoch gibt es Restaurants, die in meinen Augen nicht besser sind als das in meiner Nachbarschaft, die aber schon kurz nach der Eröffnung jeden Abend ausgebucht sind und Gäste abweisen müssen. Woran liegt es, dass einige Ideen und Trends und Botschaften epidemisch werden und andere nicht?

Im Fall von Paul Reveres Ritt scheint die Antwort einfach. Revere hatte eine sensationelle Nachricht: Die Briten kommen! Aber wenn man sich die Geschehnisse dieser Nacht genauer ansieht, führt auch diese Erklärung nicht weiter. Zur selben Zeit, als Paul Revere seinen Ritt in den Nordwesten von Boston begann, brach ein weiterer Revolutionär – ein Gerber namens William Dawes – zu demselben dringenden Zweck auf. Auch er versuchte mit einem Bogen durch die Städte westlich von Boston nach Lexington zu kommen. Er trug dieselbe Botschaft mit sich, ritt durch genauso viele Städte und legte genauso viele Meilen zurück wie Revere. Aber Dawes' Ritt versetzte die Region keineswegs in Aufruhr. Die örtlichen Führer der Milizen wurden nicht alarmiert. Tatsächlich standen in der Truppe, die am folgenden Tag gegen die Briten kämpfte, so wenige Männer aus diesen Städten, dass Historiker später zu dem Schluss kamen, die Gegend um Waltham müsse starke pro-britische Sympathien gehegt haben. Aber das traf nicht zu. Die Leute dieser Gegend hörten einfach zu spät, dass die britische Armee zu ihrem Vorstoß aufgebrochen war. Wenn es lediglich die Nachricht selber wäre, die in einer Mund-zu-Mund-Epidemie die entscheidende Rolle spielte, dann wäre Dawes jetzt so berühmt wie Paul Revere. Das ist er nicht. Warum also hatte Revere Erfolg, wo Dawes scheiterte?

Die Antwort lautet, dass der Erfolg jeder Art sozialer Epidemie stark von dem Engagement von Leuten abhängt, die über eine Anzahl besonderer und seltener gesellschaftlicher Gaben verfügen. Reveres Nachricht verbreitete sich rasend schnell, während Dawes Nachricht stecken blieb, und das lag an dem Unterschied zwischen den beiden Männern. Das ist das Gesetz der Wenigen, das ich im vorigen Kapitel kurz umrissen habe. Dort habe ich Beispiele von Leuten gegeben, die hoch promisk und sexuell unersättlich sind und dadurch eine entscheidende Rolle in der Ausbreitung sexuell übertragener Krankheiten spielen. In diesem Kapitel spreche ich von Leuten, die dieselbe Rolle bei gesellschaftlichen Epidemien ausfüllen. Und in dieser Hinsicht unterschied sich Paul Revere von William Dawes. Diese Art Menschen sind überall unter uns. Aber wir erkennen nur selten, welche Rolle sie in unserem Leben spielen. Ich nenne sie Vermittler, Kenner und Verkäufer.

I.

In den späten Sechzigern führte der Psychologe Stanley Milgram ein Experiment durch, das die Frage klären sollte, was es mit der so genannten »kleinen Welt« auf sich hat.[13] Wenn wir überraschend darauf stoßen, dass weit voneinander entfernt lebende Menschen einander kennen, sagen wir oft: »Die Welt ist klein.« Die eigentliche Frage lautet: Wie sind Menschen miteinander verbunden? Gehören wir alle verschiedenen Welten an, in denen wir gleichzeitig aber autonom agieren, so dass die Verbindungen zwischen zwei Menschen auf der Erde auf seltenen Zufällen beruhen? Oder sind wir alle miteinander in einem großen, ineinandergreifenden Netzwerk verbunden? In gewisser Weise versuchte Milgram dieselbe Frage zu klären, die am Anfang dieses Kapitels steht. Wie bewegt sich eine Idee oder ein Trend oder eine Nachricht – die Briten kommen! – durch eine Bevölkerung? Milgrams Grundgedanke war es, diese Frage mit Hilfe eines Kettenbriefs zu beantworten. Er besorgte sich die Namen von 160 Leuten, die in Omaha, Nebraska, wohnten, und schickte jedem von ihnen einen Brief. In dem Brief befand sich der Name und der Wohnort eines Börsenmaklers, der in Boston arbeitete und in Sharon, Massachusetts, lebte. Jeder Adressat in Omaha wurde aufgefordert, den Brief mit seinem Absender zu versehen und ihn an einen Freund oder Bekannten weiter zu schicken, von dem er glaubte, dass er dem Börsenmakler näher war. Wenn einer der Leute in Omaha beispielsweise einen Vetter hatte, der in der Nähe von Boston wohnte, sollte er ihm den Brief zuschicken. Der Gedanke, der dahinterstand, war natürlich: Auch wenn der Vetter den Börsenmakler selbst nicht kannte, wäre es ihm wahrscheinlich eher möglich, in weiteren drei oder vier Schritten an den Mann heranzukommen. Jeder Absender sollte wiederum seinen Namen auf dem Brief hinterlassen. Wenn der Brief schließlich bei dem Börsenmakler ankam, konnte Milgram sich die Liste der Absender ansehen und feststellen, durch wie viele Hände der Brief gegangen war. Und daraus ließ sich ableiten, wie eng jemand, der zufällig in einem Teil des Landes ausgesucht worden war, mit einer anderen Person in einem anderen Teil des Landes verbunden war. Milgram fand heraus, dass die Mehrzahl der Briefe den Börsenmakler in fünf oder sechs Schritten erreichte. Aus diesem Experiment kennen wir das Konzept der »sechs Grade der Trennung«.

Dieser Begriff ist uns jetzt so vertraut, dass man leicht aus dem Auge verliert, wie überraschend die Ergebnisse von Milgrams Experiment waren. Die meisten von uns besitzen keine besonders große oder differenzierte Freundesgruppe. In einer bekannten Studie befragte eine Gruppe von Psychologen Leute, die in den Sozialwohnungen der Dyckman-Siedlung im Norden von Manhattan wohnten.[14] Die Befragten sollten ihren engsten

Freund oder ihre engste Freundin in der Siedlung benennen. 88 Prozent der Freunde oder Freundinnen lebten im selben Gebäude, die Hälfte wohnte auf demselben Stockwerk. Im Allgemeinen hatten die Leute Freunde oder Freundinnen ähnlichen Alters und derselben Rasse. Aber wenn der Freund oder die Freundin auf demselben Stockwerk wohnte, spielten Alter und Rasse eine weit geringere Rolle. Die Nähe war stärker als die Ähnlichkeit. Eine andere Studie, die Studenten der University of Utah zum Gegenstand hatte, kam zu dem Ergebnis, dass als Grund für eine enge Freundschaft in der Regel ähnliche Haltungen zu Fragen des täglichen Lebens angegeben wurden. Wenn man aber die beiden Freunde oder Freundinnen befragt, stellt sich heraus, dass sie vor allem miteinander befreundet sind, weil sie bestimmte Dinge gemeinsam tun. Wir befreunden uns mindestens ebenso sehr mit Menschen, mit denen wir bestimmte Aktivitäten teilen, wie mit Menschen, die uns ähnlich sind. In anderen Worten, wir suchen uns unsere Freunde nicht aus. Wir kommen den Leuten nahe, die dieselben kleinen Lebenswelten besetzen wie wir. Leute in Omaha sind in der Regel nicht mit Menschen befreundet, die auf der anderen Seite des Landes in Sharon, Massachusetts, leben. »Als ich einen intelligenten Freund fragte, wie viele Schritte man zu einer Verbindung zwischen Nebraska und Sharon bräuchte, schätzte er, dass es hundert oder mehr Zwischenstationen sein müssten«, schrieb Milgram damals. »Viele Leute schätzen das so ähnlich ein und sind sehr überrascht, wenn sie erfahren, dass nur fünf Schritte – im Durchschnitt – ausreichen. Es entspricht nicht unserer Intuition.« Wie kam der Brief in nur fünf Schritten nach Sharon?

Die Antwort ist, dass bei den sechs Graden der Trennung nicht alle Grade gleich sind. Als Milgram sein Experiment analysierte, fand er zum Beispiel heraus, dass viele der Briefketten von Omaha nach Sharon demselben asymmetrischen Muster folgten. 24 Briefe erreichten den Börsenmakler in seinem Haus in Sharon, und von denen wurden ihm sechzehn von derselben Person übergeben, einem Textilhändler, den Milgram Mr. Jacobs nennt. Der Rest der Briefe erreichte ihn in seinem Büro in Boston, und die Mehrheit von ihnen gelangte durch zwei andere Männer, die Milgram Mr. Brown und Mr. Jones nennt, zu ihm. Im Ganzen wurde dem Börsenmakler die Hälfte der Briefe, die ihn erreichten, von diesen drei Männern übermittelt. Das muß man sich vorstellen. Dutzende von Leuten, zufällig unter den Bewohnern einer großen Stadt im Mittleren Westen ausgewählt, schicken unabhängig voneinander Briefe ab. Einige gehen über alte Studienfreunde. Einige schicken sie an Familienmitglieder. Einige schicken sie an frühere Arbeitskollegen. Jeder hat eine andere Strategie. Aber am Ende, als all diese unterschiedlichen und eigenwilligen Ketten vollständig sind, landen 50 Prozent der Briefe in den Händen von Jacobs, Jones und Brown. Das Konzept der sechs Grade der Trennung bedeutet nicht, dass jeder mit jedem in nur sechs Schritten verbunden ist. Es bedeutet, dass eine sehr kleine Anzahl von Menschen mit allen anderen über ein paar Schritte verbunden ist, und der Rest von uns ist mit der Welt durch diese kleine, aber sehr besondere Menschengruppe verbunden.

Es gibt eine einfache Methode, diesen Gedanken zu überprüfen. Nehmen wir an, Sie fertigen eine Liste von vierzig Menschen an, die Sie als Ihren Freundeskreis bezeichnen würden (ohne Familie und Arbeitskollegen), und in jedem einzelnen Fall gehen Sie darauf zurück, durch wen Sie die jeweilige Freundin oder den jeweiligen Freund kennengelernt haben. Meinen ältesten Freund Bruce, zum Beispiel, lernte ich in der ersten Klasse kennen. Dafür bin ich also selbst verantwortlich. Das ist einfach. Meinen Freund Nigel traf ich, weil er ein Zimmer auf demselben Flur des Studentenheims hatte, auf dem mein Freund Tom wohnte, dem ich begegnete, weil er mich im ersten Studienjahr aufforderte, mit ihm und ein paar Leuten Touch-Football zu spielen. Tom ist also für Nigel verantwortlich. Wenn Sie all den Verbindungen nachgegangen sind, werden Sie seltsamerweise feststellen, dass dieselben Namen wieder und wieder auftauchen. Ich habe eine Freundin namens Amy, die ich kennenlernte, als ihre Freundin Katie sie in ein Restaurant mitbrachte, wo wir zu Abend aßen. Ich kenne Katie, weil sie die beste Freundin meiner Freundin Larissa ist, die ich kenne, weil mir ein gemeinsamer Freund – Mike A. – ans Herz legte, sie anzurufen. Mike kenne ich, weil er mit einem anderen meiner Freunde – Mike H. – zusammen studierte. Mike H. wiederum arbeitete mit meinem Freund Jacob zusammen bei einer politischen Zeitschrift. Kein Jacob, keine Amy. Auf ähnliche Weise traf ich meine Freundin Sarah S. vor einem Jahr auf meiner Geburtstagsparty, wohin sie mit einem Schriftsteller namens David gekommen war, den seine Agentin, Tina, eingeladen hatte, die ich durch meine Freundin Leslie kennenlernte, die ich kenne, weil ihre Schwester Nina eine Freundin meiner Freundin Ann ist, der ich über meine alte Zimmerkameradin Maura begegnete, die meine Zimmerkameradin war, weil sie mit einer Schriftstellerin namens Sarah L. zusammenarbeitete, die auf dem College eine Freundin meines Freundes Jacob war. Kein Jacob, keine Sarah S.

Wenn ich meine Liste der vierzig Freunde und Freundinnen ansehe, gehen etwa dreißig von ihnen auf die eine oder andere Weise auf Jacob zurück. Mein Freundeskreis ist in Wahrheit gar kein Kreis. Er ist eine Pyramide. Und an der Spitze der Pyramide steht eine einzelne Person – Jacob. Er ist für die große Mehrheit der Beziehungen verantwortlich, die mein Leben ausmachen. Nicht nur ist mein Freundeskreis kein Kreis, er ist auch nicht der meine. Er gehört Jacob. Es ist eher ein Club, in den er mich eingeladen hat. Diese Menschen, die uns mit der Welt verbinden, die die Entfernung zwischen Omaha und Sharon überbrücken, die uns in unsere Bekannten- und Freundeskreise einführen – diese Leute, auf die wir uns sehr viel stärker stützen, als wir begreifen –, sind Vermittler, Leute mit der besonderen Gabe, die Welt zusammenzubringen.

2.

Was macht jemanden zu einem Vermittler? Das erste – und offensichtlichste – Kriterium besteht darin, dass Vermittler eine Menge Leute kennen. Sie sind der Menschentyp, der jeden kennt. Jeder von uns kennt so jemanden. Aber ich glaube nicht, dass wir uns viele Gedanken darüber machen, wie wichtig diese Leute sind. Ich bin mir nicht einmal sicher, ob nicht die meisten von uns glauben, dass die Leute, die alle kennen, überhaupt jemanden kennen. Aber sie tun es. Es gibt eine einfache Art, das nachzuweisen. Wenn Sie in einer größeren Stadt wohnen, entnehmen Sie dem Telefonbuch willkürlich und an verschiedenen Stellen 250 Nachnamen und schreiben sie auf. Gehen Sie die Liste durch und geben Sie sich selbst einen Punkt, wann immer Sie einen Menschen gleichen Namens kennen. (Die Definition des »Kennens« ist hier ganz breit, bloße Bekanntschaft reicht aus.) Mehrfache Nennungen zählen. Der Sinn dieses Tests ist es, festzustellen, wie gesellig man ist. Es ist eine einfache Art zu überprüfen, wie viele Freunde und Bekannte man hat.

Ich habe diesen Test sicher schon mit einem Dutzend Gruppen gemacht. Zum Beispiel mit einem Kurs von Studienanfängern am City College in Manhattan. Die Studenten und Studentinnen waren alle um die zwanzig Jahre alt, einige jünger, einige älter, und viele von ihnen stammten aus Familien, die erst vor kurzem in die Vereinigten Staaten eingewandert waren. Sie kamen aus mittleren oder niedrigen Einkommensgruppen. Das Durchschnittsergebnis in dem Kurs lag bei 20,96 Punkten, was bedeutete, dass die Studentinnen und Studenten im Durchschnitt 21 Personen mit denselben Nachnamen wie die Leute auf meiner Liste kannten. Ich machte den Test auch mit einer Gruppe von Erziehern und Akademikern aus dem Gesundheitswesen bei einer Konferenz in Princeton, New Jersey. Diese Gruppe war älter, in den Vierzigern und Fünfzigern, vorwiegend weiß, hochgebildet – viele hatten einen Doktorgrad – und meist mit höherem Einkommen. Ihre durchschnittliche Punktzahl war 39. Dann machte ich den Test mit einer relativ willkürlichen Auswahl von Freunden und Bekannten, die meisten von ihnen waren Journalisten und Akademiker, im Alter vorwiegend zwischen Ende zwanzig und Ende dreißig. Hier lag der Durchschnitt bei 41 Punkten.

Diese Ergebnisse sind in keiner Weise überraschend. Es ist einleuchtend, dass die Zahl der Menschen, die man kennt, sich in der Zeit zwischen einem Alter von zwanzig und vierzig Jahren ungefähr verdoppelt, und dass Leute aus einer höheren Einkommensgruppe mehr Menschen kennen als Immigrantenkinder aus einer niedrigeren Einkommensgruppe. Außerdem gab es in jeder Gruppe große Unterschiede zwischen der höchsten und der niedrigsten Punktzahl. Das ist auch klar, denke ich. Immobilienmakler kennen mehr Leute als Computerfreaks. Überraschend war indessen das Ausmaß der Abweichungen. In dem Collegekurs war die niedrigste Punktzahl 2 und die höchste 95. In meiner Auswahl aus dem Bekanntenkreis war die niedrigste Zahl 9 und die höchste 118. Selbst auf der Konferenz in Princeton, auf der sich eine sehr homogene Gruppe von Leuten in ähnlichem Alter, mit ähnlicher Ausbildung und ähnlichem Einkommen versammelt hatte, die überdies mit wenigen Ausnahmen denselben Beruf ausübten, war die Divergenz enorm. Das niedrigste Ergebnis war 16. Die höchste Punktzahl war 108.

Alle zusammengenommen, habe ich den Test mit etwa 400 Personen gemacht. Davon blieben rund 25 unter 20, acht lagen über 90 und vier über 100. Die zweite überraschende Erkenntnis war die, dass es in jeder Gruppe, mit der ich den Test machte, Menschen gab, die ein hohes Ergebnis hatten. Die Resultate der Studenten waren im Durchschnitt niedriger als die der Älteren, aber selbst bei ihnen gab es Personen, deren Bekanntenkreis vier oder fünf Mal so groß war wie der Durchschnitt. Mit anderen Worten, in jedem Lebensbereich gibt es eine Handvoll Personen mit einer wahrhaft außerordentlichen Begabung, Freundschaften und Bekanntschaften zu machen. Sie sind die Vermittler.

Eine der höchsten Punktzahlen unter meinen Bekannten hatte ein Mann namens Roger Horchow, der ein erfolgreicher Geschäftsmann aus Dallas ist. Horchow gründete eine Versandfirma, die er Horchow Collection nannte, und die sich auf Luxusartikel konzentrierte. Er investierte nebenher in Broadway-Inszenierungen und hatte Erfolge mit solchen Hits wie *Les Miserables* und *Phantom of the Opera*. Außerdem war er Produzent des Gershwin-Musicals *Crazy for You*. Vorgestellt wurde mir Horchow von seiner Tochter, mit der ich befreundet bin, und ich besuchte ihn in seiner New Yorker Wohnung, einem eleganten Apartment hoch über der Fifth Avenue. Horchow ist ein schlanker, gelassener Mann. Er spricht langsam, mit dem gedehnten Näseln der Texaner. Er hat einen trockenen, ironischen Charme, der unwiderstehlich ist. Wenn man auf einem Flug über den Atlantik neben Roger Horchow säße, würde er zu reden beginnen, wenn das Flugzeug auf die Startbahn zu rollte. Man würde bereits lachen, wenn man sich anschnallte, und wenn man in Europa landete, würde man sich fragen, wo die Zeit geblieben war. Als ich Horchow die Liste aus dem Telefonbuch von Manhattan gab, ging er sie sehr schnell durch, murmelte Namen, während sein Stift über dem Blatt schwebte. Er machte 98 Punkte. Ich glaube, wenn ich ihm weitere zehn Minuten zum Nachdenken gegeben hätte, wäre das Ergebnis noch höher gewesen.

Warum schnitt Horchow bei diesem Test so gut ab? Als ich ihn traf, war ich der Auffassung, es wäre eine lernbare Fähigkeit, viele Leute zu kennen, etwas, was man sich bewusst zur Aufgabe machen und langsam vervollkommnen könnte. Ich glaubte, dass er durch eine Art Technik praktisch jeden kannte. Ich fragte ihn, auf welche Weise seine vielen Verbindungen ihm geschäftlich genützt hatten, weil ich glaubte, diese beiden Dinge wären miteinander verknüpft, aber solche Fragen schienen ihn eher zu verwundern. Es war nicht so, dass seine Verbindungen ihm nicht geholfen hätten. Aber für ihn war es alles andere als eine Geschäftsstrategie, Menschen kennenzulernen. Er war so. Es war etwas, was er tat, ohne Hintergedanken. Horchow besaß einfach eine instinktive und natürliche Gabe, gesellschaftliche Verbindungen herzustellen. Daran ist nichts Aggressives. Er zählt nicht zu jenen übermäßig geselligen Leuten, die anderen ständig auf die Schultern schlagen und für die das Sammeln von Bekanntschaften ein offensichtlich egoistisches Bedürfnis ist. Er ist eher ein Beobachter, und er tritt mit der trockenen, wissenden Haltung eines Mannes auf, der es vorzieht, ein wenig Distanz zu halten. Aber er mag Menschen, er mag sie auf eine echte und sehr überzeugende Art, und er findet die Muster, in denen die Menschen sich durch Bekanntschaft und Interaktion innerhalb einer Gesellschaft einordnen, endlos faszinierend.

Als ich Horchow besuchte, erzählte er mir, wie es ihm gelungen war, sich die Rechte an Gershwins Musical *Girl Crazy* zu sichern, um es unter dem Titel *Crazy for You* neu herauszubringen. Der ganze Bericht beanspruchte zwanzig Minuten. Das Folgende ist nur ein Teil davon. Wenn die Geschichte berechnend erscheint, so ist das irreführend. Horchow erzählte sie mit einem Hauch von Selbstironie. Er machte sich, glaube ich, ein wenig über seine eigenen Idiosynkrasien lustig. Aber als Porträt eines Vermittlers – als Darstellung, wie er denkt – ist sie, so scheint mir, vollkommen treffend:

Ich hab einen Freund namens Mickey Shannon. Er lebt in New York. Er sagte, ich weiß, dass du Gershwin liebst. Ich hab eine alte Freundin von George Gershwin getroffen. Sie heißt Emily Paley. Sie war die Schwester von Ira Gershwins Frau Lenore. Sie wohnt im Village, und sie hat uns zum Essen eingeladen. Wie auch immer, ich hab Emily Paley kennengelernt, und ich hab ein Porträt von ihr gesehen, das Gershwin gemalt hat. Ihr Mann, Lou Paley, arbeitete mit Ira Gershwin und George zusammen, am Anfang, als Ira Gershwin sich noch Arthur Francis nannte. Das war eine Verbindung …

Neulich hatte ich Lunch mit Leopold Gadowsky. Er ist der Sohn von Francis Gershwin, George Gershwins Schwe-

ster. Sie hatte einen Komponisten namens Gadowsky gehei-
ratet. Arthur Gershwins Sohn war auch da. Er heißt Mark
Gershwin. Die sagten zu mir: Also, warum sollten wir Ihnen
die Rechte an *Girl Crazy* geben? Wer sind Sie? Sie haben
noch nie am Theater gearbeitet. Also hab ich meine Referen-
zen rausgekramt. Ihre Tante, Emily Paley. Ich war bei ihr eingeladen. Das Bild von ihr mit dem roten Schal – kennen Sie
das? Ich holte all die kleinen Verbindungen raus. Dann flogen
wir alle nach Hollywood, und wir besuchten Frau Gershwin
in ihrem Haus, und ich sagte, ich freue mich so sehr, Sie kennen zu lernen. Ich kenne Ihre Schwester. Ich liebe das Werk
Ihres Mannes. Oh, und dann kramte ich eine Freundin aus
Los Angeles raus. Sie heißt Mildred Knopf und hat ein
Kochbuch geschrieben. Ihr Mann war Edwin Knopf, der
Filmproduzent. Er machte Sachen mit Audrey Hepburn.
Sein Bruder war der Verleger. Wir haben damals eine Präsentation für ihr Kochbuch in Dallas gemacht, und Mildred
wurde eine gute Freundin. Wir mochten sie alle sehr, und immer wenn ich in L. A. war, hab ich sie besucht. Ich mach das
immer, ich vergess keine Leute. Na ja, dann stellt sich raus,
dass Edwin Knopf George Gershwins engster Freund war.
Ihr Haus war voller Gershwin-Bilder. Er war bei Gershwin,
als der »Rhapsody in Blue« schrieb, in Asheville, North Ca-
rolina. Edwin ist gestorben. Aber Mildred lebt noch. Sie ist
jetzt 98. Als ich also Lee Gershwin besuchte, erwähnten wir,
dass wir gerade bei Mildred Knopf gewesen waren. Sie sagte:
Sie kennen sie? Oh, warum haben wir uns nicht früher getroffen? Sie gab uns auf der Stelle die Rechte.

Im Laufe unserer Unterhaltung hörte ich immer wieder solche
Geschichten. Es machte Horchow einfach Spaß, die losen Enden
eines ganzen Lebens zu verbinden. Zu seinem siebzigsten Geburtstag versuchte er einen Freund aus der Grundschule zu finden, den er seit sechzig Jahren nicht gesehen hatte. Der Mann
hieß Bobby Hunsinger, und er schickte Briefe an alle Bobby

Hunsingers, die er finden konnte. In dem Brief fragte er die Adressaten, ob sie die Hunsingers seien, die früher in der First Lane Nr. 4501 in Cincinnati gewohnt hatten.

Das ist kein normales gesellschaftliches Verhalten. Es ist ein wenig ungewöhnlich. Horchow sammelt Menschen, wie andere Briefmarken sammeln. Er erinnert sich an die Jungen, mit denen er vor sechzig Jahren gespielt hat, an die Adresse seines besten Jugendfreundes, an den Namen des Mannes, in den sich seine Freundin verliebte, als sie ein Studienjahr in Europa verbrachte. Diese Einzelheiten sind Horchow wichtig. In seinem Computer hat er 1600 Namen und Adressen gespeichert, und bei jeder Angabe findet sich eine kurze Notiz, die schildert, wie er die betreffende Person kennen lernte. Als wir uns unterhielten, zog er ein kleines rotes Notizbuch aus der Tasche. »Wenn ich Sie kennen lerne und Sie mag und Sie zufällig Ihren Geburtstag erwähnen, schreib ich ihn auf, und dann kriegen Sie eine Geburtstagskarte von Roger Horchow. Sehen Sie hier – Montag hatte Ginger Broom Geburtstag, und die Wittenbergs hatten Hochzeitstag. Und Alan Schwartz hat Freitag Geburtstag und unser Gärtner am Samstag.«

Die meisten von uns, glaube ich, scheuen vor einer solch extensiven Kultivierung von Bekannten zurück. Wir haben unseren Freundeskreis, der uns viel bedeutet. Bekannte halten wir eher auf Distanz. Wir schicken Leuten, die uns nicht viel bedeuten, keine Geburtstagskarten, weil wir uns nicht verpflichtet fühlen wollen, mit ihnen essen zu gehen oder einen Film anzusehen oder sie zu besuchen, wenn sie krank sind. Der Grund, die Bekanntschaft eines Menschen zu suchen, ist in der Regel der, herauszufinden, ob wir die betreffende Person zu einer Freundin oder einem Freund machen wollen. Wir haben nicht das Gefühl, die Zeit oder die Energie zu haben, Kontakt zu allzu vielen Menschen zu halten. Horchow ist da ganz anders. Die Leute, die er in sein Notizbuch einträgt oder im Computer festhält, sind Bekannte – Menschen, die er vielleicht nur einmal im Jahr oder einmal alle paar Jahre trifft, aber es macht ihm nichts aus, die

Energie aufzuwenden, die eine solche Pflege von Bekanntschaften erfordert. Er ist ein Meister dessen, was die Soziologen die »schwache Bindung« nennen, eine freundliche, aber beiläufige soziale Kommunikation. Mehr noch, er ist mit der »schwachen Bindung« ganz zufrieden. Nachdem ich Horchow kennen gelernt hatte, fühlte ich mich etwas frustriert. Ich wollte ihn näher kennen lernen, aber ich fragte mich, ob er mir das erlauben würde. Ich glaube nicht, dass er dieses Gefühl teilte. Ich glaube, dass er ein Mensch ist, der einer beiläufigen Begegnung hohen Wert zumisst.

Warum unterscheidet sich Horchow in dieser Hinsicht von uns? Er weiß es selbst nicht. Er meint, es könne etwas damit zu tun haben, dass er als Einzelkind aufwuchs und sein Vater viel unterwegs war. Aber das erklärt es nicht wirklich. Vielleicht sollte man den Impuls, Verbindungen und Beziehungen zu pflegen, einfach als das bezeichnen – als einen Impuls, einen der vielen Charakterzüge, die einen Menschen von einem anderen unterscheiden.

3.

Vermittler sind aber nicht nur deshalb wichtig, weil sie eine Menge Leute kennen. Ihre Bedeutung hängt auch davon ab, welche Leute sie kennen. Vielleicht versteht man diesen Punkt am besten, wenn man ihn durch ein beliebtes Gesellschaftsspiel erklärt. Das Spiel heißt »Sechs Grade von Kevin Bacon«. Der Sinn des Spieles ist es, irgendeine Schauspielerin oder einen Schauspieler durch die Filme, in denen sie mitspielen, über weniger als sechs Schritte mit dem Schauspieler Kevin Bacon zu verbinden. O. J. Simpson zum Beispiel spielte in *Naked Gun* mit Priscilla Presley, die in *Ford Fairlane* zusammen mit Gilbert Gottfried auftrat, der in *Beverly Hills Cop II* mit Paul Reiser vor der Kamera stand, und der war zusammen mit Kevin Bacon in *Diner*. Das sind vier Schritte. Mary Pickford war mit Clark Gable in

Screen Snapshots, der in *Combat America* mit Tony Romano spielte, der 35 Jahre später mit Bacon in *Starting Over* vor der Kamera stand. Das sind drei Schritte. Vor kurzem hat ein Computerwissenschaftler an der University of Virginia, Brett Tjaden, sich tatsächlich hingesetzt und ermittelt, was die Durchschnittszahl für eine Viertelmillion Schauspieler und Schauspielerinnen, die in Fernsehfilmen oder Kinofilmen mitgespielt haben, in Bezug auf Bacon ist, und er kam auf 2,813 Schritte. Jeder, der jemals vor der Kamera gestanden hat, kann, in anderen Worten, in durchschnittlich drei Schritten mit Bacon in Verbindung gebracht werden.[15]

Das klingt eindrucksvoll, aber Tjaden war damit noch nicht zufrieden und stellte eine noch heroischere Berechnung an, um festzustellen, welcher Grad an Verbindung im Durchschnitt für jeden zu jedem bestand, der jemals in Hollywood in einem Film mitspielte. Wie viele Schritte etwa braucht man im Durchschnitt, jeden beliebigen Schauspieler oder jede Schauspielerin in Hollywood mit Robert DeNiro oder Shirley Temple oder Adam Sandler in Verbindung zu bringen? Wenn er alle Hollywood-Schauspielerinnen und -Schauspieler nach dem Grad ihrer »Verbindung« zu anderen einordnete, stellte Tjaden fest, kam Bacon nur auf den 669. Rang. Martin Sheen dagegen kann mit jedem anderen Schauspieler oder jeder anderen Schauspielerin in 2,63681 Schritten verbunden werden, was ihn fast 650 Ränge weiter nach oben bringt als Bacon. Elliot Gould ist noch besser zu verbinden, in nur 2,63601 Schritten. Unter den fünfzehn Personen an der Spitze dieser Rangliste sind Leute wie Robert Mitchum und Gene Hackman und Donald Sutherland und Shelley Winters und Burgess Meredith. Der »bestverbundene« Schauspieler aller Zeiten? Rod Steiger.

Warum liegt Kevin Bacon so weit hinter diesen Schauspielern? Ein Faktor ist, dass Bacon viel jünger ist als die meisten, die vor ihm stehen, und daher auch weniger Filme gedreht hat. Aber das erklärt nur einen Teil des Unterschieds. Es gibt eine Menge Personen, die viele Filme gemacht haben, aber nicht besonders

gut verbunden sind. Gary Cooper zum Beispiel wirkte in ungefähr der gleichen Zahl von Filmen mit wie Steiger, liegt aber mit
einem Ergebnis von 2,85075 nur auf Rang 878. John Wayne
spielte im Laufe seiner sechzigjährigen Karriere in 179 Filmen
und liegt trotzdem nur auf Rang 116, bei 2,7173. Was jemanden
wie Rod Steiger auszeichnet, ist das breite Spektrum seiner
Schauspielkunst. Mehr als die Hälfte von John Waynes Filmen
sind Western, was bedeutet, dass er immer wieder dieselbe Art
Film mit derselben Art Schauspieler machte. Steiger dagegen
drehte großartige Filme wie *On the Waterfront*, der einen Oscar
gewann, und schreckliche Filme wie *Car Pool*. Er gewann einen
Oscar für seine Rolle in *In the Heat of the Night* und machte
auch »B-Movies«, die so schlecht waren, dass sie nicht einmal in
die Kinos kamen, sondern gleich ins Videogeschäft. Er hat
Mussolini, Napoleon, Pontius Pilatus und Al Capone gespielt.
Er stand in 38 Spielfilmen vor der Kamera, in zwölf Krimis und
Komödien, sieben Western, sechs Kriegsfilmen, vier Dokumen-
tarfilmen, drei Horrorfilmen, zwei Science-Fiction-Filmen und
einem Musical. Rod Steiger hat praktisch mit jedem anderen
Schauspieler zusammengearbeitet, weil er sich zwischen all den
verschiedenen Welten und Subkulturen und Nischen und Ebenen hin und her und rauf und runter bewegt hat, die der Beruf
des Schauspielers zu bieten hat.

Vermittler sind so. Sie sind die Rod Steigers des Alltags-
lebens. Sie sind Leute, die wir alle in wenigen Schritten erreichen
können, weil sie es aus irgendeinem Grund fertig bringen, viele
verschiedene Welten und Subkulturen und Nischen zu besetzen.
In Steigers Fall ist der Reichtum an Verbindungen natürlich eine
Funktion seiner Wandlungsfähigkeit als Schauspieler. Im Fall
anderer Vermittler liegt die Fähigkeit, viele verschiedene Welten
zu überspannen, in ihrer Persönlichkeit. Es ist eine Kombination aus Neugier, Selbstvertrauen, Geselligkeit und Energie.

Ich traf einmal eine klassische Vermittlerin in Chicago. Sie
hieß Lois Weisberg und arbeitete als Kulturdezernentin der
Stadtverwaltung von Chicago. Sie war also für die Kultur der

Stadt zuständig. Aber das war die letzte einer außerordentlichen Vielfalt an Karrieren, die sie bereits hinter sich hatte. In den frühen fünfziger Jahren zum Beispiel leitete Weisberg eine Schauspieltruppe in Chicago. 1956 rief sie ein Festival ins Leben, das den hundertsten Geburtstag von George Bernard Shaw feierte. Dann gründete sie eine Zeitschrift, die sich mit Shaws Werk beschäftigen sollte, aber allmählich zu einer alternativen Untergrundzeitung mit dem Namen *The Paper* mutierte. An Freitagabenden trafen sich Leute aus ganz Chicago, um »Redaktionskonferenzen« abzuhalten. William Friedkin, der spätere Regisseur von *The French Connection* und *The Exorcist*, war immer da, genau wie der Anwalt Elmer Gertz und einige Redakteure des *Playboy*, dessen Büros sich in unmittelbarer Nähe befanden. Leute wie Art Farmer und Thelonius Monk, John Coltrane und Lenny Bruce guckten vorbei, wenn sie in der Stadt waren. (Lois Weisberg lebte eine Zeitlang mit Bruce zusammen. »Meine Mutter fand das furchtbar, vor allem als er einmal nur mit einem Handtuch bekleidet die Tür aufmachte, als sie geklingelt hatte«, erzählt sie. »Wir hatten eine Veranda, und er hatte keinen Schlüssel, also ließ ich immer das Fenster angelehnt. Das Haus hatte viele Zimmer, und eine Menge Leute übernachteten da, und ich wußte nicht, wo sie waren. Ich konnte seine Witze nicht ertragen. Ich mochte seine Auftritte nicht besonders. Ich konnte all die Wörter, die er benutzte, nicht leiden.«)

Nachdem *The Paper* den Geist aufgegeben hatte, arbeitete Lois als Publicity-Chefin bei einer Reha-Klinik. Von dort wechselte sie in eine Anwaltskanzlei, die sich besonders um öffentliche Belange kümmerte. Bei ihrer Arbeit dort stieß sie auf die Tatsache, dass die Parks von Chicago in einem schrecklichen Zustand waren und völlig vernachlässigt wurden, also brachte sie eine buntscheckige Gruppe von Naturliebhabern, Historikern, Politaktivisten und Hausfrauen zusammen und gründete eine Bürgerbewegung, die sich »Friends of the Parks« nannte.

Dann alarmierte sie die Tatsache, dass eine für Pendler wichtige Eisenbahnstrecke an der Südküste des Lake Michigan – von

South Bend nach Chicago – stillgelegt werden sollte, also sammelte sie eine weitere Gruppe von Ökologen, Pendlern und Eisenbahnbegeisterten um sich und nannte sie »South Shore Recreation«. Es gelang der Gruppe, die Strecke zu retten. Dann wurde sie Direktorin einer losen Verbindung von progressiven Anwälten, die sich »Chicago Council of Lawyers« nannte. Dann leitete sie den Wahlkampf eines örtlichen Kongressabgeordneten. Dann ernannte sie der erste schwarze Bürgermeister von Chicago, Harold Washington, zur »Direktorin für Sonderveranstaltungen«. Wenig später verließ sie die Stadtverwaltung wieder und machte einen Stand auf einem Flohmarkt auf. Dann wurde sie von Bürgermeister Daley wiederum zur Kulturdezernentin ernannt – ein Amt, das sie bis heute innehat.

Wenn man diese Lebensgeschichte durchgeht und mitzählt, stellt man fest, dass Lois sich in acht verschiedenen Welten aufgehalten hat: die der Schauspieler, der Autoren, der Ärzte, der Anwälte, der Parkliebhaber, der Politiker, der Eisenbahnbegeisterten und der Flohmarkt-Aficionados. Als ich Weisberg bat, selbst einmal eine solche Liste aufzustellen, kam sie auf zehn. Sie fügte Architektur hinzu und die Tourismusindustrie, mit der sie bei ihrer jetzigen Arbeit in Chicago zu tun hat. Aber sie war wahrscheinlich noch immer zu bescheiden. Wenn man sich ihr Leben genauer ansähe, würde man wohl auf fünfzehn oder zwanzig Welten kommen. Dies sind indessen keine voneinander getrennten Welten. Was Vermittler auszeichnet ist die Tatsache, dass sie einen Fuß in so vielen verschiedenen Welten haben und dass sie dadurch in der Lage sind, sie alle zusammenzubringen.

Einmal – das muss Mitte der fünfziger Jahre gewesen sein – fuhr Weisberg mit dem Zug nach New York, um aus einer Laune heraus an einer Science-Fiction-Konferenz teilzunehmen. Dort traf sie einen jungen Schriftsteller namens Arthur C. Clarke. Er verguckte sich in sie, und als er das nächste Mal in Chicago war, rief er sie an. »Er war in einer Telefonzelle«, erinnert sich Weisberg. »Er sagte, gibt es jemanden in Chicago, den ich treffen sollte. Ich sagte ihm, er solle erst mal zu mir nach Hause kommen.« Weisberg hat eine leise, heisere Stimme, hart gebacken von fünfzig Jahren Nikotin, und sie macht Pausen zwischen den Sätzen, um schnell an der Zigarette zu ziehen. Sie macht diese Pausen auch, wenn sie nicht raucht, wie um nicht aus der Übung zu kommen. »Ich habe Bob Hughes angerufen. Bob Hughes schrieb damals manchmal für meine Zeitung.« Pause. »Ich sagte, kennst du jemanden in Chicago, der Interesse hätte, mit Arthur Clarke zu reden. Er sagte ja, Isaac Asimow ist in der Stadt. Und dieser Typ, Robert, Robert – Robert Heinlein. Also kamen sie alle rüber und saßen in meinem Arbeitszimmer.« Pause. »Dann riefen sie mich und sagten, Lois irgendwas … ich erinner mich nicht an das genaue Wort. Aber sie hatten so ein Wort für mich. Es ging darum, dass ich die Art Person bin, die Leute zusammenbringt.«

In gewisser Weise ist dies der Archetypus einer Lois Weisberg-Geschichte. Zunächst geht sie auf jemanden zu, der sich in einer anderen Welt bewegt. Sie hatte damals ihre Schauspieltruppe, Arthur Clarke schrieb Science-Fiction. Dann, und das ist ebenso wichtig, reagiert diese Person auf sie. Viele von uns gehen auf Leute zu, die sich von uns unterscheiden oder die berühmter und erfolgreicher sind als wir, aber diese Geste wird nicht immer erwidert. Und als Arthur Clarke nach Chicago kommt, findet Weisberg die Verbindung zu Isaac Asimow. Sie sagt, es sei Zufall gewesen, dass Asimow in der Stadt war. Aber wenn es nicht Asimow gewesen wäre, dann jemand anderes.

Eines der Dinge, an die sich die Leute erinnern, die an Weisbergs »Salons« an den Freitagabenden in den fünfziger Jahren teilnahmen, ist die Tatsache, dass sie immer auf unauffällige, entspannte Weise rassisch integriert waren. Damit soll nicht gesagt werden, dass Schwarze an der North Side von Chicago ohne diese Salons nicht mit Weißen zusammengetroffen wären. So etwas war damals zwar selten, aber es passierte durchaus. Entscheidend ist die Tatsache, dass Schwarze und Weiße damals nicht durch Zufall zusammenkamen. Sie kamen zusammen, weil bestimmte Personen es wollten und taten. Das ist es, was Asimow und Clarke meinten, als sie sagten, Weisberg habe diese Gabe – was immer es sein mag –, Menschen zusammenzubringen.

»Ihr fehlt jeder Snobismus«, sagt Wendy Willrich, die früher für Lois Weisberg arbeitete. »Einmal bin ich mit ihr in irgendein Fotostudio gefahren. Irgendwelche Leute schreiben ihr, und sie liest immer alles, und der Typ, dem das Studio gehörte, hatte sie eingeladen, und sie hatte ja gesagt. Er machte im Grunde Hochzeitsfotos. Sie wollte hinfahren. Ich dachte, mein Gott, müssen wir wirklich da rausfahren – es waren mindestens 45 Minuten. Es war draußen beim Flughafen. Sie ist Kulturdezernentin der Stadt Chicago, immerhin. Aber sie fand das unglaublich interessant.« War der Mann wirklich interessant? Wer weiß? Der Punkt ist, dass Lois ihn interessant fand, und sie tat das wahrscheinlich, weil sie auf gewisse Weise jeden interessant findet. Weisberg, erzählte mir eine ihrer Freundinnen, »sagt immer: Oh, ich hab jemand Wunderbares getroffen. Du wirst sie auch mögen! Und sie ist so begeistert, als wäre dies der erste Mensch, dem sie jemals begegnet ist. Aber wissen Sie was, sie hatte meistens recht.« Helen Doria, eine weitere Freundin von Lois, sagte mir: »Sie sieht Dinge in einem, die man nicht mal selbst sieht«, was im Grunde auf dasselbe hinausläuft. Durch irgendeine Laune der Natur ist Menschen wie Weisberg ein Instinkt mitgegeben worden, der es ihnen erlaubt, eine Beziehung zu den Menschen aufzubauen, die sie treffen. Wenn Lois in die Welt hinaussieht oder auch Robert Horchow, dann sehen sie nicht dieselbe Welt, die der Rest von uns sieht. Wir sind immer damit beschäftigt, die Leute auszusuchen, die wir gerne kennen lernen würden, und die abzulehnen, die nicht richtig aussehen oder die in der Nähe des Flughafens wohnen. Aber Lois und Roger mögen sie alle.

4.

Im Werk des Soziologen Mark Granovetter gibt es ein sehr gutes Beispiel für die Funktionsweise von Vermittlern. In seiner klassischen Studie *Getting a Job*[16] sah sich Granovetter den Lebenslauf mehrerer hundert Techniker aus der Bostoner Vorstadt Newton an und interviewte sie zu ihrer Berufsgeschichte. Er stellte fest, dass 56 Prozent der Interviewten ihre Stelle einer persönlichen Beziehung zu verdanken hatten. Weitere 18,8 Prozent kamen über Anzeigen oder Headhunter zu ihren Jobs, und etwa 20 Prozent bewarben sich direkt bei einer Firma. Das ist so weit nicht ungewöhnlich. Die beste Art, sich Zugang zu einer interessanten Stelle zu verschaffen, ist ein persönlicher Kontakt. Aber Granovetter fand heraus, dass die Mehrheit dieser persönlichen Beziehungen aus »schwachen Bindungen« bestand. Von jenen, die über Kontakte zu ihrem Job kamen, sahen nur 16,7 Prozent die betreffende Person »oft« – was heißt, dass sie eine Freundin oder ein Freund war –, während 55,6 Prozent die Kontaktperson nur »gelegentlich« trafen. 28 Prozent sahen sie »selten«. Die Leute bekamen ihre Jobs nicht durch Freunde. Sie bekamen sie durch Bekannte.

Wie kommt das? Granovetter argumentiert, dass bei der Stellensuche – oder, was das betrifft, auch bei der Suche nach neuer Information oder neuen Ideen – »schwache Bindungen« stets wichtiger sind als starke Bindungen. Freunde leben meist in derselben Welt wie man selbst. Sie arbeiten mit einem zusammen, sie leben in der Nähe, und sie gehen in dieselbe Kirche, sie studieren an derselben Universität, sie besuchen dieselben Partys. Sie wissen deshalb meist nicht viel mehr, als man selber weiß. Bekannte indessen leben meist in einer anderen Welt. Es ist sehr viel wahrscheinlicher, dass sie etwas wissen, was man selbst nicht weiß. Um diese auf den ersten Blick paradoxe Erscheinung zu benennen, prägte Granovetter einen wunderbaren Begriff: »Die Stärke der schwachen Bindung«. Bekannte stellen, kurz gesagt, eine Quelle gesellschaftlicher Macht dar, und je mehr Bekannte man hat, desto mächtiger ist man. Vermittler wie Lois Weisberg und Roger Horchow – Meister der schwachen Bindung – sind außerordentlich mächtig. Wir stützen uns auf sie, wenn wir Zugang zu Möglichkeiten und Welten suchen, die nicht die unseren sind.

Dieses Prinzip ist natürlich nicht nur auf die Jobsuche beschränkt. Es gilt auch für Restaurants, Filme, Modetrends und alles andere, das sich durch Mundpropaganda bewegen lässt. Es ist nicht nur so, dass eine Person, die einem Vermittler nahe ist, mächtiger und reicher ist und mehr Möglichkeiten hat. Es ist auch so, dass eine Idee oder ein Produkt, die einen Vermittler erreicht, mehr Chancen hat. Könnte das eine der Ursachen sein, warum Hush Puppies über Nacht zu einem großen Modetrend wurden? Auf ihrem Weg vom East Village zu den Menschen von Middle America muss sich ein Vermittler oder mehrere Vermittler in diese Schuhe verliebt haben, und durch ihre enormen sozialen Verbindungen, ihre lange Liste schwacher Bindungen, ihre Rolle in den verschiedensten Welten und Subkulturen, war es ihnen möglich, eine Idee aufzunehmen und sie in tausend Richtungen auf einmal zu verbreiten – so dass diese Idee oder das Produkt den Tipping Point erreichte. Die Hush Puppies hatten also in gewissem Sinne Glück. Und vielleicht liegt eine der Ursachen, warum so viele Modetrends es nicht schaffen, die Masse der potentiellen Käufer zu erreichen, einfach darin, dass sie auf ihrem Weg nie auf einen Vermittler treffen.

Horchows Tochter Sally erzählte mir, dass sie ihren Vater einmal mit in ein neues japanisches Restaurant nahm, in dem ein Freund von ihr als Chefkoch arbeitete. Horchow fand das Essen ausgezeichnet, und als er nach Hause kam, schaltete er seinen Computer ein, holte sich die Namen von Bekannten heraus, die in der Nähe wohnten, und schrieb ihnen, dass er ein wunderbares neues Restaurant entdeckt habe, das sie mal ausprobieren sollten. Das ist in aller Kürze, worin Mundpropaganda besteht. Sie funktioniert nicht so, dass ich Ihnen von einem neuen Restaurant erzähle und Sie diese Information an einen Freund weitergeben und so weiter. Mundpropaganda setzt dann ein, wenn irgendwo in dieser Kette die Nachricht auf eine Person wie Horchow stößt.

5.

Und das ist zugleich die Erklärung, warum Paul Reveres Mitternachtsritt eine Mund-zu-Mund-Epidemie auslöste, und William Dawes' Ritt nicht. Paul Revere war der Roger Horchow oder die Lois Weisberg seiner Zeit. Er war ein Vermittler. Er war gesellig und kannte enorm viele Menschen. Als er starb, kamen, in den Worten einer zeitgenössischen Zeitung, »Menschenmengen« zu seiner Beerdigung. Er angelte und jagte gerne, er spielte Karten und besuchte das Theater, er ging oft in Pubs, und er war ein erfolgreicher Geschäftsmann. Er war aktives Mitglied in einer Freimaurerloge und gehörte mehreren angesehenen Clubs an. Er war ein Macher, ein Mann, der – wie David Hackett Fisher in seinem hervorragenden Buch *Paul Revere's Ride* berichtet – »mit einem unheimlichen Genie gesegnet war, immer im Zentrum der Ereignisse zu stehen«. Fisher schreibt:

Als Boston 1774 die ersten Straßenlaternen einführte, wurde Paul Revere gebeten, in dem Komitee mitzuarbeiten, das die Aufstellung beaufsichtigte. Als der Markt von Boston Regulierungsmaßnahmen brauchte, wurde Paul Revere zum Vorsteher ernannt. Als nach der Revolution eine Epidemie Boston heimsuchte, wurde er zum obersten Gesundheitsbeamten gewählt. Als ein großes Feuer die Holzgebäude der Stadt zerstörte, wirkte er bei der Gründung einer Feuerversicherung, der Massachusetts Mutual Fire Insurance Company, mit. Als die Armut in der neuen Republik zu einem wachsenden sozialen Problem wurde, berief er eine Konferenz ein, die zum Aufbau einer Armenhilfe führte, der Massachusetts Charitable Mechanic Association, deren erster Präsident er wurde. Als die Gemeinde von Boston durch den

sensationellsten Mordprozess seiner Generation erschüttert
wurde, machte man Paul Revere zum Sprecher der Jury.

Wenn man Revere eine Liste von 250 Nachnamen gegeben hätte,
die der Volkszählung von Boston im Jahre 1775 entnommen
worden wären, hätte er zweifellos mehr als 100 Punkte erzielt.
Nach der Boston Tea Party von 1773, als der Zorn der amerikanischen Siedler gegen ihre britischen Herrscher zum ersten
Mal ernste Formen annahm, entstanden Dutzende von Komi-
tees und Kongressen unzufriedener Amerikaner in New England. Es gab keine förmliche Organisation und keine festen
Kommunikationswege zwischen ihnen. Aber Paul Revere wurde schnell zu einer wichtigen Verbindung zwischen all diesen
verstreuten revolutionären Flecken. Er ritt immer wieder nach
Philadelphia hinunter oder nach New York oder hinauf nach
New Hampshire, um Botschaften zwischen den verschiedenen
Gruppen auszutauschen. Auch in Boston spielte er eine besondere Rolle. In den Revolutionsjahren gab es sieben Gruppen von
»Whigs« (Revolutionären) in der Stadt, die zusammen etwa 255
Personen zählten. Die meisten der Männer – über 80 Prozent –
gehörten nur einer dieser Gruppen an. Niemand war bei allen
sieben Mitglied. Nur zwei Männer gehörten fünf Gruppen an:
Paul Revere war einer der beiden.

Es überrascht deshalb auch nicht, dass Revere eine Art in-
offizieller Clearingstelle für die antibritischen Kräfte wurde, als
die britische Armee ihren geheimen Feldzug von 1774 begann,
der darauf zielte, die Waffen- und Munitionsvorräte der sich ent-
wickelnden revolutionären Bewegung zu zerstören. Er kannte
jeden. Er war die logische Adresse, als ein Stalljunge am Nachmittag des 18. April 1775 zwei britische Offiziere belauschte, die
darüber sprachen, dass am nächsten Tag die Hölle los sein würde.
Und als Revere nach Lexington aufbrach, wusste er genau, an
wen er sich wenden musste, um die Nachricht so breit wie möglich zu streuen. Wenn er Leute auf der Straße traf, wusste er, wie
er mit ihnen reden musste, wenn er in Städte kam, wusste er,

an wessen Tür er zu klopfen hatte, wer die Führer der örtlichen Miliz, wer die Schlüsselpersonen in der Stadt waren. Die meisten von ihnen kannte er. Und sie kannten und achteten ihn.

Aber William Dawes? Fisher glaubt nicht, dass Dawes die vollen sechzehn Meilen nach Lexington ritt und unterwegs mit niemandem sprach. Aber er besaß offensichtlich nicht die kommunikativen Fähigkeiten Reveres, denn es gibt kaum einen Bericht von jemandem, der sich daran erinnerte, mit ihm in jener Nacht gesprochen zu haben. »Auf Paul Reveres nördlicher Route schlugen die Stadtväter und die Hauptleute der Miliz auf der Stelle Alarm«, schreibt Fisher. »Auf der südlichen Route von William Dawes geschah das erst viel später. In mindestens einer Stadt geschah gar nichts. Dawes weckte in Roxbury, Brookline, Watertown und Waltham weder die Stadtväter noch die Befehlshaber der Milizen.« Warum? Weil Roxbury, Brookline, Watertown und Waltham nicht Boston waren. Und Dawes war sehr wahrscheinlich ein Mann mit einem normalen Bekanntenkreis, was bedeutet, dass er – wie die meisten von uns – nicht wusste, an wessen Tür er klopfen musste, sobald er seine Heimatstadt verließ. Nur eine einzige kleine Gemeinde auf Dawes' Route scheint reagiert zu haben, ein paar Farmer in der Gegend von Waltham. Aber nur diese paar Häuser aufzuschrecken reichte nicht aus, um den Alarm zu verbreiten. Mund-zu-Mund-Epidemien auszulösen ist die Arbeit von Vermittlern. William Dawes war nur ein einfacher Mann.

6.

Es wäre indessen ein Fehler anzunehmen, dass Vermittler die einzigen Leute sind, die bei einer sozialen Epidemie eine Rolle spielen. Roger Horchow verschickte Dutzende von Faxen, um das neue Restaurant, in das ihn seine Tochter geführt hatte, zu empfehlen. Aber er entdeckte das Restaurant nicht. Jemand anderes tat das, und seine Tochter nahm ihn mit. Zu irgendeinem

Zeitpunkt müssen ein paar Vermittler auf die Hush Puppies gestoßen sein, und sie brachten ihre Meinung, dass Hush Puppies
»cool« seien, unter die Leute. Aber wer erzählte den Vermittlern
von den Hush Puppies? Es ist möglich, dass die Vermittler durch
einen rein zufälligen Prozess an neue Informationen geraten. Sie
kennen so viele Leute, dass sie fast unvermeidlich von etwas
Neuem hören, sobald es auftaucht. Wenn man sich indessen soziale Epidemien genauer anguckt, wird deutlich, dass es neben
den Leuten, die uns mit anderen Leuten in Verbindung bringen,
auch Leute gibt, die uns mit neuer Information füttern. Es gibt
Spezialisten für Menschen, und es gibt Spezialisten für Information.

Manchmal fallen diese beiden Faktoren natürlich auch zusammen. Ein Teil der besonderen Ausstrahlung von Paul Revere
zum Beispiel lag in der Tatsache, dass er nicht nur ein Kommu-
nikator war; er war nicht einfach nur der Mann mit dem größten
Bekanntenkreis in Boston. Er war außerdem aktiv daran beteiligt, Informationen über die Briten zu sammeln. Im Herbst 1774
gründete er eine konspirative Gruppe, die sich regelmäßig in der
Green Dragon Tavern traf. Diese Gruppe hatte sich zum Ziel
gesetzt, britische Truppenbewegungen zu überwachen. Im Dezember jenes Jahres erfuhr sie, dass die Briten beabsichtigten,
Munition zu beschlagnahmen, die von einer Miliz in Portsmouth
Harbor, fünfzig Meilen von Boston entfernt, versteckt worden
war. An dem eisigen Morgen des 13. Dezember ritt Revere durch
tiefen Schnee nach Norden, um die Miliz zu warnen, dass die
Briten kommen würden. Er arbeitete daran mit, die Information
zu bekommen, und er gab sie weiter. Paul Revere war ein Vermittler. Aber er war auch – und dies ist der zweite der drei Typen
von Menschen, die eine Mund-zu-Mund-Epidemie kontrollieren – ein Kenner.

Was ist ein Kenner? Vielleicht ist diese Frage am besten zu
beantworten, wenn man sich dem Verhalten von Menschen auf
dem Markt zuwendet. Wenn zum Beispiel ein Supermarkt den
Verkauf irgendeines Produkts erhöhen will, bringen die Verkäu-

fer ein Schild an, auf dem irgendetwas wie: »Herabgesetzt« oder »Sonderangebot« steht. Aber der Preis ist gar nicht ermäßigt, sie haben nur ein Schild angebracht, das dies behauptet. Trotzdem erhöht sich der Verkauf, so als wäre der Preis tatsächlich herabgesetzt.[17]

Wenn man darüber nachdenkt, ist dies eine etwas verstörende Information. Die Voraussetzung, die hinter der Preisgestaltung aller Supermärkte und Geschäfte steht, ist, dass die Kunden sehr genau auf die Preise achten und entsprechend reagieren: Sie kaufen mehr, wenn der Preis günstig ist, und weniger, wenn der Preis zu hoch erscheint. Aber wenn mehr gekauft wird, auch wenn der Preis gar nicht herabgesetzt worden ist, was sollte die Supermärkte daran hindern, die Preise hoch zu halten? Was sollte sie daran hindern, uns mit bedeutungslosen »Sonderangeboten« hereinzulegen?

Die Antwort lautet, dass zwar die meisten von uns nicht auf Preise achten, die Leiter von Supermärkten aber wissen, dass es eine sehr kleine Anzahl von Menschen gibt, die das tun. Und wenn die feststellen, dass etwas nicht stimmt, werden sie etwas dagegen unternehmen. Wenn ein Laden den Trick mit dem gar nicht existierenden Sonderpreis zu oft versucht, dann sind dies die Leute, die es durchschauen und sich beim Verbraucherschutz oder bei der Geschäftsführung beschweren. Und sie werden ihren Freunden und Bekannten raten, diesen Supermarkt zu meiden. Dies sind die Leute, die den Markt relativ ehrlich halten. In den zehn Jahren, seit man die Existenz dieser Gruppe von Konsumenten entdeckt hat, haben Ökonomen sich große Mühe gegeben, sie zu verstehen. Sie haben solche Leute in allen Bereichen der Gesellschaft gefunden, in jeder sozioökonomischen Gruppe. Ein Name für sie ist »Preiswächter«, ein anderer lautet »Marktkenner«.

Linda Price, Marketingprofessorin an der University of Nebraska und eine Pionierin auf dem Gebiet der Marktforschung, hat Interviews, die sie mit einer Anzahl von Marktkennern geführt hat, auf Video aufgezeichnet.[18] Auf einem dieser Bänder spricht ein sehr gut gekleideter Mann mit großer Lebhaftigkeit darüber, wie er einkauft:

Ich verfolge die Wirtschaftsseiten der Zeitung sehr genau, und deshalb erkenne ich Trends früh. Ein klassisches Beispiel ist Kaffee. Als die erste Kaffeekrise vor zehn Jahren eintrat, hatte ich die Artikel über den Kälteeinbruch in Brasilien gelesen und darüber, was der Frost langfristig für den Kaffeepreis bedeuten würde. Also habe ich mir gesagt, ich lagere Kaffee ein, solange er noch billig ist.

An diesem Punkt des Interviews breitet sich ein strahlendes Lächeln über das Gesicht des Mannes aus.

Ich holte mir zwischen 35 und 40 Dosen Kaffee. Und ich kriegte sie zu einem lächerlichen Preis, eine Drei-Pfund-Dose kostete zwischen 2,79 Dollar und 2,89 ... Heute zahlt man sechs Dollar für eine Drei-Pfund-Dose. Das hat wirklich Spaß gemacht.

Das kann man schon fast als Besessenheit bezeichnen. Er erinnert sich bis auf Cents an Preise für Kaffee, den er vor zehn Jahren gekauft hat.

Das Entscheidende an Kennern aber ist, dass sie keine passiven Informationssammler sind. Sie sind nicht nur davon besessen, den besten Preis für Kaffee herauszuschlagen. Was sie von anderen Menschen unterscheidet, ist die Tatsache, dass sie auch gerne davon erzählen. »Ein Kenner ist eine Person, die über sehr viel Information über verschiedene Produkte, Preise und Läden verfügt. Diese Person liebt es, Diskussionen mit anderen Konsumenten zu führen und auf Anfragen zu reagieren«, sagt Price. »Sie beraten andere gerne. Sie gehen mit anderen einkaufen ... Dies sind Menschen, die andere mit Informationen versorgen. Sie haben eine Art Insiderwissen über den Markt. Sie wissen sogar, wo sich in Kaufhäusern die Toilette befindet.« Sie sind mehr als nur Experten. Ein Experte, sagt Price, »redet zum Beispiel über Autos, weil er Autos liebt. Aber er redet nicht mit dir darüber, weil er dir helfen will, den besten Deal zu finden. Der Marktkenner tut genau das. Er ist sozial motiviert.«

Price sagt, dass mehr als die Hälfte aller Amerikaner einen Kenner in ihrem Bekanntenkreis haben oder zumindest jemanden, der der Beschreibung eines Kenners nahe kommt. Sie selbst entwickelte ihr Konzept aus der Bekanntschaft mit jemandem, den sie während des Studiums traf, ein Mann, der so stark auf sie wirkte, dass seine Persönlichkeit heute als Grundlage für ein ganzes Forschungsgebiet in der Welt des Marketing dient.

»Ich arbeitete an meiner Dissertation an der University of Texas«, sagt Price. »Zu der Zeit wusste ich es noch nicht, aber ich traf den perfekten Kenner. Er ist Jude, und es war Ostern, und ich wollte Schinken kaufen und fragte ihn. Und er sagte, na ja, du weißt ja, ich bin Jude, aber ich kenne einen Delikatessenladen, in den du gehen solltest, und hier ist der Preis, den du zahlen solltest.« Price lacht über die Erinnerung. »Sie sollten ihn mal besuchen. Sein Name ist Mark Alpert.«

7.

Mark Alpert ist ein schlanker, energischer Mann in den Fünfzigern. Er hat dunkles Haar und eine hervorspringende Nase und kleine, intensive, intelligente Augen. Er redet schnell und präzise und mit absoluter Autorität. Er ist der Menschentyp, der nicht sagen würde, dass es gestern heiß war. Er würde sagen, dass wir gestern in der Spitze 38 Grad im Schatten hatten. Er geht Treppen nicht hinauf. Er läuft sie wie ein kleiner Junge hinauf. Er vermittelt einem den Eindruck, dass er sich für jeden und für alles interessiert. Wenn man ihm einen Chemiebaukasten für Kinder schenkte, würde er sich sofort hinsetzen und voller Glück irgendein seltsames Gebräu zusammenrühren.

Alpert wuchs im mittleren Westen auf. Er war der Sohn eines

Mannes, der den ersten Discount-Laden in Nordminnesota leitete. Er machte seinen Doktor an der University of Southern California und lehrt jetzt an der School of Business Administration an der University of Texas. Aber es gibt in Wahrheit keine Verbindung zwischen seinem beruflichen Status als Ökonom und seinem Kennertum. Wenn Alpert Klempner wäre, würde er genauso kritisch und gewissenhaft einkaufen.

Wir trafen uns zu einem Mittagessen in einem Restaurant in Austin, das am Seeufer lag. Ich kam zuerst und suchte einen Tisch aus. Er kam nach mir und überredete mich sofort, an einen anderen Tisch zu wechseln, den er für besser hielt. Er war besser. Ich fragte ihn, wie er einkaufe, was immer er einkaufe, und er begann zu reden. Er erklärte, warum er Kabel habe und keine Satellitenschüssel. Er lieferte eine genaue Kritik zu Leonard Maltins neuem Filmführer. Er nannte den Namen eines Mannes, der beim Park Central Hotel in Manhattan arbeitete und über den man Ermäßigungen bekommen konnte. (»Malcolm, das Zimmer für 99 Dollar! Und der normale Preis ist 198 Dollar.«) Er deutete auf mein Tonbandgerät. »Ich glaube, das Band ist abgelaufen«, sagte er. Es war abgelaufen. Er erklärte, warum ich keinen Audi kaufen sollte. (»Das sind Deutsche. Mit denen zu verhandeln ist eine Qual. Früher gaben sie einem unterm Ladentisch eine bessere Garantie, aber das machen sie jetzt nicht mehr. Das Händlernetz ist klein, deshalb ist es schwer, guten Service zu kriegen. Ich liebe die Autos. Aber ich wollte keinen haben.«) Was ich fahren sollte, war ein Mercury Mystique, weil sie sich fahren wie viel teurere europäische Tourenwagen. (»Die verkaufen sich nicht gut, also kann man sie runterhandeln. Gehen Sie zu einem Großhändler. Gehen Sie am 25. eines Monats. Sie müssen nämlich wissen …«) Dann stürzte er sich in eine lange, manchmal sehr witzige Beschreibung seines monatelangen Versuchs, einen Fernsehapparat zu kaufen. Wenn Sie oder ich dieselbe Erfahrung gemacht hätten – Apparate wurden bestellt und zurückgeschickt, mühsame Vergleiche der kleinsten elektronischen Details und Garantiezusagen angestellt –, so nehme ich an, dass wir

es als schrecklich empfunden hätten. Alpert aber fand es aufregend. Kenner sind nach Price eifrige Leser von Zeitschriften
wie *Consumer Reports*. Alpert ist der Typ von Kenner, der an
Consumer Reports schreibt, um sie zu korrigieren. »Einmal
schrieben sie, dass der Audi 4000 dasselbe Fahrgestell habe wie
der VW-Dasher. Das war in den späten Siebzigern. Aber der
Audi 4000 ist ein größerer Wagen. Ich schrieb ihnen das. Dann
kam das Fiasko mit dem Audi 5000. *Consumer Reports* setzte sie
auf die Liste der ›Du sollst nicht kaufen‹, weil sie angeblich dieses plötzliche Beschleunigungsproblem hatten. Ich informierte
mich darüber und stellte fest, dass es Quatsch war ... Also
schrieb ich ihnen und sagte, ihr solltet euch das wirklich noch
mal ansehen. Ich gab ihnen Informationen. Aber sie haben nicht
mal geantwortet. Das hat mich wirklich geärgert. Die sollten
über so was hinaus sein.« Er schüttelte angewidert den Kopf. Er
hatte den Tyrannen des Verbraucherschutzes »übertyrannt«.

Alpert ist, das muss ich hinzufügen, keineswegs ein lästiger
Alleswisser. Er könnte natürlich leicht so wirken, sogar er selbst
ist sich dessen bewusst. »Ich stand neben einem Jungen im Supermarkt, der seinen Ausweis vorzeigen musste, weil er Zigaretten kaufen wollte«, erzählte Alpert. »Ich war in großer Ver-
suchung, ihm zu sagen, dass ich Lungenkrebs hätte. Man kann
diese Tendenz, anderen zu helfen, sie zu beeinflussen – was immer das ist –, zu weit treiben. Man wird dann aufdringlich. Ich
versuche, ein sehr passiver Kenner zu sein ... Man muss immer
im Kopf behalten, dass es ihre Entscheidung ist. Es ist ihr Leben.« Was Alpert rettet, ist die Tatsache, dass man nie das Gefühl
hat, er wolle angeben. Da ist etwas Automatisches, Reflexives an
seinem Interesse am Markt. Es ist nichts Vordergründiges, keine
Wichtigtuerei. Es ähnelt dem sozialen Instinkt Horchows und
Weisbergs. An einem Punkt unseres Gesprächs stürzte Alpert
sich in eine komplizierte Geschichte darüber, wie er einem Kollegen zu erklären versuchte, dass man Gutscheine am besten ein-
setzte, um bei Blockbuster Videos zu mieten. Dann bremste er
sich selbst, als begriffe er erst jetzt, was er da sagte, und brach in

Lachen aus. »Hören Sie, man kann da einen ganzen Dollar sparen! Im Laufe eines Jahres könnte ich wahrscheinlich genug sparen, um mir eine Flasche Wein zu leisten.« Alpert ist fast pathologisch hilfsbereit. Er selbst kann nichts dagegen tun.

»Ein Kenner ist jemand, der die Probleme anderer Leute lösen will, indem er seine eigenen löst«, sagte Alpert, und damit hat er Recht. Aber ich habe den Verdacht, dass das Gegenteil ebenso wahr ist, nämlich dass ein Kenner jemand ist, der seine eigenen Probleme – seine emotionalen Bedürfnisse – löst, indem er die Probleme anderer Leute löst. Etwas in Alpert wurde dadurch befriedigt, dass ich von nun an mit seinem Wissen bewaffnet ein Fernsehgerät oder ein Auto kaufen oder ein Hotelzimmer reservieren würde.

»Mark Alpert ist ein wundervoll selbstloser Mensch«, sagte mir Leigh MacAllister, einer seiner Kollegen an der University of Texas. »Ich würde sagen, dass er mir mindestens 15.000 Dollar sparte, als ich nach Austin kam. Er konnte mir beim Kauf eines Hauses helfen, weil er das Immobiliengeschäft genau versteht. Ich brauchte eine Waschmaschine und einen Trockner. Er machte das für mich. Ich brauchte einen Wagen. Ich wollte einen Volvo, weil er auch einen hatte. Er zeigte mir einen On-Line-Service, der alle Preise für Volvos in ganz Texas gelistet hatte, und er ging mit mir zum Händler, um den Wagen zu kaufen. Er half mir durch den Irrgarten der Pensionspläne der Universität. Er hat alles vereinfacht. Das ist Mark Alpert. Er ist ein Marktkenner. Gott segne ihn. Durch Leute wie ihn funktioniert das amerikanische System.«

8.

Was macht Leute wie Mark Alpert so wichtig, wenn man eine Epidemie auslösen will? Offensichtlich wissen sie Dinge, die der Rest von uns nicht weiß. Sie lesen mehr Zeitschriften als wir, mehr Zeitungen, und vielleicht sind sie auch die einzigen Menschen, die Werbungsblätter lesen. Mark Alpert ist ein Connaisseur auf dem Gebiet elektronischer Geräte. Wenn es bei Fernsehgeräten oder Videokameras einen neuen Durchbruch gäbe und man einer seiner Freunde wäre, könnte man darauf wetten, dass man sehr schnell davon erführe. Kenner haben das Wissen und die gesellschaftlichen Fähigkeiten, um eine Mund-zu-Mund-Epidemie in Gang zu setzen. Was solche Leute indessen wirklich von anderen unterscheidet ist nicht ihr Wissen, sondern die Art, wie sie es weitergeben. Sie wollen helfen, weil sie es mögen, anderen Leuten zu helfen, und das erweist sich als eine enorm wirkungsvolle Methode, die Aufmerksamkeit anderer zu erregen.

Das ist sicher ein weiterer Teil der Erklärung, warum Paul Reveres nächtlicher Ritt so wirkungsvoll war. Die Neuigkeit vom Marsch der Briten kam nicht durch ein Fax oder durch E-Mail, sie wurde von einem einzigen Mann, einem Freiwilligen, getragen, der durch die kalte Nacht ritt und nichts anderes im Sinn hatte als die Freiheit seiner Landsleute. Vielleicht weckten die Hush Puppies das Interesse von Vermittlern, gerade weil sie nicht Teil eines bewusst inszenierten Werbefeldzugs waren. Vielleicht ging ein Modekenner ins East Village, suchte nach neuen Ideen und stellte fest, dass man in einem billigen Secondhandladen diese wirklich »coolen« alten Hush Puppies kaufen konnte. Er erzählte das seinen Freunden, die die Schuhe auch kauften, denn da ist etwas an der persönlichen, interesselosen, präzisen Meinung eines Marktkenners, was uns alle die Ohren spitzen lässt. Und warum sind die Restaurantführer von Zagat so populär? Zum Teil sicherlich, weil sie einfach ein bequemer Zugang zu allen Restaurants in irgendeiner amerikanischen Stadt sind. Aber ihre eigentliche Wirkung liegt darin, dass die Kritiken auf den Berichten von Freiwilligen beruhen – von Gästen, die ihre Einschätzungen mit anderen teilen wollen. Irgendwie ist das eine überzeugendere Empfehlung als die Meinung eines Experten, dessen Beruf es ist, Restaurants einzustufen.

Während meiner Unterhaltung mit Alpert erwähnte ich, dass

ich ein paar Wochen später nach Los Angeles fahren würde. »Da gibt es ein Hotel, das ich wirklich mag«, sagte er, ohne zu zögern. »Es heißt The Century Wiltshire, in Westwood. Es ist eher so etwas wie ein europäisches Bed-and-Breakfast. Sehr schöne Zimmer. Ein heizbarer Pool. Ein unterirdischer Parkplatz. Als ich das letzte Mal da war, vor fünf oder sechs Jahren, kriegte man Zimmer von 70 Dollar an, Junior Suiten zu 110. Für eine Woche machen die Ihnen ein Angebot. Sie haben eine kostenlose Telefonnummer.« Da er schließlich der Ur-Kenner war, stieg ich im Century Wiltshire ab, als ich in L. A. war, und es war genau, wie er gesagt hatte, sogar noch besser. Innerhalb weniger Wochen, nachdem ich wieder zu Hause war, empfahl ich das Hotel zweien meiner Freunde, und innerhalb des ersten Monats noch zwei weiteren, und als ich mir vorstellte, wie viele von den Leuten, denen ich von dem Hotel erzählt hatte, es weitererzählen würden, und wie vielen Leuten wie mir Mark Alpert selbst von dem Hotel erzählt hatte, begriff ich, dass ich mitten in eine kleine, von Mark Alpert ausgelöste Mund-zu-Mund-Epidemie geraten war. Alpert kennt wahrscheinlich nicht so viele Menschen wie ein Vermittler wie Roger Horchow, und deshalb hat er nicht dieselbe Übermittlungsmacht wie dieser. Auf der anderen Seite würde einem jemand wie Roger Horchow auch keinen Hoteltipp geben, wenn man kurz vor einer Fahrt nach Los Angeles stünde. Alpert dagegen immer. Und wenn Horchow ein Hotel empfähle, würde man ihm vielleicht auch nicht folgen. Man würde seinen Rat so ernst nehmen wie den jedes anderen Freundes. Aber wenn Mark Alpert einem einen Rat gab, folgte man ihm. Ein Vermittler sagt vielleicht zehn Freunden, wo in Los Angeles sie absteigen sollen, und fünf von ihnen würden dem Vorschlag vielleicht folgen. Ein Kenner dagegen sagt vielleicht fünf Freunden, in welches Hotel sie gehen sollen, und sie werden es alle tun, weil er das Hotel so nachdrücklich empfiehlt. Da sind unterschiedliche Charaktere am Werk, und sie haben unterschiedliche Motive. Aber sie haben beide die Fähigkeit, Mund-zu-Mund-Epidemien auszulösen.

9.

Eines tut ein Kenner nicht: er überredet einen nicht. Alperts
Motivation besteht darin, zu erziehen und zu helfen. Er ist nicht
der Typ Mensch, der einen unbedingt zu seinem Glück zwingen
will. Als wir uns unterhielten, gab es Momente, in denen er daran interessiert war, was ich wusste. Er wollte auch etwas von
mir hören. Ein Kenner zu sein heißt auch Lehrer zu sein. Aber
es heißt ebenso, vielleicht noch expliziter, ein Lernender zu sein.
Kenner sind im Grunde Informationsmakler. Sie teilen mit einem, was sie wissen, in gewissem Sinne handeln sie damit. Um
eine soziale Epidemie in Gang zu setzen, muss man aber eine
hohe Anzahl von Leuten dazu überreden, etwas zu tun. Eine
ganze Reihe von jungen Leuten, die zum Beispiel Hush Puppies
kauften, waren Leute, die man früher niemals in diesen Schuhen
gesehen hätte. Und wenn man Paul Reveres Fall nimmt, kann
man sich vorstellen, dass die Männer der Miliz sich sammelten
und darüber beratschlagten, wie sie am folgenden Tag den britischen Truppen begegnen sollten. Das wird kein automatischer
Prozess gewesen sein. Einige der Leute wollten wahrscheinlich
sofort losschlagen. Andere werden bezweifelt haben, dass es rat-
sam sei, sich mit einer eher schlecht als recht ausgebildeten Miliz
einer Berufsarmee entgegenzustellen. Wieder andere – die Paul
Revere vielleicht nicht kannten – könnten die Genauigkeit seiner Information angezweifelt haben. Dass schließlich fast alle
mitmarschierten, ist etwas, was wir normalerweise dem Gruppendruck zurechnen würden. Aber der Druck der Gruppe ist
nicht immer ein automatischer oder ein unbewusster Prozess.
Meistens bedeutet dies, dass jemand tatsächlich vor die Gruppe
tritt und sie dazu bringt, etwas Bestimmtes zu tun. In einer
gesellschaftlichen Epidemie sind die Kenner die Datenbanken.
Sie stellen die Botschaft. Die Vermittler sind der soziale Klebstoff: sie verbreiten die Botschaft. Aber es gibt darüber hinaus
eine Gruppe von Menschen, die die Fähigkeit besitzen, uns zu
überreden, wenn wir von dem, was wir gehört haben, nicht

überzeugt sind – die Verkäufer. Und diese Verkäufer sind ebenso entscheidend für das Auslösen einer Mund-zu-Mund-Epidemie wie die beiden anderen Gruppen. Wer sind diese Verkäufer? Und was macht sie so überzeugend und wirkungsvoll?

Tom Gau berät Menschen bei ihrer Finanzplanung. Seine Firma in Torrance, südlich von Los Angeles, nennt sich Kavesh & Gau und ist auf ihrem Feld führend in Südkalifornien und eine der Spitzenfirmen für individuelle Finanzplanung im ganzen Land. Er verdient einige Millionen Dollar pro Jahr. Donald Moine, ein Verhaltenspsychologe, der viel über das Thema der Überredung gearbeitet hat, riet mir, Gau aufzusuchen, weil dieser, wie er es ausdrückte, »ein Überredungskünstler von hypnotischer Kraft« sei. Und das ist er. Tom Gau verkauft zufällig Finanzplanung. Aber er könnte, wenn er wollte, absolut alles verkaufen. Wenn wir den Typ des »Überredungskünstlers« verstehen wollen, ist Gau ein guter Ausgangspunkt.

Gau ist in den vierziger Jahren. Er sieht gut aus, ohne im mindesten hübsch zu wirken. Er ist mittelgroß, schlank, mit einer widerborstigen, dunklen Mähne, er trägt einen Schnurrbart, und er hat ein langes, ein wenig melancholisches Gesicht. Wenn man ihm ein Pferd und einen Hut gäbe, würde er einen guten Cowboy abgeben. Er ähnelt dem Schauspieler Sam Elliot. Als wir uns trafen, schüttelte er mir die Hand. Aber normalerweise, erklärte er mir später, umarmt er Leute, die er kennt, und wenn es eine Frau ist, küsst er sie auf die Wangen. Wie man es von einem großartigen Verkäufer erwartet, besitzt er eine Art natürlichen Überschwangs.

»Ich mag meine Klienten einfach. Ich würd alles für sie tun«, sagte Gau. »Für mich sind meine Klienten Familie. Ich sag meinen Klienten, ich hab zwei Familien. Ich hab meine Frau und die Kinder, und ich hab euch.« Gau spricht schnell, in kurzen Ausbrüchen und Spurts. Er gibt immer Gas, um dann hochzuschalten. Manchmal, wenn er eine Erklärung einwirft, wird er noch schneller, wie um anzudeuten, dass dies in Klammern steht. Er liebt rhetorische Fragen und benutzt sie häufig. »Ich liebe mei-

nen Job. Ich liebe meinen Job. Ich bin ein Workaholic. Ich komm
hier um sechs oder sieben Uhr morgens rein. Ich geh um neun
Uhr abends wieder raus. Ich verwalte eine Menge Geld. Ich hab
mit den größten Umsatz im Land. Aber das sag ich meinen Klienten nicht. Deshalb sitz ich hier nicht. Ich bin hier, um Leuten
zu helfen. Ich helfe den Leuten einfach gern. Ich muss nicht
mehr arbeiten. Ich bin finanziell unabhängig. Warum sitz ich
hier also und arbeite bis in die Puppen? Weil ich Leuten gerne
helfe. Ich liebe die Leute. Ich hab eine echte Beziehung zu ihnen.«

Gau ist überzeugt, dass seine Firma ihren Klienten einen Service und eine Expertise anbietet, die sie woanders nur schwerlich
finden würden. Auf demselben Stockwerk, wo sich sein Büro
befindet, gibt es eine Anwaltskanzlei, die mit Kavesh & Gau assoziiert ist und Testamente aufsetzt, Trustfunds organisiert und
alle anderen gesetzlichen Fragen behandelt, die mit individueller
Finanzplanung zu tun haben. Gau stehen auch Versicherungs-
experten und Börsenmakler zur Verfügung, die sich um Versi-
cherungen und Investitionen kümmern. Er kennt Spezialisten,
die sich auf die Ruhestandsplanung konzentrieren. Seine Argumente sind rational und einleuchtend.

Moine hat zusammen mit Gau ein Buch veröffentlicht, das
sich mit den wichtigsten Fragen persönlicher Finanzplanung beschäftigt. Moine ging davon aus, dass der Unterschied zwischen
einem hervorragenden und einem durchschnittlichen Verkäufer
in der Zahl und Qualität der Antworten liege, die dieser auf die
Einwände parat habe, die gewöhnlich von potenziellen Klienten
erhoben werden. Er setzte sich also mit Gau hin, nahm Gaus
Antworten auf solche Einwände auf und schrieb sie dann nieder.
Moine und Gau gehen davon aus, dass es etwa zwanzig Fragen
oder Einwände gibt, auf die ein Berater gefasst sein muss. Einer
dieser Einwände lautet: »Das kann ich auch selbst«, und dazu
führt das Buch fünfzig verschiedene Antworten auf. »Würden
Sie sich nicht ständig Sorgen machen, dass Sie das Geld falsch an-
legen und niemand da ist, der Ihnen hilft?« zum Beispiel. Oder:

»Ich bin sicher, dass Sie Ihr Geld gut angelegt haben. Aber wissen Sie, dass die meisten Frauen ihre Männer überleben? Wenn Ihnen was passiert, wäre Ihre Frau in der Lage, das alles allein zu bewältigen?«

Ich kann mir vorstellen, dass es Leute gibt, die sich das Buch kaufen und jede dieser möglichen Antworten auswendig lernen. Ich kann mir auch vorstellen, dass dieselbe Person im Laufe der Zeit lernt, welche Antworten bei welchen Menschen am besten wirken. Wenn man die Aussagen dieser Person niederschriebe, würde sie genauso klingen wie Tom Gau, weil sie die Worte Tom Gaus benutzt. Nach der üblichen Bewertung von Überredung und Überzeugung – nach der Logik und Angemessenheit der Argumente – wäre diese Person, die Tom Gaus Buch benutzt, genauso überzeugend wie Tom Gau selbst. Aber das ist natürlich nicht richtig. Was so interessant an Gau war, ist das Ausmaß seiner Überzeugungskraft, die weit über das hinauszugehen schien, was in seinen Worten eigentlich enthalten war. Er scheint einen undefinierbaren Wesenszug zu besitzen, etwas Machtvolles und Ansteckendes und Unwiderstehliches, das über das hinausgeht, was er sagt. Dieser Wesenszug bringt Leute, die ihm begegnen, dazu, mit ihm übereinstimmen zu wollen. Es ist Energie. Es ist Begeisterung. Es ist Charme. Es ist Liebenswürdigkeit. Es sind all diese Eigenschaften und noch etwas mehr. An einem Punkt unseres Gesprächs fragte ich ihn, ob er glücklich sei, und er sprang geradezu aus seinem Sessel heraus.

»Sehr. Ich bin wahrscheinlich der optimistischste Mensch, den Sie sich vorstellen können. Nehmen Sie die optimistischste Person, die Sie kennen, und die hoch hundert, das bin ich. Denn, wissen Sie, die Kraft positiven Denkens kann so viel bewirken. Es gibt so viele Menschen mit einer negativen Einstellung. Jemand sagt, das kannst du nicht machen. Und ich sage, was soll das heißen, ich kann das nicht machen? Vor ungefähr fünf Jahren sind wir nach Ashland, Oregon, raufgezogen. Wir haben da ein Haus gefunden, das uns gefiel. Es war schon länger auf dem Markt, und es war ziemlich teuer. Also hab ich zu meiner Frau gesagt, weißt du was, ich werde denen ein lächerlich niedriges Angebot machen. Und sie hat gesagt, das werden die nie akzeptieren. Ich hab gesagt, vielleicht nicht. Aber man kann es ja probieren. Mehr als nein sagen können sie nicht. Ich werde sie nicht beleidigen. Ich erzähl ihnen einfach, warum ich das mache. Ich erkläre ganz genau, weshalb ich das Haus gerne hätte. Und wissen Sie was? Sie haben das Angebot akzeptiert.« Ich hatte keine Schwierigkeit, ihn mir da in Ashland vorzustellen, wie er auf irgendeine Weise den Verkäufer überzeugte, sich für einen lächerlichen Preis von seinem schönen Haus zu trennen. »Verdammt noch mal«, sagte Gau, »wenn man es nicht versucht, kann man auch keinen Erfolg haben.«

10.

Die Frage, was jemanden – oder etwas – überzeugend macht, ist sehr viel ambivalenter, als sie scheint. Wir erkennen das Überzeugende meist, wenn wir es sehen. Aber worin diese Eigenschaft eines Menschen oder eines Produkts besteht, ist nicht immer leicht zu durchschauen. Sehen Sie sich die folgenden zwei Beispiele an, die beide psychologischen Untersuchungen entnommen sind. Das erste Beispiel ist ein Experiment, das während des Präsidentschaftswahlkampfes von 1984 angestellt wurde. Die beiden Kandidaten waren Ronald Reagan und Walter Mondale. Während der letzten acht Tage vor der Wahl nahm eine Gruppe von Psychologen unter der Führung von Brian Mullen von der Syracuse University die drei wichtigsten abendlichen Nachrichtensendungen im Fernsehen auf.[19] Die Sendungen wurden damals – wie heute noch – von Peter Jennings (bei ABC), Tom Brokaw (NBC) und Dan Rather (CBS) moderiert. Mullen sah die Videobänder durch und exzerpierte jede Erwähnung eines der Kandidaten. Er kam auf 37 Segmente, von denen jedes etwa zweieinhalb Sekunden lang war. Diese Segmente wurden dann, ohne Ton, einer willkürlich ausgesuchten Gruppe von Zuschauern vorgeführt, die aufgefordert wurden, den Gesichtsausdruck des Sprechers in jedem Segment zu bewerten. Die Zuschauer hatten keine Ahnung, um was für ein Experiment es sich handelte oder worüber die Moderatoren redeten. Sie sollten lediglich die emotionale Konnotation des Gesichtsausdrucks auf einer Skala von 21 Punkten eintragen. Der niedrigste Punkt der Skala bedeutete »extrem negativ«, der höchste »extrem positiv«.

Die Ergebnisse waren faszinierend. Dan Rather lag im Schnitt bei 10,46 – was eine fast vollkommene Neutralität bedeutete –, wenn er über Mondale sprach, und bei 10,37, wenn er Reagan erwähnte. Sein Gesichtsausdruck blieb der gleiche, ob er nun über den Republikaner Reagan oder über den Demokraten Mondale redete. Dasselbe traf auf Brokaw zu, der bei Mondale auf 11,26 kam und bei Reagan auf 11,50. Aber Peter Jennings von ABC wich deutlich von diesem Muster ab. Bei Mondale kam er auf 13,38. Aber wenn er von Reagan sprach, erhellte sich sein Gesicht sosehr, dass er einen Durchschnitt von 17,44 erreichte.

Mullen und seine Kollegen gaben sich alle Mühe, eine unschuldige Begründung dafür zu finden. Könnte es zum Beispiel sein, dass Jennings im Allgemeinen einfach expressiver ist als seine Kollegen? Die Antwort schien nein zu lauten. Den Zuschauern wurden Kontrollsegmente der drei Moderatoren gezeigt, in denen sie über unzweifelhaft positive oder traurige Themen redeten (ein Durchbruch bei der Behandlung einer vererbbaren Krankheit; die Beerdigung von Indira Ghandi). Jennings hatte keine höhere Punktzahl als die beiden anderen bei dem positiven Thema und keine niedrigere bei dem traurigen Anlass. Tatsächlich schien er sogar der am wenigsten expressive der drei Moderatoren zu sein. Es ist auch nicht so, dass Jennings einfach ein Mensch ist, der immer gut gelaunt wirkt. Wiederum schien im Vergleich mit den anderen beiden eher das Gegenteil der Fall zu sein. Bei den »positiven« Segmenten kam er auf eine deutlich niedrigere Punktzahl, 14,3, als Rather und Brokaw. Die einzig mögliche Schlussfolgerung lautete nach dieser Untersuchung, dass Jennings eine »signifikante und bemerkbare Vorliebe für Reagan« hatte, die sich in seinen Gesichtszügen ausdrückte.

Und an diesem Punkt wird die Studie interessant. Mullen und seine Kollegen riefen daraufhin Leute in einer Anzahl von Städten im ganzen Land an, die regelmäßig die Abendnachrichten sahen, und fragten sie, wem sie ihre Stimme gegeben hatten. Es stellte sich heraus, dass Leute, die die Nachrichten bei ABC sahen, in höherer Relation Reagan gewählt hatten als jene, die CBS oder NBC einschalteten. In Cleveland zum Beispiel wählten 75 Prozent der ABC-Zuschauer den republikanischen Kandidaten, gegen 61,9 Prozent bei den CBS- und NBC-Zuschauern. In Williamstown, Massachusetts, wählten 71,4 Prozent der ABC-Zuschauer Reagan, bei den anderen beiden Fernsehsendern waren es nur 50 Prozent. In Erie, Pennsylvania, betrug die Differenz 73,7 zu 50 Prozent. Die subtile pro-Reagan-Neigung, die sich in Jennings Gesichtsausdruck zeigte, scheint das Wahlverhalten der ABC-Zuschauer tatsächlich beeinflusst zu haben.

Wie nicht anders zu erwarten, bestreitet ABC-News diese Studie energisch. (»Soweit ich weiß, bin ich der einzige Sozialwissenschaftler, der die zweifelhafte Ehre hatte, von Peter Jennings als Esel bezeichnet zu werden«, sagt Mullen.) Man muss zugeben, dass es nicht einfach ist, Mullens These zu akzeptieren. Instinktiv würden die meisten von uns, glaube ich, annehmen, dass Ursache und Wirkung anders gelagert sind, dass sich Reagan-Wähler auf Grund von Jennings Vorliebe zu ABC zogen ließen, nicht umgekehrt. Aber Mullen argumentiert ziemlich überzeugend, dass dies nicht plausibel ist. Zum Beispiel lässt sich nachweisen, dass ABC in anderer, konkreterer Hinsicht – bei der Auswahl von Reportagethemen etwa – der Reagan-feindlichste Sender war. Man könnte also ebenso gut annehmen, dass überzeugte Republikaner sich von den ABC-Nachrichten hätten abwenden und sich den Konkurrenzsendern zuwenden können. Und um die Frage zu beantworten, ob seine Ergebnisse einfach ein Zufallseffekt waren, wiederholte Mullen sein Experiment vier Jahre später beim Wahlkampf zwischen George Bush und

Michael Dukakis und kam zu den exakt gleichen Resultaten.
»Jennings lächelte öfter, wenn er von Bush redete als wenn er von
Dukakis sprach«, sagt Mullen. »Und bei der Telefonnachfrage
stellte sich wieder heraus, dass Leute, die die ABC-Nachrichten
sahen, eher für Bush stimmten.«

Hier ist ein weiteres Beispiel für die Subtilitäten der Überredung: Eine große Gruppe von Studenten wurde für ein Experiment angeworben, bei dem es, so wurde ihnen gesagt, um eine
Marktforschungsstudie einer Firma für High-Tech-Kopfhörer
ging. Jedem der Teilnehmer wurde ein Kopfhörer übergeben.
Dann teilte man allen mit, dass die Firma prüfen wollte, wie gut
die Geräte arbeiteten, wenn der Hörer oder die Hörerin in Bewegung seien – wenn sie tanzten oder den Kopf rhythmisch bewegten. Alle Studenten hörten Songs von Linda Ronstadt und
den Eagles, dann folgte ein Radiokommentar, in dem die Meinung vertreten wurde, die Studiengebühren an ihrer Universität
sollten von gegenwärtig 587 Dollar auf 750 Dollar pro Jahr erhöht werden. Einem Drittel der Studenten wurde gesagt, sie
sollten während des Kommentars den Kopf kräftig nickend auf
und ab bewegen. Dem zweiten Drittel wurde gesagt, sie sollten
den Kopf energisch schütteln. Das dritte Drittel fungierte als
Kontrollgruppe, deren Teilnehmer wurden aufgefordert, den
Kopf nicht zu bewegen. Als der Test abgeschlossen war, bekamen alle Studenten einen kurzen Fragebogen, in dem sie nach
ihrer Meinung zur Qualität der Songs und der Wirkung der Bewegung auf die Tonqualität gefragt wurden. Ganz am Ende bauten die Veranstalter des Tests die Frage ein, um die es ihnen in
Wirklichkeit ging: »Was ist Ihrer Meinung nach eine angemes-
sene Summe für die jährlichen Studiengebühren?«

Die Antworten darauf sind genauso schwer zu glauben wie
die Antworten bei der Nachfrage auf die Wirkung der Nachrichtensendungen. Die Studenten, die den Kopf nicht bewegt hatten,
ließen sich von dem Kommentar nicht beeinflussen. Die Studiengebühr, die sie für angemessen hielten, waren die 587 Dollar,
die sie bereits zahlten. Diejenigen, die den Kopf geschüttelt hat-

ten, während sie den Kommentar gehört hatten, vermeintlich um die Qualität des Kopfhörers zu erproben, wandten sich entschieden gegen die vorgeschlagene Erhöhung. Sie wollten, dass die Studiengebühren auf einen Durchschnitt von 467 Dollar pro Jahr ermäßigt würden. Die Studenten, denen gesagt worden war, sie sollten nicken, fanden den Kommentar sehr überzeugend. Sie waren dafür, die Studiengebühr im Durchschnitt auf 646 Dollar anzuheben. Der einfache Akt des Kopfnickens, der doch vordergründig einem ganz anderen Zweck diente, reichte aus, sie dazu zu bringen, eine Erhöhung zu empfehlen, die sie selbst Geld kosten würde. Irgendwie bedeutete das Nicken letztlich so viel wie Peter Jennings Lächeln vor der Präsidentenwahl von 1984.[20]

In beiden Studien verbergen sich, meine ich, wichtige Hinweise darauf, was jemanden wie Tom Gau – oder, was das betrifft, jeden guten Verkäufer in unserem Leben – so wirkungsvoll macht. Zunächst die Tatsache, dass kleine Dinge offensichtlich so entscheidend sein können wie große Dinge. Bei dem Kopfhörer-Test hatte der Kommentar keine Wirkung auf die Teilnehmer, die den Kopf nicht bewegten. Aber sobald die Zuhörer nickten, wurde er sehr überzeugend. In Fall Peter Jennings sagt Mullen, dass die subtilen Signale irgendeines Menschen zu Gunsten des einen oder anderen Politikers gewöhnlich nicht viel ausrichten. Aber wenn Menschen eine Nachrichtensendung sehen, die sie für objektiv halten, sind sie sozusagen ungeschützt, und dann kann eine kleine Nuance zu Gunsten eines Politikers sehr viel ausrichten. »Wenn die Leute die Nachrichten sehen, filtern sie Vorurteile nicht aus, und sie haben nicht das Gefühl, dass sie sich mit dem Gesichtsausdruck des Moderators kritisch auseinandersetzen müssen«, erklärt Mullen. »Es ist ja nicht so, dass sich jemand da hinstellt und sagt: Hier ist ein guter Kandidat, der Ihre Stimme verdient hat. Dies ist keine offensichtliche Einflussnahme, bei der man automatisch auf Gegenwehr schaltet. Es ist viel subtiler und deshalb tückischer, man kann sich sehr viel schwerer dagegen immunisieren.«

Zweitens deuten diese Studien darauf hin, dass nicht-verbale Hinweise mindestens genauso wichtig sind wie verbale Hinweise. Die Art, wie wir etwas sagen, könnte wichtiger sein als das, was wir sagen. Jennings hat schließlich nicht direkt Reagan-Propaganda in seine Sendung geschmuggelt. Tatsächlich war ABC der Sender, der, wie schon erwähnt, ansonsten am wenigsten pro-Reagan war. Eine der Schlussfolgerungen der Urheber der Kopfhörerstudie – Gary Wells von der University of Alberta und Richard Petty von der University of Missouri – war denn auch, dass »Fernsehwerbung dann am wirkungsvollsten wäre, wenn die visuelle Darstellung den Zuschauer dazu bringt, den Kopf auf und ab zu bewegen – zum Beispiel durch einen aufspringenden Ball«. Einfache körperliche Bewegungen und Beobachtungen können eine tiefe Wirkung auf unsere Gefühle und Gedanken haben.

Die dritte – und vielleicht wichtigste – Implikation dieser Studien liegt darin, dass die Überredung oft Wege nimmt, die wir nicht richtig erfassen. Gesten wie ein Lächeln oder das Nicken sind schließlich keine unterschwelligen Botschaften. Sie sind relativ direkt und spielen sich an der Oberfläche ab. Aber sie sind unglaublich subtil. Wenn man die Kopfnicker fragte, warum sie dafür waren, die Studiengebühren so dramatisch zu erhöhen – Gebühren, die sie selbst hätten bezahlen müssen –, würde keiner von ihnen sagen: weil ich mit dem Kopf genickt habe, während ich dem Kommentar zuhörte. Sie würden wahrscheinlich sagen, dass sie den Kommentar einleuchtend und intelligent fanden. Sie würden ihre Haltung einem offensichtlicheren, logischeren Grund zuschreiben. Und genauso würden die ABC-Zuschauer, die für Ronald Reagan stimmten, immer abstreiten, dass sie es taten, weil Peter Jennings jedes Mal lächelte, wenn er den Präsidenten erwähnte. Sie würden sagen, dass sie es taten, weil sie seine Politik für richtig hielten und er gute Arbeit leistete. Es wäre ihnen nie eingefallen, dass man sie dazu verleiten könnte, ihren Entschluss auf etwas so Willkürliches und scheinbar Insignifikantes wie das Lächeln oder Nicken eines

Moderators zurückzuführen. Wenn wir verstehen wollen, was jemanden wie Tom Gau so überzeugend macht, müssen wir, in anderen Worten, sehr viel mehr betrachten als seine offensichtliche Eloquenz. Wir müssen uns dem Subtilen, dem Verborgenen, dem Unausgesprochenen zuwenden.

II.

Was passiert, wenn zwei Leute sich unterhalten? Das ist in der Tat die entscheidende Frage, weil es der grundlegende Kontext ist, in dem sich alle Überredung abspielt. Wir wissen, dass ein Gespräch hin und her geht. Man hört zu. Man unterbricht den anderen. Man bewegt die Hände. Als ich Tom Gau traf, setzten wir uns in ein Büro von bescheidener Größe. Ich saß in einem Sessel, der vor seinem Schreibtisch stand. Ich hatte die Beine übereinander gelegt und einen Notizblock auf dem Schoß, meinen Stift in der Hand. Ich trug ein blaues Hemd und schwarze Hosen und ein schwarzes Jackett. Er saß hinter dem Schreibtisch in einem Bürostuhl mit hochgezogener Lehne. Er trug einen dunkelblauen Anzug, ein frisch gebügeltes weißes Hemd und eine rote Krawatte. Manchmal lehnte er sich vor und stützte die Ellbogen auf den Schreibtisch vor sich. Dann wieder lehnte er sich zurück und gestikulierte lebhaft mit den Händen. Zwischen uns, auf die leere Fläche seines Schreibtisches, hatte ich meinen Kassettenrekorder platziert. Das ist das, was Sie sehen würden, wenn ich Ihnen ein Videoband unseres Treffens vorspielte. Aber wenn Sie das Videoband genommen und es verlangsamt hätten, bis Sie unser Gespräch in Segmente von Sekundenbruchteilen zerlegt hätten, so wäre etwas ganz anderes zum Vorschein gekommen. Sie hätten gesehen, dass wir zwei in etwas verwickelt waren, was man nur als einen komplizierten und präzisen Tanz beschreiben kann.

Der Pionier dieser Art von Analyse – man nennt sie die Untersuchung von »kulturellen Mikrorhythmen« – ist ein Mann namens William Condon. In einem seiner berühmtesten Forschungsprojekte unternahm er es in den sechziger Jahren, ein viereinhalb Sekunden langes Filmsegment zu entschlüsseln.[21] In diesem kurzen Abschnitt sagt eine Frau beim Essen zu einem Mann und einem Kind: »Ihr solltet jeden Abend herkommen. Ein so schönes Abendessen haben wir seit Monaten nicht gehabt.« Condon brach den Film auf Einzeleinstellungen herunter, jede dieser Einstellungen hatte eine Länge von nur 1/45 Sekunde. Dann sah er sich die Einstellungen mit unendlicher Geduld immer wieder an. Er beschrieb es so:

Wenn man die Organisation und Sequenz dieser Szene sorgfältig analysieren will, muss man sich einer naturalistischen oder ethologischen Methode bedienen. Man sitzt einfach da und guckt und guckt und guckt – Tausende von Stunden, bis die Ordnung in dem Material herauszutreten beginnt. Es ist wie Bildhauerei … Fortgesetzte Studien enthüllen weitere Ordnungen. Als ich mir diesen Film wieder und wieder ansah, ging ich von einer irrtümlichen Voraussetzung aus. Ich dachte, dass Kommunikation nur in sprachlicher Form stattfindet. Das war auf irgendeine Weise mein Modell. Man sendet die Botschaft aus, irgendjemand sendet die Botschaft zurück. Die Botschaften gehen hierhin und dahin und überallhin. Aber irgendetwas stimmte da nicht.

Condon verbrachte anderthalb Jahre über diesem Filmabschnitt, bis er schließlich mit seiner peripheren Wahrnehmung etwas sah, von dem er immer angenommen hatte, dass es da sein müsse: »Die Frau wandte den Kopf genau in dem Moment, als der Mann die Hände hob.« Von da ausgehend, stellte er andere Mikrobewegungen fest, andere Muster, die wieder und wieder auftauchten, bis er begriff, dass die drei Menschen an dem Tisch nicht nur redeten und zuhörten, sondern darüber hinaus in etwas verwickelt waren, was er »interaktive Synchronie« nannte. Ihre Unterhaltung hatte eine rhythmische, körperliche Dimension. Jede der Personen bewegte innerhalb von ein, zwei oder drei 1/45-Sekunden-Einstellungen die Schulter oder den Mundwinkel, die Augenbraue oder die Hand. Sie hielt diese Bewegung einen Moment lang aufrecht, hörte dann auf, änderte die Richtung und begann aufs Neue. Und mehr noch, diese Bewegungen waren perfekt auf die Wörter der jeweiligen Person abgestimmt – sie betonten und unterstrichen und erweiterten den Prozess der Artikulation –, so dass der Sprecher oder die Sprecherin tatsächlich zu seinem oder ihrem Text zu tanzen schien. Zur gleichen Zeit »tanzten« auch die anderen beiden am Tisch, ihre Gesichter, Schultern und Hände bewegten sich im selben Rhythmus. Es war nicht so, dass sich alle drei auf dieselbe Art bewegten, genauso wenig wie Leute, die nach einer Melodie tanzen, sich alle auf dieselbe Art bewegen. Aber das Einsetzen und die Beendigung ihrer Mikrobewegungen waren genau aufeinander abgestimmt.

Darauf aufbauende Forschungen enthüllten, dass nicht nur die Gesten von Menschen aufeinander abgestimmt sind, sondern auch der Gesprächsrhythmus. Wenn zwei Leute sich miteinander unterhalten, finden ihre Lautstärke und ihre Sprachmelodie schnell einen Ausgleich, einen mittleren Wert. Was Linguisten die Sprachgeschwindigkeit nennen – die Zahl der Sprachlaute pro Sekunde –, gleicht sich an. Dasselbe gilt für das, was man als Latenz bezeichnet, die Zeitperiode, die zwischen dem Moment verstreicht, wenn ein Sprecher aufhört zu reden, und dem Moment, wenn sein Gesprächspartner zu reden beginnt. Zwei Menschen können mit sehr unterschiedlichen Gesprächsmustern in eine Unterhaltung eintreten. Aber dann erreichen sie sehr schnell gemeinsamen Boden. Wir machen das alle, die ganze Zeit. Selbst wenige Tage alte Babys stimmen ihre Kopf-, Ellbogen-, Schulter- und Hüftbewegungen auf die Redemuster von Erwachsenen ab. Sogar in den Interaktionen zwischen Menschen und Affen hat man diese Art Synchronie festgestellt. Wir sind von der Evolution darauf angelegt.

Als ich Tom Gau in seinem Büro gegenüber saß, fielen wir

fast sofort in eine Harmonie des Gesprächs, die körperlich zu spüren war. Wir tanzten. Noch bevor er versuchte, mich mit Wörtern zu überreden, hatte er bereits durch seine Bewegungen und seine Redeweise eine Art Bindung zu mir hergestellt. Was unterschied nun meine Begegnung mit ihm von den Gesprächen, die ich jeden Tag führe? Warum wirkte er stärker auf mich als andere? Es war nicht so, dass Gau bewusst versuchte, sich in eine »Gesprächsharmonie« mit mir zu versetzen. Einige Ratgeber über das Verkaufen empfehlen dem Leser, die Haltung und den Redestil des Kunden zu imitieren, um eine Bindung zu ihm zu finden. Aber man hat nachgewiesen, dass das nicht funktioniert. Es erzeugt Unbehagen, nicht Vertrauen. Es ist zu bemüht, zu unecht.

Worüber wir hier reden, ist eine Art Super-Reflex, eine grundlegende physiologische Fähigkeit, der wir uns kaum bewusst sind. Und wie bei allen spezialisierten menschlichen Eigenschaften haben einige Leute mehr Kontrolle über diesen Reflex als andere. Ein Teil dessen, was es heißt, eine starke und überzeugende Persönlichkeit zu besitzen, beruht also auf der Tatsache, dass man andere in den eigenen Rhythmus ziehen und die Bedingungen der Interaktion diktieren kann. In einigen Studien wurde nachgewiesen, dass Schüler oder Studenten, die ein hohes Maß an Synchronie mit ihren Lehrern zeigen, zufriedener, begeisterter, interessierter und entspannter sind. Bei Gau hatte ich das Gefühl, verführt zu werden, natürlich nicht im sexuellen Sinne, sondern in einer allgemeineren Weise. Unsere Unterhaltung lief zu seinen Bedingungen ab, nicht zu meinen. Es gab eine Synchronie zwischen uns. »Erfahrene Musiker wissen das und gute Redner auch«, sagt Joseph Cappella, der an der Annenberg School of Communications an der University of Pennsylvania lehrt. »Sie wissen, wann die Leute ›mit‹ ihnen sind, buchstäblich in Synchronie mit ihnen, in der Bewegung und in der Stille in Momenten der Aufmerksamkeit.« Es ist seltsam, so etwas zugeben zu müssen, denn ich wollte nicht in diese Synchronie hineingezogen werden. Ich hatte mich dagegen gewappnet. Aber es ist das Wesen von guten Verkäufern, dass sie auf irgendeiner Ebene unwiderstehlich sind. »Tom kann in fünf bis zehn Minuten ein Vertrauen und eine Nähe erzeugen, für die die meisten Menschen eine halbe Stunde brauchen«, sagt Moine über Gau.

Es gibt noch eine weitere, spezifischere Dimension. Wenn zwei Menschen sich unterhalten, schaffen sie nicht nur eine körperliche und akustische Harmonie. Sie veranstalten auch etwas, was Wissenschaftler »motorische Mimikry« nennen. Wenn man Leuten Bilder von einem lächelnden oder einem böse starrenden Gesicht vorhält, lächeln oder starren sie zurück, auch wenn die muskulären Veränderungen der Miene vielleicht so flüchtig sind, dass man sie nur mit elektronischen Sensoren erfassen kann. Wenn ich mir mit dem Hammer auf den Daumen schlage, werden Menschen, die das beobachten, das Gesicht schmerzhaft verziehen: sie ahmen meinen emotionalen Zustand nach. Das ist im technischen Sinne mit Empathie, Einfühlung, gemeint. Wir ahmen die Emotionen des anderen nach, um Unterstützung und Zuneigung auszudrücken, aber auch, was noch fundamentaler ist, um miteinander zu kommunizieren.

In ihrem brillanten Buch *Emotional Contagion*[22] von 1994 gehen die Psychologen Elaine Hatfield und John Cacioppo und der Historiker Richard Rapson noch einen Schritt weiter. Mimikry, argumentieren sie, ist auch eines der Mittel, durch die wir einander mit unseren Gefühlen infizieren. In anderen Worten, wenn ich lächle und Sie mich sehen und zurücklächeln – und sei es auch nur ein Mikrolächeln, das nicht mehr als ein paar Millisekunden beansprucht –, dann ahmen Sie mich nicht nur nach oder fühlen mit mir. Dies ist auch eine Art, auf die ich mein Glücksgefühl auf Sie übertragen kann. Emotionen sind ansteckend. In gewisser Weise entspricht das vollkommen unserer Intuition. Es ist etwas, was wir schon immer gewusst haben. Wir sind schon oft durch jemanden in guter Stimmung selbst in bessere Laune gebracht worden. Wenn man darüber aber genauer nachdenkt, ist dies eine recht radikale Idee. Normalerweise sind wir der Meinung, dass der Ausdruck auf unserem Gesicht die Widerspiegelung eines inneren Zustands ist. Ich bin glücklich, also lächle ich. Das Gefühl geht von innen nach außen. Die emotionale Ansteckung aber deutet an, dass das Gegenteil genauso wahr ist. Wenn ich Sie zum Lächeln bringen kann, kann ich Sie glücklich machen. Bei dieser Betrachtung geht das Gefühl den umgekehrten Weg, von außen nach innen.

Wenn wir auf diese Weise über Gefühle nachdenken, wird leichter nachvollziehbar, dass bestimmte Leute enormen Einfluss auf andere ausüben können. Einige von uns sind schließlich geradezu Künstler auf dem Gebiet, Gefühle auszudrücken, und das bedeutet, dass diese Leute emotional sehr viel ansteckender sind als andere. Psychologen nennen solche Leute »Sender«. Sender haben besondere Persönlichkeiten. Sie unterscheiden sich auch physiologisch von anderen Menschen. Wissenschaftler, die sich mit dem menschlichen Gesichtsbau befasst haben, haben festgestellt, dass es große Unterschiede in der Anordnung und Form der Gesichtsmuskulatur gibt. »Es ähnelt der Situation bei Ansteckungskrankheiten in der Medizin«, sagt Cacioppo. »Es gibt die Träger, Leute, die ausgesprochen expressiv sind, und es gibt Leute, die sehr empfänglich sind. Das soll nicht heißen, dass die emotionale Ansteckung eine Krankheit ist. Aber der Mechanismus ist derselbe.«

Howard Friedman, ein Psychologe von der University of California in Riverside, hat einen Test entwickelt, der diese Fähigkeit, Gefühle zu übertragen, messen soll. Dieser »Affektübertragungs-Test«, wie Friedman ihn nennt, ist eine Selbstauswertung mit dreizehn Fragen. Sie drehen sich darum, ob man beispielsweise still sitzen kann, wenn man Tanzmusik hört, wie laut man lacht, ob man Freunde berührt, wenn man mit ihnen redet, wie gut man darin ist, jemandem verführerische Blicke zuzuwerfen, ob man gerne im Zentrum der Aufmerksamkeit steht. Die Höchstzahl an Punkten, die man erzielen kann, liegt bei 117, das Durchschnittsergebnis liegt nach Friedman um die 71 Punkte.

Was bedeutet es, bei diesem Test ein hohes Ergebnis zu erzielen? Um diese Frage zu beantworten, führte Friedman ein faszinierendes Experiment durch. Er wählte ein paar Dutzend Leute aus, die bei dem Test sehr gut abgeschnitten hatten – über 90 Punkte –, und ein paar Dutzend, die eine niedrige Punktzahl hatten – unter 60 –, und bat sie, einen Fragebogen auszufüllen, der messen sollte, wie sie sich »in diesem Moment« fühlten. Danach steckte er jede der Testpersonen mit hohem Ergebnis in ein Zimmer und schickte zwei Leute mit niedriger Punktzahl dazu. Man sagte ihnen, sie sollten zwei Minuten in dem Raum zusammen sitzen. Sie konnten einander ansehen, durften aber nicht miteinander reden. Als die kurze »Sitzung« vorüber war, wurden sie gebeten, den Fragebogen noch einmal auszufüllen. Friedman stellte fest, dass sich die Stimmung der Leute mit dem hohen Ergebnis innerhalb dieser zwei Minuten auf die mit der schwächeren Punktzahl übertragen hatte. Wenn die charismatische Person sich niedergeschlagen fühlte, und die wenig ausdrucksstarke Person glücklich, so war die wenig ausdrucksstarke Person am Ende der zwei Minuten ebenfalls niedergeschlagen. Wenn die charismatische Person sich gut fühlte, steckte sie die anderen beiden innerhalb kürzester Zeit an.[23]

Ist es das, was mir in der Gesellschaft von Tom Gau passierte? Was mich in der Begegnung mit ihm am meisten beeindruckte, war seine Stimme. Er hatte den Stimmumfang eines Opernsängers. Manchmal klang er streng. (Sein Lieblingsausdruck war dann: »Wie bitte?«) Manchmal dehnte er die Stimme, klang fast träge, entspannt. Dann wieder schmunzelte er, während er redete, erfüllte die Worte mit Gelächter. Sein Gesichtsausdruck begleitete diese Stimmungslagen, er bewegte sich leicht und voller Selbstvertrauen von einem Zustand zum nächsten. Es gab nichts Zweideutiges in seinem Gestus. Alles, was er empfand, fand sich in seinem Gesicht wieder. Ich konnte mein Gesicht natürlich nicht sehen, aber ich nehme stark an, dass mein Gesichtsausdruck den seinen widerspiegelte. Es ist in diesem Zusammenhang interessant, sich an das Experiment mit den Kopfhörern zu erinnern, bei dem die Teilnehmer nicken mussten. Das war ein Beispiel von Menschen, die von außen nach innen beeinflusst wurden, das Beispiel einer äußerlichen Geste, die eine innere Stimmung veränderte. Nickte ich, wenn Gau nickte? Und schüttelte ich den Kopf, wenn er es tat? Zu einem späteren Zeitpunkt rief ich Gau an und bat ihn, Friedmans Charisma-Test zu machen. Als wir die Liste Frage um Frage durchgingen, begann er zu kichern. Als wir bei Frage elf angekommen waren – »Ich bin schlecht in Pantomimen, bei Spielen dieser Art verliere ich immer«, lachte er laut. »Das kann ich bestens! Ich gewinn dabei immer!« Aus einer möglichen Punktzahl von 117 erreichte er 116.

12.

In den frühen Morgenstunden des 19. April begannen die Männer von Lexington, Massachusetts, sich auf dem Dorfanger zu sammeln. Sie waren zwischen sechzehn und sechzig Jahre alt und trugen eine bunte Sammlung von Musketen und Säbeln und Pistolen. Als sich der Alarm im Laufe des Morgens ausbreitete, stießen weitere Miliztruppen aus den umliegenden Städten zu ihnen. Dedham schickte vier Kompanien. In Lynn machten sich einzelne Männer selbstständig nach Lexington auf. In den Städten weiter westlich, die die Nachricht erst später bekamen, hatten die Farmer es so eilig, nach Lexington zu kommen, dass sie buchstäblich die Pflüge in den Feldern liegen ließen. In vielen Städten zog praktisch die gesamte männliche Bevölkerung in den Kampf. Die Männer hatten keine Uniformen, sie trugen ihre gewöhnliche Bekleidung: Mäntel gegen die Kälte des frühen Morgens und breitkrempige Hüte.

Während die Siedler nach Lexington eilten, marschierten auch die britischen »Regulären« (wie sie genannt wurden) in geschlossener Formation auf die Stadt zu. Im Morgengrauen sahen die vorrückenden Soldaten überall um sich herum im Zwielicht Gestalten, bewaffnete Männer, die über die Felder zu beiden Seiten der Straße liefen und die Briten überholten, um vor ihnen nach Lexington zu kommen. Als die Regulären sich der Stadtmitte näherten, hörten sie in der Ferne Trommeln. Schließlich erreichten die Briten den Lexington Common, und die beiden Seiten stießen frontal zusammen: mehrere hundert Soldaten und weniger als einhundert Mann Miliz. In dieser ersten Begegnung besiegten die Briten die Kolonisten, sieben Milizmänner fielen bei einem kurzen Feuergefecht. Aber das war nur das erste Gefecht an diesem Tag. Als die Briten nach Concord weiter marschierten, um das Waffenversteck auszuheben, das sich nach ihren Informationen dort befinden sollte, stießen sie wieder mit der amerikanischen Miliz zusammen, und dieses Mal wurden sie vernichtend geschlagen. Das war der Beginn der amerikanischen Revolution, ein Krieg, der viele Opfer kosten und alle amerikanischen Kolonien erfassen sollte. Als die amerikanischen Siedler im darauf folgenden Jahr die Unabhängigkeit erklärten, wurde das als Sieg der ganzen Nation bejubelt. Aber so fing es nicht an. Es begann an einem kalten Frühlingsmorgen mit einer Mundzu-Mund-Epidemie, die von einem Stalljungen ausging und ganz Neuengland erfasste, eine Epidemie, die sich auf ihrem Weg auf eine kleine Zahl von sehr besonderen Menschen stützte: auf ein paar Verkäufer und einen Mann, der zugleich ein Kenner und ein Vermittler war.

DREI

DER VERANKERUNGSFAKTOR: »SESAMSTRASSE«, »BLUE'S CLUES« UND DAS ERZIEHUNGSVIRUS

I n den späten Sechzigern ging eine TV-Produzentin namens Joan Gantz Cooney daran, eine Epidemie auszulösen. Ihre Zielgruppe waren die Drei-, Vier- und Fünfjährigen. Ihr Infektionsweg war das Fernsehen, und das »Virus«, das sie verbreiten wollte, war die Lesefähigkeit. Die Sendung sollte eine Stunde lang sein und fünf Tage in der Woche laufen. Sie hoffte, dass die Show ansteckend genug war, um einen erzieherischen Tipping Point zu erreichen. Sie wollte Kindern aus unterprivilegierten Familien Hilfestellung geben, bevor und während sie mit der Grundschule begannen. Sie wollte ihnen beim Lernen helfen und hoffte, dass sich der Impuls von Zuschauern auf Nicht-Zuschauer übertragen und Kinder und ihre Eltern anstecken würde. Und sie hoffte, dass die Wirkung auch noch anhalten würde, wenn die Kinder aufgehört hatten, sich die Sendung anzusehen. Cooney hätte ihr Konzept wahrscheinlich nicht genau in diesen Worten ausgedrückt oder ihre Ziele so präzise umrissen, aber sie wollte im Kern eine Lernepidemie auslösen, um mit ihr den vorherrschenden Epidemien von Armut und Illiteratentum entgegenzuwirken. Sie nannte ihre Idee »Sesamstraße«.[24]

Es war in jeder Hinsicht eine kühne Idee. Das Fernsehen ist ein wunderbares Mittel, um viele Leute leicht und billig zu erreichen. Es unterhält und blendet. Aber es ist kein besonders erzieherisches Medium. Gerald Lesser, ein Psychologe von der Harvard University, der damals mit Cooney an der Entwicklung der »Sesamstraße« zusammenarbeitete, sagt, dass er zunächst skeptisch war, als er in den späten Sechzigern gefragt wurde, ob er sich an dem Projekt beteiligen wollte. »Ich habe immer daran geglaubt, dass man den Stärken eines Kindes zuarbeiten muss. Man muss das Kind verstehen, wenn man ihm etwas beibringen will«, sagt er. »Man versucht herauszufinden, wo die Stärken des Kindes liegen, damit man sie nutzen kann. Und man versucht herauszufinden, wo seine Schwächen liegen, damit man sie umgehen kann. Wenn man das Profil des Kindes hat, kann man etwas bewirken ... Aber das Fernsehen hat keine Möglichkeit, so vorzugehen.« Gute Erziehung ist interaktiv. Sie geht auf das individuelle Kind ein. Sie nutzt alle Sinne. Sie reagiert auf das Kind. Aber ein Fernsehapparat ist nur ein sprechender Kasten. Experimente haben nachgewiesen, dass Kinder, denen der Lehrer eine Passage eines Textes nahe gebracht hatte, bei einer Überprüfung ihres Verständnisses immer besser abschnitten als Kinder, denen dieselbe Passage anhand eines Videos vorgestellt worden war. Erziehungswissenschaftler beschreiben Fernsehen als »wenig engagierend«. Das Fernsehen ist wie eine Art gewöhnlichen Schnupfens, der sich blitzartig in der Bevölkerung ausbreiten kann, aber nur laufende Nasen hervorruft und in ein paar Tagen wieder verschwunden ist.

Aber Cooney und Lesser und ein dritter Partner – Lloyd Morriset von der Markle Foundation in New York – ließen sich trotzdem nicht entmutigen. Sie wollten es versuchen. Sie verpflichteten einige der besten kreativen Köpfe ihrer Zeit. Sie übernahmen Methoden der TV-Werbung, um Kindern das Zählen beizubringen. Sie nutzten die Animationstechniken der Zeichentrickfilme, um ihre kleinen Zuschauer dazu zu bringen, das Alphabet zu lernen. Sie holten bekannte Stars in die Sendung, die sangen und tanzten oder in komischen Sketchen auftraten, um den Kindern den Sinn von Zusammenarbeit oder den Umgang mit ihren eigenen Gefühlen klarer zu machen. »Sesamstraße« war ehrgeiziger und entschlossener als jede andere Kindersendung zuvor, und das Ungewöhnliche daran war, dass es funktionierte. Praktisch jedes Mal, wenn der erzieherische Wert der Sendung untersucht wurde – und die »Sesamstraße« ist häufiger Gegenstand akademischer Studien gewesen als jede andere Fernsehsendung in der Geschichte des Mediums –, kam heraus, dass sie die Lese- und Lernfähigkeit ihrer Zuschauer erhöhte. Es gibt nur wenige Pädagogen und Kinderpsychologen, die bezweifeln, dass es der »Sesamstraße« gelungen ist, ihre ansteckende Botschaft weit über die Familien hinaus zu verbreiten, die die Show regelmäßig sahen. Den Schöpfern der »Sesamstraße« gelang etwas ganz Außergewöhnliches, und die Geschichte ihres Erfolgs ist eine wunderbare Illustration der zweiten Regel des Tipping Points, nämlich des Verankerungsfaktors. Sie entdeckten, dass sie die Schwächen des Mediums als pädagogisches Mittel durch kleine, aber entscheidende Anpassungen in der Präsentation der Ideen überwinden und das, was sie sagten, lernbar machen konnten. Die »Sesamstraße« hatte Erfolg, weil ihre Schöpfer begriffen, wie man eine über das Fernsehen vermittelte Botschaft im Zuschauer verankert.[25]

I.

Das Gesetz der Wenigen, über das ich im vorhergehenden Kapitel gesprochen habe, sagt aus, dass die Art des Boten ein entscheidender Faktor bei der Auslösung einer Epidemie ist. Ein Paar Schuhe oder eine Warnung oder ein neuer Film können einfach durch die Tatsache, dass sie sich mit einer bestimmten Person verbinden, hoch ansteckend werden. Aber bei diesen Beispielen habe ich vorausgesetzt, dass die Botschaft selbst etwas war, was sich weiterreichen ließ. Paul Revere setzte mit der Aussage: »Die Briten kommen«, eine Mund-zu-Mund-Epidemie in Gang. Wenn er sich stattdessen aufgemacht hätte, um den Leuten um Mitternacht zu erzählen, dass er ein Sonderangebot an Zinnbechern in seiner Silberschmiede verkaufen wollte, hätte selbst ein Mann von seiner Begabung nur wenig ausrichten können.

Roger Horchow informierte per Fax all seine Freunde über das Restaurant, in das ihn seine Tochter geführt hatte, und machte damit den ersten Schritt zur Verbreitung dieser Nachricht. Aber damit daraus eine Epidemie werden konnte, musste das Restaurant selbst auch seinen Standard aufrechterhalten. Bei Epidemien kommt es auf den Boten an, er verbreitet die Ansteckung. Aber der Inhalt der Botschaft ist ebenso wichtig. Und die spezifische Eigenschaft, die eine Botschaft haben muss, um erfolgreich zu sein, ist ihre Fähigkeit, sich in den Empfängern zu verankern. Ist die Botschaft – oder das Essen oder der Film oder das Produkt – einprägsam, gewissermaßen »unvergesslich«? Ist sie so einprägsam, dass sie eine Veränderung bewirken, dass sie jemanden dazu bringen kann, etwas zu tun?

Verankerung scheint zunächst etwas Einfaches zu sein. Wenn wir wollen, dass jemand das, was wir sagen, nicht wieder vergisst, sprechen wir mit Nachdruck. Wir reden laut, und wir wiederholen, was wir zu sagen haben. Leute, die etwas vermarkten, arbeiten genauso. In der Werbung gibt es eine Maxime: eine Anzeige, die etwas bewirken soll, muss von der Zielgruppe mindestens sechs Mal gesehen worden sein. Das ist eine nützliche Lehre für Coca-Cola oder Nike, die viele Millionen in der Werbung einsetzen und die Medien mit ihren Spots und Anzeigen überschwemmen können. Aber sie ist nicht besonders nützlich für, sagen wir, eine Gruppe von Leuten, die das Ziel haben, mit kleinem Budget eine erzieherische Epidemie in Gang zu setzen, und die nur eine Stunde Programm im öffentlich-rechtlichen Fernsehen zur Verfügung haben. Gibt es bescheidenere, subtilere, einfachere Methoden, etwas zu verankern?

Betrachten wir den Bereich des Direktmarketings. Eine Firma schaltet eine Anzeige in einem Magazin oder verschickt eine Postwurfsendung mit einem Angebot. Darin findet sich ein Coupon, den der Kunde mit einer Bestellung zurückschicken kann. Den Konsumenten zu erreichen ist nicht das Problem. Aber ihn dazu zu bringen, das Angebot zu lesen, sich daran zu erinnern und darauf zu reagieren, ist sehr schwierig. Um festzustellen, welche Anzeigen am besten wirken, führen die Marketingleute aufwendige Tests durch. Sie entwerfen zum Beispiel ein Dutzend verschiedene Versionen einer Anzeige, schalten sie in verschiedenen Städten und vergleichen die Ergebnisse. Konventionelle Werbung geht von bestimmten Vorurteilen aus: Was funktioniert ist Humor, bunte Grafik oder bekannte Persönlichkeiten, die für ein Produkt eintreten. Das Direktmarketing ist da unkomplizierter. Die Zahl der Bestellungen, die nach einer Post-wurfsendung eingehen, sind eine objektive Bemessungsgrundlage der Wirkung ihrer Werbemaßnahme. In der Welt der Werbung finden sich hier die wirklichen Kenner der Verankerung, und einige der faszinierendsten Schlüsse, wie man Konsumenten erreicht, stammen aus der Arbeit des Direktmarketings.

In den siebziger Jahren geriet der legendäre Direktmarketer Lester Wunderman in eine Auseinandersetzung mit der Werbeagentur McCann Erickson. Es ging um den Etat des Columbia Record Club. Columbia war damals – und ist es noch – einer der größten Mail Order-Clubs der Welt, und Wunderman hatte die Werbung der Firma seit ihrer Gründung in den fünfziger Jahren betreut. Columbia entschied indessen, McCann anzuheuern, um die gedruckten Anzeigen, für die Wunderman verantwortlich war, mit einer Serie von TV-Spots zu unterstützen. Dies waren nicht die üblichen spätabendlichen Werbespots mit einer gebührenfreien 800er Telefonnummer. Es waren konventionelle TV-Spots, die einfach die Aufmerksamkeit auf das Clubangebot lenken sollten. Wunderman war verständlicherweise entsetzt. Er hatte den Columbia-Etat seit zwanzig Jahren betreut, und der Gedanke, auch nur einen kleinen Teil davon an einen Konkurrenten zu verlieren, gefiel ihm gar nicht. Und er war nicht überzeugt, dass die McCann-Werbung Columbia überhaupt nützen würde. Um die Frage zu entscheiden, schlug er einen Test vor.

Columbia, sagte er, solle das ganze Spektrum der von ihm entwickelten Werbung in den Lokalausgaben von *TV Guide* und *Parade*, zwei Magazinen, in sechsundzwanzig Medienmärkten in den Vereinigten Staaten schalten. In dreizehn dieser Märkte solle man McCann erlauben, ihre konventionellen TV-Spots zu senden. In den anderen dreizehn wollte er eine selbst entwickelte TV-Werbung einsetzen. An den Reaktionen der Leser von *TV Guide* und *Parade* könne man dann ablesen, welche Werbung die wirkungsvollere sei, und der Sieger sollte den ganzen Werbeetat von Columbia zugesprochen bekommen. Columbia stimmte zu, und einen Monat später wurden die Resultate ausgezählt.

Die Einsendungen in den Märkten, wo Wundermans eigene TV-Werbung ausgestrahlt worden war, hatten sich um 80 Prozent erhöht, die im Bereich von McCanns TV-Werbung nur um 19,5 Prozent. Wunderman hatte klar gesiegt.[26]

Der Schlüssel zu Wundermans Erfolg war etwas, was er die »Schatzsuche« nannte. In jeder Anzeige in *TV Guide* und *Parade* ließ er seinen Art Director eine kleine goldene Kiste in eine Ecke des Bestellcoupons drucken. Dann entwickelte seine Firma eine Serie von TV-Spots, in denen das »Geheimnis der Goldkiste« entschlüsselt wurde. Den Zuschauern wurde mitgeteilt, dass sie den Titel irgendeiner Schallplatte aus dem Programm von Columbia in den Coupon schreiben durften, und sie gratis zugesandt bekamen, wenn sie die Goldkiste in ihrer Ausgabe von *TV Guide* oder *Parade* fanden. Die Goldkiste, theoretisierte Wunderman, sei ein »Trigger«, ein Auslöser. Sie gab den Zuschauern einen Grund, in *TV Guide* und *Parade* nach der Anzeige zu suchen. Sie schuf eine Verbindung zwischen der Columbia-Botschaft, die die Zuschauer im Fernsehen sahen, und der Botschaft, die sie in den Magazinen lasen. Die Goldkiste, schreibt Wunderman, »machte den Zuschauer/Leser zum Teil eines interaktiven Werbesystems. Die Zuschauer waren nicht mehr nur Publikum, sie waren Teilnehmer geworden. Es war, als spielte man ein Spiel … Die Wirkung der Kampagne war ungeheuer. 1977 hatte sich keine der Anzeigen in den Magazinen bezahlt gemacht. 1978 veränderte die Goldkiste im Fernsehen alles, jede Anzeige in den Magazinen war profitabel, es war ein beispielloser Turnaround.«

Was diese Geschichte so interessant macht, ist die Tatsache, dass McCann den Test eigentlich hätte gewinnen müssen. Die Idee mit der Goldkiste klingt wirklich etwas dünn. Columbia war so skeptisch, dass Wunderman Jahre gebraucht hatte, die Firma zu überreden, es ihn probieren zu lassen. McCann dagegen war eine der Star-Agenturen an der Madison Avenue, eine Firma, die berühmt war für ihre Kreativität und ihr hohes Niveau. Außerdem gab McCann für die Fernsehspots vier Mal so

viel Geld aus wie Wunderman. Sie brachten ihre Spots zur besten Fernsehzeit. Wundermans Spots dagegen wurden nach Mitternacht ausgestrahlt. Im vorhergehenden Kapitel habe ich davon gesprochen, dass Epidemien teilweise davon abhängen, wie
viele Menschen von der Botschaft erreicht werden, und nach diesem Standard war McCann Wunderman weit voraus. Sie machten im Grunde alles richtig. Aber ihnen fehlte das kleine entscheidende Element, die Goldkiste, die die Botschaft verankerte.

Wenn man sich epidemische Ideen oder Botschaften genau
ansieht, kommt man zu dem Schluss, dass die Elemente, die sie
verankern, sehr häufig so klein und scheinbar trivial sind wie
Wundermans Goldkiste. Lassen Sie uns zum Beispiel das so genannte »Furcht«-Experiment betrachten, das der Sozialpsycho-
loge Howard Levanthal in den sechziger Jahren durchführte.[27]
Levanthal wollte untersuchen, ob er eine Gruppe von »Seniors«,
Studenten im vierten Jahr, an der Yale University dazu bringen
könnte, sich gegen Tetanus impfen zu lassen. Er unterteilte die
Studenten in verschiedene Gruppen und händigte allen eine sie-
benseitige Broschüre aus, in der die Gefährlichkeit des Wundstarrkrampfs beschrieben, die Bedeutung der Impfung betont
und auch darauf verwiesen wurde, dass die Universität kostenlose Tetanus-Impfungen im Gesundheitszentrum des Campus
anbot. Diese Broschüren gab es in unterschiedlichen Versionen.
Einige der Studenten bekamen eine so genannte »Furcht«-Aus-
gabe. Sie beschrieb Tetanus in dramatischer Zuspitzung, hatte
Farbfotos eines Kindes, das gerade einen Wundstarrkrampf er-
litt, und anderer Tetanus-Opfer mit Peniskathetern und Luft-
röhrenschnitten und Nasenröhren. In der harmloseren Version
wurden die Risiken des Tetanus nicht ganz so grell geschildert,
und es gab keine Fotos. Levanthal wollte feststellen, welche Wirkung diese Broschüren auf die Haltung der Studenten und die
Wahrscheinlichkeit, dass sie sich impfen ließen, haben würden.

Zum Teil waren die Ergebnisse recht vorhersagbar. Als sie
später gebeten wurden, einen Fragebogen auszufüllen, erwiesen
sich die Studenten als über die Gefahren des Tetanus gut infor-

miert. Natürlich waren jene, denen man die »Furcht«-Ausgabe ausgehändigt hatte, überzeugter vom Tetanus-Risiko und von der Notwendigkeit, sich impfen zu lassen. Diese Unterschiede schwanden indessen dahin, als Levanthal überprüfte, wie viele Studenten nun wirklich zur Impfung gegangen waren. Einen Monat nach den Experimenten war fast niemand – bloße drei Prozent der Studentengruppe – zum Gesundheitszentrum gegangen, um sich impfen zu lassen. Aus irgendeinem Grund hatten die Studenten alles vergessen, was sie über Tetanus gelesen hatten. Das Experiment zeigte, dass die Botschaft sich nicht verankert hatte. Warum nicht?

Wenn wir nichts vom Verankerungsfaktor wüssten, würden wir wahrscheinlich zu dem Schluss kommen, dass irgendetwas an der Broschüre nicht stimmte, dass sie den Studenten die Gefahren des Wundstarrkrampfs nicht richtig erklärte. Wir könnten uns auch fragen, ob es methodisch richtig war, ihnen Angst einzujagen, oder ob Tetanus mit einem gesellschaftlichen Stigma verbunden war, das die Studenten daran hinderte, offen zuzugeben, dass sie gefährdet waren, oder dass vielleicht die medizinische Betreuung der Universität selbst etwas Einschüchterndes hatte. Aber der Verankerungsfaktor verweist auf etwas ganz anderes. Er verweist darauf, dass das Problem nicht in der Konzeption der Botschaft selbst lag. Es fehlte nur etwas. Vielleicht brauchte die ganze Kampagne so etwas wie eine kleine Goldkiste. Und tatsächlich, als Levanthal das Experiment wiederholte, genügte eine kleine Veränderung, um die Impfungsrate auf 28 Prozent hochschnellen zu lassen. Die kleine Änderung bestand darin, dass die Broschüre jetzt eine Planskizze des Campus enthielt, auf der das Gesundheitszentrum der Universität durch einen Kreis bezeichnet war, und die Zeiten, zu denen man geimpft werden konnte, deutlich angegeben waren.

Es gibt in dieser Studie zwei interessante Resultate. Das erste besteht in der Tatsache, dass sich unter den 28 Prozent, die sich impfen ließen, ebenso viele Studenten aus der »Furcht«-Gruppe befanden wie aus der Gruppe mit der harmloseren Version. Was

immer an zusätzlicher Überredung die grellere Broschüre auf-
bot, war deutlich irrelevant. Die Studenten wussten auch ohne
schaurige Bilder um die Gefahren des Tetanus, und sie wussten,
was sie eigentlich tun sollten. Die zweite interessante Erkenntnis
ist die, dass die Studenten, die ja schon vier Jahre an der Universität waren, eigentlich wissen mussten, wo sich das Gesundheitszentrum befand. Sie waren zweifellos schon mehrmals dort gewesen. Es ist also sehr zweifelhaft, dass sie die Planskizze
wirklich benutzten. In anderen Worten, was die Tetanus-Kam-
pagne brauchte, um zu kippen, war keine Lawine von neuer oder
zusätzlicher Information. Was sie brauchte, war eine subtile,
aber signifikante Veränderung in der Präsentation. Den Studenten musste gesagt werden, wie sie die Tetanus-Impfung in ihr
Leben einbauen konnten. Der Plan des Campus und die Zeiten
der Impfung verwandelten die Broschüre aus einer abstrakten
Belehrung über medizinische Risiken – einer Belehrung, die sich
von zahllosen anderen akademischen Belehrungen, die sie im
Laufe ihres Studiums über sich hatten ergehen lassen, nicht unterschied – in einen praktischen und persönlichen medizinischen Rat. Und sobald der Rat praktisch und persönlich wurde,
prägte er sich ein.

Levanthals »Furcht«-Experiment und Wundermans Arbeit
für Columbia Records haben enorme Implikationen für die
Frage, wie man eine Epidemie auslösen und wie man sie bis zum
Tipping Point bringen kann. Wir werden in unserer Gesellschaft
ständig von Menschen und Botschaften belagert, die um unsere
Aufmerksamkeit wetteifern. Im letzten Jahrzehnt ist die Wer-
bungszeit in einer typischen Fernsehstunde von sechs auf neun
Minuten gewachsen, und sie steigt mit jedem Jahr. Die Firma
Media Dynamics in New York schätzt, dass der durchschnitt-
liche Amerikaner heute 254 verschiedenen Werbebotschaften am
Tag ausgesetzt ist, fast 25 Prozent mehr als in der Mitte der sieb-
ziger Jahre. Es gibt jetzt Hunderttausende von Websites im
Internet, Kabelsysteme bieten üblicherweise mehr als fünfzig
Fernsehprogramme, und ein Blick in die Zeitungs- und Zeit-

schriftenabteilung eines Buchladens belehrt einen darüber, dass jede Woche und jeden Monat Hunderte von Zeitschriften herauskommen, die angefüllt sind mit Werbung und Information. In der Werbewirtschaft nennt man dieses Übermaß an Information »Reizüberflutung«, und die macht es zunehmend schwerer, irgendeine Botschaft im Publikum zu verankern. Coca-Cola zahlte 33 Millionen Dollar für das Recht, sich Sponsor der Olympischen Spiele von 1992 nennen zu dürfen. Aber trotz einer riesigen Werbekampagne begriffen nur etwa zwölf Prozent der Fernsehzuschauer, dass Coca-Cola der »offizielle Soft Drink der Olympiade« war, und fünf Prozent glaubten, dass Pepsi-Cola der wirkliche Sponsor sei. Nach der Studie eines Forschungsinstituts sinkt die Wirkung eines typischen Fünfzehn-Sekunden-Werbespots im Fernsehen gegen Null, wenn er in einer Zweieinhalbminuten-Werbeunterbrechung von mindestens vier anderen Spots umgeben ist. Vieles von dem, was uns gesagt wird, was wir lesen oder sehen, nehmen wir einfach nicht auf. Das Informationszeitalter hat sich sein eigenes Verankerungsproblem geschaffen. Aber Levanthals und Wundermans Beispiele verweisen darauf, dass es einfache Methoden gibt, den Verankerungseffekt zu verstärken und ihn systematisch in eine Botschaft einzubauen. Das ist natürlich eine sehr wichtige Lehre für Verkäufer, Erzieher und Manager. Vielleicht hat aber niemand mehr dazu beigetragen, das Potenzial dieser Art von Verankerungsmethode nachzuweisen, als die Schöpfer von »Sesamstraße« und »Blue's Clues«.

2.

Die »Sesamstraße« ist bekannt dafür, dass sie eine Reihe von kreativen Genies anzog, Leute wie Jim Henson und Joe Raposo und Frank Oz, die intuitiv erfassten, was man tun musste, um die Kinder vor den Fernsehschirmen zu erreichen. Aber es ist ein Fehler anzunehmen, dass die »Sesamstraße« ein Projekt war, das aus einem einzigen Geistesblitz entstand. Im Gegenteil – die Sendung ist deshalb so ungewöhnlich, weil sie aus langen und immer wieder korrigierten Experimenten entstand. Richtig ist aber, dass die »Sesamstraße« um eine einzige bahnbrechende Einsicht herum aufgebaut wurde, und die lautete: Wenn man die Aufmerksamkeit der Kinder gewinnt, kann man sie auch erziehen.

Das mag banal erscheinen, ist es aber nicht. Viele Leute, die dem Fernsehen kritisch gegenüberstehen, argumentieren auch heute noch, die Gefahr des Fernsehens liege darin, dass es süchtig macht, dass Kinder und auch Erwachsene wie Zombies vor dem Schirm hocken. Vor allem die formalen Eigenschaften des Fernsehens sind es nach dieser Theorie, die die Aufmerksamkeit der Zuschauer fesseln: schnelle Schnitte, Gewalt, grelle Kontraste, laute und komische Geräusche, übertriebene Handlung und all die anderen Dinge, die wir mit dem kommerziellen Fernsehen verbinden. In anderen Worten, wir müssen gar nicht verstehen oder aufnehmen, was wir sehen, um in den Bann des Fernsehens zu geraten. Nach dieser Theorie macht Fernsehen passiv. Wir sehen hin, wenn die Bilder wie ein Feuerwerk vor uns ablaufen, und wir sehen weg oder schalten um, wenn wir gelangweilt sind.

Die Pioniere der »Fernsehforschung« indessen – insbesondere Daniel Anderson von der University of Massachusetts – begriffen bald, dass Kinder im Vorschulalter ganz anders auf das Fernsehen reagieren. »Man nahm an, dass Kinder auf den Schirm starren und innerlich abschalten«, sagte Elizabeth Lorch, eine Psychologin, die am Amherst College arbeitet. »Aber sobald wir genauer hinsahen, fanden wir heraus, dass Kinder ein ganz anderes Verhalten zeigten. Sie sahen mal kurz auf den Bildschirm und dann wieder woandershin. Ihr Verhalten war sehr variabel. Sie saßen nicht einfach da und starrten in das Gerät. Sie waren in der Lage, ihre Aufmerksamkeit auf mehrere unterschiedliche Dinge zu verteilen. Und das geschah nicht zufällig oder willkürlich. Es war vorhersagbar, wann sie sich wieder dem Bildschirm zuwandten, und was ihre Aufmerksamkeit erregte, waren nicht unbedingt die trivialen Dinge, Action und Lärm.« Lorch schnitt zum Beispiel einmal eine Folge der »Sesamstraße« neu zusammen, so dass einige der Schlüsselszenen nicht in der richtigen Reihenfolge erschienen. Wenn die Kinder nur an Lärm und Action interessiert gewesen wären, hätte das keine Rolle spielen dürfen. Die Sendung hatte schließlich noch all ihre Showelemente, die Songs und die Muppets und die Farben – alles, was die »Sesamstraße« so wundervoll macht. Aber es spielte eine Rolle. Die Kinder sahen nicht mehr hin. Wenn das, was sie sahen, keinen Sinn mehr ergab, verloren sie jedes Interesse.

In einem weiteren Experiment zeigten Lorch und Daniel Anderson zwei Gruppen von Fünfjährigen eine Episode der »Sesamstraße«. Die Kinder der zweiten Gruppe wurden in einen Raum gesetzt, in dem viele sehr attraktive Spielsachen herumlagen. Wie zu erwarten, sahen die Kinder in dem Raum ohne Spielsachen 87 Prozent der Zeit auf den Bildschirm, während die Kinder, denen die Spielsachen zur Verfügung standen, nur 47 Prozent der Zeit hinsahen. Aber als die Kinder danach daraufhin überprüft wurden, wie viel sie verstanden hatten, ergaben sich zwischen den beiden Gruppen keine Unterschiede. Die Ergebnisse verblüfften die Forscher völlig. Sie begriffen, dass Kinder in ihren Sehgewohnheiten sehr viel komplizierter waren, als sie angenommen hatten. »Wir kamen zwangsläufig zu dem Schluss«, schrieben sie, »dass die Fünfjährigen in der Spielzeuggruppe durchaus in der Lage waren, zu spielen und gleichzeitig die wesentlichen Informationen der Sendung aufzunehmen. Diese Strategie war so wirkungsvoll, dass sie auch nicht mehr gelernt hätten, wenn sie dem Bildschirm ihre volle Aufmerksamkeit zugewandt hätten.«[28]

Wenn man diese beiden Studien – die Spielzeugstudie und die Studie mit der verkehrten Reihenfolge einer Episode – zusammennimmt, kommt man zu einem ziemlich radikalen Schluss, was Kinder und Fernsehen angeht. Kinder sehen nicht hin, wenn sie stimuliert werden, und sie gucken auch nicht weg, wenn sie gelangweilt sind. Sie gucken zu, wenn sie etwas verstehen, und sie sehen weg, wenn sie verwirrt sind. Wenn man im Bereich des Erziehungsfernsehens arbeitet, ist das eine entscheidende Erkenntnis. Wenn man wissen will, ob und was Kinder aus einer Fernsehsendung lernen, muss man nur feststellen, wann sie hingucken. Und wenn man wissen will, was sie nicht lernen, braucht man nur zu registrieren, wann sie nicht hingucken.

Edward Palmer, ein Psychologe aus Oregon, war in den ersten Jahren der »Sesamstraße« der Theoretiker der Sendung. Sein Spezialgebiet war der Gebrauch des Fernsehens als pädagogisches Werkzeug. Als der »Children's Television Workshop«, aus dem heraus »Sesamstraße« entwickelt wurde, Ende der sechziger Jahre gegründet wurde, war Palmer fast zwangsläufig einer der ersten Wissenschaftler, die angesprochen wurden.[29] »Ich war damals praktisch der einzige Akademiker, der sich mit Kindersendungen im Fernsehen befasste«, sagt er mit einem Auflachen. Palmer wurde die Aufgabe gestellt, herauszufinden, ob das umfangreiche Erziehungsprogramm der »Sesamstraße« die kleinen Zuschauer tatsächlich erreichte. Seine Aussage war von entscheidender Bedeutung. Es gibt einige Mitarbeiter der »Sesamstraße«, die noch immer sagen, dass die Sendung ohne Ed Palmer die erste Saison nicht überstanden hätte.

Palmer wandte eine neue Technik an, die er den »Ablenkungstest« nannte. Er ließ eine Episode der »Sesamstraße« auf einem Bildschirm laufen und zeigte auf einem direkt daneben stehenden Monitor eine Dia-Show. Alle siebeneinhalb Sekunden tauchte auf dem Schirm ein neues Diapositiv auf. »Wir hatten die variabelsten Dia-Serien, die man sich vorstellen konnte«, sagt Palmer. »Wir hatten einen Mann, der mit ausgestreckten Armen die Straße hinunterfuhr, ein Hochhaus, ein auf Wasser treibendes Blatt, einen Regenbogen, eine Mikroskopaufnahme, eine Escher-Zeichnung. Alles, was unterhaltend war, das war die Idee.« Dann wurden jeweils zwei Vorschulkinder in den Raum gebracht, und man sagte ihnen, sie sollten sich die Fernsehsendung ansehen. Palmer und seine Assistenten saßen im selben Raum, ein wenig seitlich versetzt, und hielten fest, wann die Kinder zusahen und wann sie sich ablenken ließen und auf die Dia-Show blickten. Auf diese Weise entstand ein genaues Protokoll – Sekunde für Sekunde –, das festhielt, welche Teile der Episode die Kinder fesselten und welche nicht.

»Wir nahmen große Papierbögen und klebten sie zusammen«, erinnert sich Palmer. »Wir hatten Aufzeichnungen für jede siebeneinhalb Sekunden, was etwa vierhundert Eintragungen pro Sendung ergibt, und wir verbanden all diese Punkte mit einer roten Linie, so dass es aussah wie der Kursverlauf der Börse an der Wall Street. Manchmal ging sie scharf nach unten, und wir sagten, Moment, was ist hier los? Dann wieder stieg sie steil an, erreichte einen Gipfel, und wir sagten uns, Donnerwetter, das scheint ihnen aber wirklich gefallen zu haben. Wir hielten die Aufmerksamkeit der Kinder in Prozentsätzen fest. Manchmal, wenn die Kinder wirklich gefesselt waren, erreichte sie 100 Prozent. Der Durchschnittswert für die meisten Sendungen lag zwischen 85 und 90 Prozent. Wenn die Produzenten das bekamen, waren sie glücklich. Wenn sie nur 50 kriegten, fingen sie an, die Episode zu überarbeiten.«

Palmer testete auch andere Kindersendungen, wie die »Tom und Jerry«-Zeichentrickfilme oder »Captain Kangaroo«, und verglich die Segmente, die dort am besten funktionierten, mit denen aus der »Sesamstraße«. Was immer er herausbekam, gab er an die Produzenten der Show und die Autoren weiter, damit sie ihr Material darauf einstellen konnten. Einer der üblichen Glaubenssätze im Kinderfernsehen war zum Beispiel, dass Kinder gerne Tiere beobachten. »Die Produzenten holten also eine Katze oder einen Ameisenbär oder einen Otter in die Show und ließen sie herumlaufen«, sagte Palmer. »Sie dachten, das wäre interessant. Aber unsere Tests zeigten jedes Mal, dass es schief ging.« Eine Figur in den Anfängen der »Sesamstraße«, auf die große Mühe verwandt wurde, war der »Buchstabenmann«, der immer Wortspiele machte. Palmer wies nach, dass die Kinder ihn nicht mochten. Er wurde eingemottet. Der Ablenkungstest zeigte, dass kein einzelnes Segment der »Sesamstraße« länger als vier Minuten sein sollte und dass drei Minuten wahrscheinlich optimal waren. Palmer brachte die Produzenten dazu, den Dialog zu vereinfachen und gewisse Techniken, die sie aus dem Erwachsenenfernsehen übernommen hatten, aufzugeben.

»Zu unserer Überraschung stellten wir fest, dass die Kinder es überhaupt nicht mochten, wenn Erwachsene sich in der Sendung stritten oder diskutierten«, erinnert er sich. »Sie mochten es nicht, wenn zwei oder drei Leute auf einmal redeten. Das ist sozusagen der natürliche Instinkt eines Produzenten, der eine Szene aufregend machen will: er macht sie laut und chaotisch. Das soll einem vermitteln, dass es da heiß hergeht. Aber unsere Kinder wandten sich von solchen Situationen ab. Statt das Signal aufzunehmen, dass hier etwas Aufregendes vor sich ging, empfingen sie das Signal, dass etwas Konfuses geschah. Und dann verloren sie das Interesse.«

»Nach der dritten oder vierten Saison hatten wir, würde ich sagen, selten ein Segment, das unter 85 Prozent lag. Wir sahen fast nichts mehr in der 50 bis 60 Prozent-Gegend, und wenn wir's sahen, brachten wir's in Ordnung. Sie kennen ja Darwins Prinzip vom Überleben der Tüchtigsten. Wir hatten eine Methode, mit der wir die Tüchtigsten identifizieren konnten, und wir entschieden, was von der Sendung überleben sollte.«

Das Wichtigste, was Palmer mit seiner Ablenkungsmethode jemals herausfand, fiel in das Anfangsstadium der Show, als die »Sesamstraße« noch nicht einmal auf Sendung gegangen war. »Es war im Sommer 1969, und wir waren nur noch sechs Wochen von der ersten Sendung entfernt«, erinnert sich Lesser. »Wir entschlossen uns, ziemlich radikal vorzugehen. Wir sagten, lass uns fünf vollständige Shows aufnehmen – jede eine Stunde lang –, bevor wir auf Sendung gehen, dann wissen wir, woran wir sind.« Um die Sendungen zu testen, nahm Palmer die Bänder mit nach Philadelphia und zeigte sie in der dritten Juliwoche Gruppen von Vorschülern in sechzig verschiedenen Wohnungen in der ganzen Stadt. Es war eine schwierige Zeit. Philadelphia steckte mitten in einer Hitzewelle, was die Kinder natürlich unruhig und unaufmerksam machte. In derselben Woche landete Apollo 11 auf dem Mond, und einige Kinder schienen das – verständlicherweise – der »Sesamstraße« vorzuziehen. Am schlimmsten waren die Ergebnisse von Palmers Ablenkungstest. »Was wir herausfanden«, sagt Lesser, »brachte uns fast um.«

Als die Show ursprünglich konzipiert worden war, waren alle fantastischen Elemente von den realen Bestandteilen getrennt worden. Die Entscheidung ging auf die Empfehlung von Kinderpsychologen zurück, die der Meinung waren, dass es für die Kinder irreführend gewesen wäre, Fantasie und Realität zu vermengen. Die Muppets traten also nur mit anderen Muppets auf, und die Szenen, die auf der »Sesamstraße« selbst gefilmt wurden, zeigten nur Erwachsene und Kinder. Palmer stellte nun in Philadelphia fest, dass die Kinder alles Interesse verloren, sobald eine reale Straßenszene begann. »Die Straße sollte der Klebstoff zwischen den verschiedenen Elementen der Show sein«, sagte Lesser. »Wir kehrten immer wieder zu der Straße zurück. Das hielt die Sendung zusammen. Aber die Szenen zeigten nur Erwachsene, die irgendetwas machten und darüber redeten, und das interessierte die Kinder nicht. Wir kriegten unglaublich niedrige Aufmerksamkeitswerte. Die Kinder ließen uns einfach fallen. Sobald die Muppets wieder auftauchten, kehrte sich das um, aber wir konnten uns solche Schwankungen nicht leisten.« Lesser nennt Palmers Testergebnisse einen »Wendepunkt in der Geschichte von ›Sesamstraße‹. Wir wussten, dass die Show sterben würde, wenn wir die Straßenszenen so ließen, wie sie waren. Das ging alles sehr schnell. Wir machten die Tests im Sommer, und die Show sollte im Herbst ausgestrahlt werden. Wir mussten sofort entscheiden, was wir tun wollten.«

Lesser beschloss, der Meinung seiner wissenschaftlichen Berater zu trotzen. »Wir entschieden uns dafür, all den Entwicklungspsychologen einen Brief zu schreiben, in dem wir sagten: Wir wissen, was ihr davon haltet, Fantasie und Realität zu vermischen. Aber wir werden's trotzdem machen. Wenn wir das nicht tun, sind wir erledigt.« Also wurden alle Straßenszenen umgeschrieben und noch einmal gedreht. Henson und seine Mitarbeiter schufen Muppets, die gehen und mit den Erwachsenen der Show reden und neben ihnen auf der Straße leben konnten. »Damals wurden Bibo (Big Bird) und Oskar und Schnuffi geboren«, sagte Palmer. Was für uns heute das Wesen der »Sesamstraße« ausmacht – die kunstvolle Vermengung von Plüschmonstern mit ernsten Erwachsenen –, entsprang einem verzweifelten Bemühen um Verankerung.

Der Ablenkungstest ist indessen trotz all seiner Stärken ein relativ grobes Instrument. Er kann einem sagen, dass ein Kind versteht, was auf dem Bildschirm vor sich geht, und deshalb aufmerksam hinschaut. Aber er kann einem nicht sagen, was das Kind versteht, und – noch präziser – er kann einem nicht sagen, ob das Kind wirklich auf das achtet, was die Sendung aussagt.

Man betrachte die folgenden beiden Segmente der »Sesamstraße«. Beide sind das, was man Übungen zur visuellen Verbindung nennt – Segmente, die den Kindern beibringen sollen, dass Lesen aus der Verbindung von unterschiedlichen Vokalen und Konsonanten besteht. In dem ersten, »ROT«, tritt ein weibliches Muppet an die großen Buchstaben des Wortes heran. Es stellt sich hinter das R, spricht den Laut deutlich aus, geht dann weiter zum O und dann zum T. Es macht dasselbe noch einmal, von links nach rechts, spricht jeden Buchstaben getrennt aus, bevor es die Laute zu dem Wort »rot« zusammenfügt. Während es das tut, kommt ein weiteres Muppet, Lulatsch, ins Bild und wiederholt das Wort ebenfalls. Die Szene endet damit, dass Herry das entzückt quietschende erste Muppet umarmt.

In einem zweiten Segment, »Oskars Wort«, spielen die Muppets Oskar und Crummy ein Spiel, das darin besteht, Wörter zusammenzusetzen und wieder auseinanderzunehmen. Oskar beginnt, indem er nach dem Buchstaben G ruft, der in der unteren linken Ecke des Bildschirms auftaucht. Oskar erklärt Crummy, wie man G ausspricht. Dann tauchen die Buchstaben UT in der unteren rechten Ecke des Schirms auf. Jetzt spricht Crummy die

Laute aus. Die beiden machen es nun abwechselnd. Oskar sagt
G und Crummy UT, jedes Mal schneller, bis die Laute ver-
schmelzen und man das Wort »gut« hört. Als das geschieht, ziehen sich die Buchstaben unten am Bildschirm zusammen und
bilden das Wort »GUT«. Die beiden Muppets wiederholen
»gut« ein paar Mal, und dann fällt das Wort aus dem Bildschirm
heraus, begleitet von einem krachenden Geräusch. Danach beginnt das Gleiche mit dem Wort »Rad«.

Beide Szenen sind sehr unterhaltsam. Die Kinder sehen aufmerksam zu, und die Ergebnisse des Ablenkungstests sind ausgezeichnet. Aber lernen die Kinder auch wirklich etwas über das
Lesen? Das ist eine sehr viel schwierigere Frage. Um sie zu beantworten, beauftragten die Produzenten der »Sesamstraße«
eine Gruppe von Wissenschaftlern von der Harvard University,
die sich mit der Erfassung von Augenbewegungen befassten.[30]
Die Leiterin der Gruppe war eine Psychologin namens Barbara
Flagg. Die Erforschung der Augenbewegungen beruht auf der
Grundannahme, dass das menschliche Auge nur fähig ist, sich
jeweils auf eine relativ kleine Fläche zu konzentrieren – auf das,
was man eine »Wahrnehmungsspanne« nennt. Wenn wir lesen,
können wir jeweils nicht mehr als ein Schlüsselwort sowie vier
Buchstaben zur Linken und fünfzehn Buchstaben zur Rechten
aufnehmen. Wir springen von einer solchen Spanne zur nächsten, halten an so genannten Fixationspunkten ein, an denen der
Text aufgenommen wird. Der Grund, warum wir lediglich so
wenig von der Schriftzeile fokussieren können, liegt darin, dass
die Sensoren in unserem Auge – die Rezeptoren, die das, was wir
sehen, verarbeiten – dicht zusammen genau in der Mitte der
Netzhaut liegen, in der Fovea. Deshalb bewegen wir, wenn wir
lesen, die Augen: Wir können nicht viel von der Gestalt, der
Farbe oder der Struktur der Wörter aufnehmen, wenn wir nicht
die Fovea, den Punkt mit der größten Schärfe, auf das einzelne
Wortbild konzentrieren. Versuchen Sie zum Beispiel einmal diesen Absatz zu lesen, während sie die Augen fest auf das Zentrum
der Seite heften. Das ist unmöglich.

Wenn man verfolgen kann, wohin sich die Fovea eines Menschen bewegt und worauf sie fixiert ist, kann man mit außergewöhnlicher Präzision sagen, was er sich anguckt und welche Information er aufnimmt. Es ist keine Überraschung, dass die Leute, die Fernsehwerbung machen, von der Verfolgung der Augenbewegung geradezu besessen sind. Wenn man einen Werbespot für Bier mit einer schönen Frau macht, ist es wichtig zu wissen, ob der durchschnittliche Zwanzigjährige in der Zielgruppe nur die Frau fixiert oder die Augen schließlich zur Bierflasche weiterbewegt. Aus demselben Grund wandte sich »Sesamstraße« im Jahr 1975 an Harvard. Wenn die Kinder Oskar und Crummy zusahen, blickten sie auch auf die Buchstaben, oder war ihr Auge ganz auf die Muppets konzentriert?

Das Experiment wurde mit 21 Vier- und Fünfjährigen durchgeführt, die von ihren Eltern begleitet im Laufe einer Woche nach Harvard gebracht wurden. Eins nach dem anderen wurden die Kinder in einen alten Friseurstuhl mit einer gepolsterten Nackenstütze gesetzt. Etwa einen Meter vor ihnen befand sich der Bildschirm eines Farbfernsehers. Ein Infrarot-Augenbewegungs-Monitor von Gulf & Western stand ein wenig links von ihnen, genau ausgerichtet, um die Fovea-Bewegungen jedes Kindes zu verfolgen. Es stellte sich heraus, dass »ROT« ein Riesenerfolg war. 77 Prozent aller Fixationen galten den Buchstaben. Besser noch, 83 Prozent aller Kinder fixierten die Buchstaben in einer Links-nach-Rechts-Sequenz –, in anderen Worten, sie ahmten den Lesevorgang nach. »Oskars Wort« dagegen fiel durch. Nur 35 Prozent der gesamten Fixationen galten den Buchstaben. Und genau 0 Prozent der Vorschüler lasen die Buchstaben von links nach rechts.

Wo lag das Problem? Zunächst einmal hätten die Buchstaben nicht am unteren Rand des Bildschirms stehen dürfen, da alle Augenbewegungs-Forschung nachweist, dass die Menschen sich beim Fernsehen auf die Mitte des Schirms konzentrieren. Das aber trat gegen die viel entscheidendere Tatsache zurück, dass die Kinder nicht auf die Buchstaben achteten, weil sie Oskar zu-

sahen. Sie blickten auf die schöne Frau und nicht auf die Bierflasche. »Ich erinnere mich noch genau an ›Oskars Wort‹«, sagt
Flagg. »Oskar war sehr aktiv. Er macht eine Menge Unsinn im
Hintergrund, und die Buchstaben waren nicht nahe genug an
ihm dran. Er bewegt den Mund, er bewegt die Hände. Er hält etwas in der Hand. Das bedeutet sehr viel Ablenkung. Die Kinder
konzentrieren sich überhaupt nicht auf die Buchstaben, weil
Oskar so interessant ist.« Oskar prägte sich ein. Die Buchstaben
nicht.

3.

Das war die Lehre der »Sesamstraße«: Wenn man große Sorgfalt
auf Struktur und Form des Materials wendete, konnte man die
Verankerung dramatisch erhöhen. Aber ist es möglich, eine noch
einprägsamere Sendung zu machen als die »Sesamstraße«? Das
fragten sich drei junge Fernsehproduzenten vom Nickelodeon
Network in Manhattan Mitte der neunziger Jahre. Es war eine
berechtigte Frage. Immerhin war die »Sesamstraße« ein Produkt
der sechziger Jahre, und in den drei Jahrzehnten danach waren
große Fortschritte im Verständnis der Kinderpsychologie gemacht worden. Einer der Nickelodeon-Produzenten, Todd
Kessle, hatte tatsächlich an der »Sesamstraße« mitgearbeitet und
ihr den Rücken gekehrt, weil er das schnelle »Magazin«-Format
der Show nicht befriedigend fand. »Ich liebe die ›Sesamstraße‹«,
sagt er. »Aber ich habe immer geglaubt, dass Kinder keine kurzen Konzentrationsspannen haben, dass sie mühelos eine halbe
Stunde still sitzen können.« Er meinte, dass sich das Kinderfernsehen nicht wirklich weiterentwickelt habe. »Weil die Kinder
noch nicht richtig oder auch noch gar nicht mit Sprache umgehen können, ist es wichtig, die Geschichte visuell zu vermitteln«, fuhr er fort. »Fernsehen ist ein visuelles Medium, und um
die Botschaft rüberzubringen, muss man das nutzen. Es gibt so
viel Kinderfernsehen, das ganz aus Gerede besteht. Die kleinen

Zuschauer haben große Mühe, dem zu folgen.« Kessles Kollege Tracy Santomero sah das ähnlich. »Wir wollten von der ›Sesamstraße‹ lernen und sie auf eine höhere Stufe heben«, sagte er. »TV ist ein großartiges pädagogisches Medium. Aber bisher ist dieses Potenzial noch gar nicht geweckt worden. Es wird in sehr routinierter, erstarrter Form gebraucht. Ich war davon überzeugt, dass wir das anders machen konnten.«

Was sie anders machten, war eine Sendung mit dem Titel »Blue's Clues«. Sie hat eine Länge von einer halben Stunde. Sie hat keine ständige Besetzung. Sie hat nur einen menschlichen Schauspieler, Steve, einen lebhaften Zwanzigjährigen in Khakihosen und einem Rugbyhemd, der die Show moderiert. Im Gegensatz zur »Sesamstraße« hat jede Episode eine durchgehende Geschichte – die Abenteuer eines Hundes, der den Namen Blue trägt. Die Sendung hat eine flache, zweidimensionale Ausstrahlung, man empfindet sie mehr wie die Videoversion eines Bilderbuchs als eine Fernsehshow. Das Tempo ist langsam. Das Skript enthält viele lange Pausen. Es gibt darin nichts von dem Humor oder den Wortspielen oder der »Cleverness«, die »Sesamstraße« auszeichnen. Einer der Zeichentrick-Charaktere, ein Briefkasten, heißt auch »Briefkasten«. Zwei andere immer wieder auftauchende Charaktere, eine Schaufel und ein Eimer, heißen auch »Schaufel« und »Eimer«. Und Blue, der Star der Show, heißt Blue, weil er blau ist. Es fällt einem als Erwachsenen schwer zu verstehen, warum irgendwer »Blue's Clues« als eine verbesserte »Sesamstraße« betrachten würde. Aber innerhalb weniger Monate nach seiner ersten Ausstrahlung im Jahre 1996 hatte »Blue's Clues« die »Sesamstraße« in der Sehbeteiligung weit hinter sich gelassen. Auch nach den Ergebnissen des Ablenkungstests war »Blue's Clues« besser als die »Sesamstraße«. Jennings Bryant, ein Erziehungswissenschaftler der University of Alabama, führte eine Studie mit 120 Kindern durch, die die kognitiven Fähigkeiten von »Blue's Clues«-Zuschauern mit denen von »Sesamstraße«-Zuschauern verglich.

»Nach sechs Monaten stellten wir sehr große Unterschiede

fest«, sagte Bryant. »Nach all unseren Maßstäben flexiblen Denkens und der Problemlösung hatten wir signifikante Unterschiede. Wenn es 60 Gegenstände in einem Test gab, fanden wir zum Beispiel heraus, dass die ›Blue's Clues‹-Zuschauer 50 identifizieren konnten, während die Kontrollgruppe nur 35 identifizierte.« »Blue's Clues« mag durchaus die Fernsehsendung mit dem größten Verankerungsfaktor aller Zeiten sein.

Wie kommt es, dass eine auf den ersten Blick so wenig attraktive Sendung noch einprägsamer ist als die »Sesamstraße«? Die Antwort lautet, dass »Sesamstraße« bei allen Qualitäten eine Anzahl von subtilen, aber nicht unbedeutenden Grenzen hat. Ein Problem liegt zum Beispiel darin, dass die Show geradezu darauf besteht, ausgesprochen clever zu sein. Von Anfang an war die »Sesamstraße« darauf angelegt, sowohl Kindern als auch Erwachsenen zu gefallen. Der Gedanke dabei war, dass Kinder – besonders Kinder aus unteren Einkommensschichten – von ihren Eltern nicht unbedingt zum Lernen ermutigt werden. Die Schöpfer der »Sesamstraße« wollten eine Sendung, die Mütter dazu brachte, sie mit ihren Kindern anzusehen. Deshalb enthält die Show so viele auf Erwachsene zielende Elemente, die ständigen Wortspiele und die Bezüge auf moderne Kultur, wie zum Beispiel die Samuel Beckett-Parodie »Warten auf Elmo«. (Der Hauptautor der Sendung, Lou Berger, sagt, dass er sich um den Job bei der »Sesamstraße« bewarb, weil er einen Kermit-Sketch gesehen hatte, als er im Jahre 1979 eine Sendung mit seinem Sohn anguckte. »Es war eines dieser verrückten Märchen. Sie suchten nach einer Prinzessin in Ketten. Kermit lief auf diese Muppet-Prinzessin zu und sagte – und Berger machte Kermits Stimme perfekt nach: ›Entschuldigen Sie, sind Sie eine Prinzessin in Ketten?‹ Und sie sagte: ›Wonach sieht das hier aus, nach einem Hosenanzug?‹ Ich erinnere mich, dass ich dachte: ›Das ist großartig. Ich muss da arbeiten.‹«)

Das Problem ist nur, dass Fünfjährige solche Witze nicht verstehen, und der Humor verwirrt sie und lenkt sie ab. Ein gutes Beispiel ist eine Episode der »Sesamstraße« mit dem Titel

»Roy«, die Weihnachten 1997 lief. Big Bird trifft eine Postbotin, die noch nie in der Sesamstraße war. Die Postbotin händigt ihm ein Paket aus, und Big Bird ist verblüfft: »Wenn du das erste Mal hier bist«, fragt er, »woher weißt du, dass ich Big Bird bin?«

Die Postbotin sagt natürlich, dass Big Bird das ist, was sein Name sagt, ein großer Vogel. Worauf Big Bird antwortet: »Ach ja? Das Paket ist für Big Bird, und ich bin ein großer Vogel. Das vergess ich manchmal. Ich bin das, was mein Name sagt. Big Bird.«

Er wird nachdenklich, dann traurig. Alle anderen haben einen richtigen Namen – Oskar, Schnuffi –, aber er hat nur eine Beschreibung. Er fragt die Postbotin, wie sie heißt. Sie sagt: Imogene.

Big Bird: »Oh, das ist aber ein schöner Name. Schade, dass ich keinen so schönen Namen habe. Ich habe nur einen, der sagt, was ich bin, so als ob ich ein Apfel oder ein Stuhl oder so was wäre.«

Nun beginnt Big Bird einen neuen Namen zu suchen. Mit Schnuffis Hilfe fragt er Leute, die auf der Sesamstraße herumlaufen, nach Vorschlägen: Zackledackle, Butch, Bill, Omar, Larry, Sammy, Ebenezer, Jim, Napoleon, Lancelot, Rocky – bis er sich für Roy entscheidet. Aber dann, als alle beginnen, ihn Roy zu nennen, findet er das doch nicht so schön. »Es klingt irgendwie nicht richtig«, sagt er. »Ich glaube, ich hab einen großen Fehler gemacht.« Er kehrt zu seinem alten Namen zurück. »Auch wenn Big Bird kein richtiger Name ist«, schließt er, »es ist nun mal mein Name, und ich mag es einfach, wenn meine Freunde mich so nennen.«

Das war, zumindest auf den ersten Blick, eine hervorragende Episode. Sie war anspruchsvoll und intelligent, aber zugleich faszinierend. Sie befasst sich offen mit Emotionen und sagt den Kindern im Gegensatz zu anderen Kindersendungen, dass es durchaus in Ordnung ist, wenn man nicht die ganze Zeit glücklich ist. Und sie ist lustig.

Die Episode hätte also eigentlich ein großer Erfolg sein müssen. Das war sie aber nicht. »Roy« wurde getestet und schnitt in jeder Hinsicht enttäuschend ab. Der erste Teil mit Schnuffi und Big Bird ging noch. Die Zuschauer waren neugierig. Dann aber fiel alles auseinander. Bis zur zweiten Straßenszene war die Aufmerksamkeit schon auf 80 Prozent gefallen. Bis zur dritten auf 78 Prozent. Dann 40, dann 50 und am Ende 20 Prozent. Nachdem sie die Sendung gesehen hatten, wurden die Kinder in der Kontrollgruppe gefragt, was sie da gesehen hatten. »Wir fragten sehr genau nach, weil wir klare Antworten haben wollten«, sagte Rosemary Truglio, die zu der Zeit die Tests bei der »Sesamstraße« leitete. »Worum ging es? 60 Prozent wussten es. Was wollte Big Bird? 53 Prozent wussten es. Wie lautete Big Birds neuer Name? 20 Prozent. Wie fühlte sich Big Bird am Ende? 50 Prozent.« Andere Episoden im selben Zeitraum wiesen ganz andere Zahlen auf, meist lagen sie bei allen Fragen über 90 Prozent. Diese Episode hatte wenig Eindruck gemacht. Sie prägte sich nicht ein.

Warum fiel die Episode durch? Das Problem liegt im Grundgedanken der Handlung – Big Bird will keinen Namen haben, der beschreibt, was er ist. Das ist aber ein Gedanke, den kein Vorschulkind nachvollziehen kann. Vorschulkinder gehen beim Erlernen von Sprache von einer Reihe von Annahmen über Wörter und ihre Bedeutung aus. Und eine der wichtigsten Annahmen besteht in dem, was die Psychologin Ellen Markman das Prinzip des wechselseitigen Ausschlusses nennt.[31] Einfach ausgedrückt, bedeutet dies, dass kleine Kinder nicht begreifen können, dass irgendein Objekt zwei verschiedene Namen haben kann. Eine natürliche Annahme von Kindern, sagt Markman, ist es, dass eine zweite Bezeichnung für ein Objekt oder eine Person sich auf eine zweite Eigenschaft oder ein zweites Attribut dieses Objekts beziehen muss. Man kann sofort nachvollziehen, wie nützlich diese Annahme für ein Kind ist, das sich der außerordentlichen Aufgabe gegenübersieht, jedem Ding in der Welt einen Namen zu geben. Ein Kind, welches das Wort »Elefant« lernt, weiß mit absoluter Gewissheit, dass dies etwas anderes ist als ein Hund. Jedes neue Wort macht die Kenntnis des Kindes präziser. Ohne wechselseitige Ausschließlichkeit indessen, wenn etwa die Bezeichnungen »Elefant« und »Hund« austauschbar wären, würde die Welt immer komplizierter. Die Ausschließlichkeit der Bezeichnung hilft dem Kind, klar zu denken. »Nehmen wir an«, schreibt Markman, »ein Kind, das die Wörter ›Apfel‹ und ›rot‹ bereits kennt, hört, dass jemand einen Apfel als ›rund‹ bezeichnet. Durch wechselseitigen Ausschluss kann das Kind das Objekt selbst (den Apfel) und seine Farbe (rot) als Bedeutung von ›rund‹ eliminieren und nun das Objekt auf eine Eigenschaft untersuchen, die dem Wort ›rund‹ entspricht.«

Das bedeutet, dass Kinder mit Objekten Schwierigkeiten haben werden, die zwei Namen besitzen, oder auch mit Objekten, deren Name sich verändert. Ein Kind hat Schwierigkeiten zum Beispiel mit dem Gedanken, dass eine Eiche sowohl eine Eiche als auch ein Baum ist; es könnte durchaus auf den Gedanken verfallen, dass in diesem Fall »Baum« ein Wort für eine Ansammlung von Eichen ist.

Die Idee, dass Big Bird nicht mehr Big Bird genannt werden will, sondern Roy, muss also fast zwangsläufig jedes Kind im Vorschulalter in Verwirrung stürzen. Wie kann jemand, der bereits einen Namen hat, beschließen, einen anderen Namen haben zu wollen? Big Bird sagt, dass Big Bird nur ein beschreibender Name ist, er sagt, was für ein Tier er ist. Er aber will einen Eigennamen. Er will kein Baum sein, sondern eine Eiche. Aber Drei- und Vierjährige verstehen nicht, dass ein Baum auch eine Eiche sein kann. Soweit sie es überhaupt begreifen können, glauben sie wahrscheinlich, dass Big Bird sich in etwas anderes verwandeln will – in irgendein anderes Tier. Und das geht natürlich nicht.

Es gibt hier noch ein tieferes Problem. »Sesamstraße« ist eine so genannte »Magazin-Show«. Eine typische Sendung besteht aus mindestens vierzig Segmenten, von denen keine länger als drei Minuten ist – Straßenszenen mit den Schauspielerinnen und Schauspielern und den Muppets, Animationen und kurzen Filmen, die außerhalb des Studios spielen. Bei einer Episode wie »Roy«, die in den späten neunziger Jahren entstand, versuchten die Autoren zum ersten Mal, einige der Segmente unter ein gemeinsames Thema zu stellen. Davor waren die Segmente fast immer autonom gewesen; neue Folgen der »Sesamstraße« bestanden meist aus einer Mischung aus neu gedrehten Straßenszenen und älteren Animationen aus dem Archiv der Show.

Die Schöpfer der »Sesamstraße« hatten einen Grund für dieses Magazinformat der Sendung. Sie glaubten, dass Kinder im Vorschulalter nicht die Konzentrationsspanne besaßen, um etwas anderes als sehr kurze Segmente zu bewältigen. Und sie standen unter dem Eindruck der Fernsehwerbung. Die Sechziger waren die goldenen Jahre von Madison Avenue, und zu der Zeit schien es naheliegend, die Werbespots nachzuahmen. Wenn ein 60-Sekunden-Spot einem Vierjährigen Cornflakes verkaufen konnte, dann konnte er ihm auch das Alphabet nahe bringen. Jim Henson mit seinen Muppets kam aus der Werbung, und er war sehr erfolgreich gewesen. Viele der bekannteren Muppets waren für Werbekampagnen geschaffen worden: Big Bird zum Beispiel ist eine Abwandlung eines Zwei-Meter-Drachens, den Henson für La Choy-Werbespots erfunden hatte; das Krümelmonster hatte für Frito-Lay geworben; Grover war in Promotionsfilmen von IBM aufgetreten. (Hensons Muppet-Werbespots aus den sechziger Jahren haben einen fast hysterischen Witz, aber sie sind auch dunkel und nervös – Eigenschaften, die in seinen Arbeiten für die »Sesamstraße« natürlich fehlen.)

»Ich glaube, das entscheidende Element eines Werbespots liegt in seiner Eindeutigkeit«, sagt Sam Gibbon, einer der frühesten »Sesamstraßen«-Produzenten. »Es geht um eine einzige Sache. Man verkauft eine Idee. Der Einfall, ›Sesamstraße‹ in Einheiten zu zerlegen, die jeweils ein einziges pädagogisches Ziel verfolgten, schuldet der Technik von Werbespots eine Menge.«

Aber beruht dieser Einfall auf einer korrekten Grundlage? Daniel Anderson behauptet, dass neuere Forschungen den Glauben an die Beliebtheit von Werbespots unter Kindern erschüttern. »Werbesendungen erzählen keine Geschichten«, schreibt er, »und Geschichten sind für Kinder von besonderer Bedeutung.« Die ursprüngliche »Sesamstraße« hatte keinen erzählenden Charakter, sie war bewusst eine unverbundene Folge von Sketchen. »Nicht nur die Werbespots beeinflussten die frühe ›Sesamstraße‹«, sagt Anderson. »Es gab damals auch gewisse theoretische Glaubenssätze, die zum Teil auf Piaget basierten und die besagten, dass Vorschulkinder einer längeren Erzählung nicht folgen könnten.« Dieser Gedanke ist indessen seit den späten sechziger Jahren geradezu auf den Kopf gestellt worden. Im Alter von drei und vier Jahren mögen Kinder nicht in der Lage sein, komplizierte Handlungsstränge und Nebenhandlungen zu verstehen. Aber die erzählende Form, glauben Psychologen jetzt, ist für sie absolut zentral. »Es ist für sie die einzige Form, in der sie ihre Welt organisieren können, in der sie ihre Erfahrung verarbeiten«, sagt Jerome Bruner, ein Psychologe von der New York University. »Sie haben keine Theorien, die die Dinge in Hinsicht auf Ursache und Wirkung und Beziehungen untereinander organisieren könnten, also verwandeln sie alles in Geschichten, und wenn sie versuchen, ihr Leben zu verstehen, benutzen sie in Geschichten verwandelte Erfahrung als Grundlage neuer Überlegungen. Wenn sie etwas nicht in einer erzählerischen Struktur einfangen können, erinnern sie sich nicht gut daran, und dann steht es nicht zur Verfügung, wenn sie über irgendetwas nachdenken müssen.«

Bruner war in den frühen achtziger Jahren an einem interessanten Forschungsprojekt beteiligt. Es nannte sich »Erzählungen aus der Wiege«, und es spielte eine entscheidende Rolle für das Umdenken vieler Kinderpsychologen.[32] Im Zentrum des Projekts stand ein zweijähriges Mädchen aus New Haven, das Emily hieß. Ihren Eltern – sie lehrten beide an der Universität – war aufgefallen, dass Emily vor dem Einschlafen mit sich selber sprach. Neugierig geworden, stellten sie einen kleinen Kassettenrekorder neben ihr Kinderbett und nahmen im Laufe der nächsten fünfzehn Monate an mehreren Abenden der Woche sowohl ihre Gespräche mit Emily vor dem Schlafengehen als auch ihre Selbstgespräche vor dem Einschlafen auf. Die Transkripte – im Ganzen 122 – wurden dann von einer Gruppe von Linguisten und Psychologen unter der Leitung von Katherine Nelson von der Harvard University ausgewertet. Sie stellten fest, dass Emilys Unterhaltungen mit sich selbst fortgeschrittener waren als ihre Unterhaltungen mit den Eltern. Sie waren sogar deutlich fortgeschrittener. Ein Mitglied der Gruppe, Carol Fleisher Feldman, schrieb später dazu:

> Ihr Gespräch mit sich selbst ist generell so viel reicher und vielfältiger als das mit ihren Eltern, dass wir alle, die wir uns für den Spracherwerb von Kindern interessieren, zu der Frage kamen, ob das Bild der Sprachentwicklung, wie es in der Fachliteratur bisher entworfen wurde, der Sprachkompetenz eines kleinen Kindes gerecht wird. Denn sobald das Licht aus ist und die Eltern gegangen sind, zeigt Emily eine verblüffende Beherrschung von Sprachformen, die wir ihr, gemessen an ihrer Alltagssprache, niemals zugetraut hätten.

Feldman bezog sich dabei auf Dinge wie das Vokabular und die Grammatik und – das war das wichtigste – auf die Struktur von Emilys Monologen. Sie erfand Geschichten, Erzählungen, die die Dinge erklärten und organisierten, die sie erlebt hatte. Manchmal waren diese Geschichten das, was Linguisten »weltliche Erzählungen« nennen. Sie erfand eine Geschichte, um Ereignisse, Handlungen und Gefühle in eine Struktur zu integrieren – ein Prozess, der ein entscheidender Teil der geistigen Entwicklung jedes Kindes ist. Hier ist eine Geschichte, die Emily sich im Alter von 32 Monaten erzählte. Sie zeigt, wie vielschichtig die Sprache eine Kindes sein kann, wenn es allein ist.

> Morgen, wenn wir aufwachen und aufstehen, erst ich und Daddy und Mommy, du, essen Frühstück essen Frühstück, wir wir's immer machen, und dann spielen wir, und dann

kommt Daddy bald, Carl kommt rüber, und dann spielen wir alle ein bisschen. Und dann gehen Emily und Carl beide mit jemandem runter zum Auto, und wir fahren zum Kindergarten und dann, wenn wir da sind, steigen wir alle aus dem Auto und gehen in den Kindergarten und Daddy gibt uns einen Kuss und geht dann und sagt, und dann sagen wir auf Wiedersehen, und dann geht er arbeiten und wir gehen spielen im Kindergarten ... Wird das nicht komisch? Weil, manchmal geh ich in den Kindergarten, weil es ein Kindergartentag ist. Manchmal bleib ich auch die ganze Woche bei Tanta. Und manchmal spielen wir Mom und Dad. Aber meistens, manchmal, hm, oh, geh ich zum Kindergarten. Aber heute geh ich am Morgen in den Kindergarten. Am Morgen, wenn Daddy zur, wenn meist, essen wir Frühstück wie immer, und dann ..., und dann ... wollen wir spielen. Und dann ..., und dann klingelt's an der Tür, und da kommt Carl rein, und dann Carl, und dann spielen wir alle, und dann ...

Emily beschreibt, was gewöhnlich an einem Freitag geschieht. Aber es ist kein bestimmter Freitag. Es ist das, was sie als einen idealen Freitag betrachtet, ein hypothetischer Freitag, an dem alles so abläuft, wie sie es gerne hätte. Es ist, wie Bruner und Joan Lucariello in ihrem Kommentar zu diesem Teil von Emilys Selbstgesprächen schreiben,

> ein bemerkenswerter Akt einer Welterschaffung ... sie nutzt Betonungen, die Verlängerung von Schlüsselwörtern und eine Art ›Inszenierung‹, die an ›cinéma vérité‹ erinnert (zum Beispiel im Fall ihres Freundes Carl, der sozusagen durch die Tür erzählt wird, als er eintritt). Wie um zu betonen, dass sie alles genau im Kopf hat, monologisiert sie in rhythmischer Form, es ist fast ein Sprechgesang. Und im Verlauf ihres Selbstgesprächs fühlt sie sich sogar so frei, dass sie die Komik, die im Ablauf der Dinge liegt, kommentiert (›Wird das nicht komisch?‹).

Es ist schwer, sich diesen Nachweis der Wichtigkeit von Erzählungen für Kinder anzusehen und sich nicht über den Erfolg der »Sesamstraße« zu wundern. Die »Sesamstraße« ist eine Sendung, die sich ausgerechnet von der Methode abwendet, die den einfachsten Weg bietet, kleine Kinder zu erreichen. Außerdem verwässert sie ihren Reiz für Vorschulkinder noch dadurch, dass sie mit vielen ihrer Einfälle auf ein Erwachsenenpublikum zielt. Und doch war sie ein großer Erfolg. Es ist im Grunde das Geniale an der »Sesamstraße«, dass sie es schaffte, durch die Brillanz der Autoren und die Wärme und das Charisma der Muppets ansonsten wohl unüberwindliche Hindernisse zu nehmen. Aber diese Betrachtung macht es zugleich verständlicher, wie man eine Kindersendung einprägsamer machen kann als die »Sesamstraße«, wie man sie besser verankern kann. Man muss sie sehr viel »buchstäblicher« machen, ohne die Wortspiele und die Komik, die Vorschulkinder verwirren. Und man lehrt Kinder auf die Weise, wie sie sich selbst das Leben lehren – in der Form einer Geschichte. Man macht – in anderen Worten – »Blue's Clues«.

4.

Jede Episode von »Blue's Clues« ist auf die gleiche Weise aufgebaut. Steve, der Moderator, stellt ein Rätsel vor, in dem der Zeichentrick-Hund, Blue, eine Rolle spielt. In einer Sendung besteht die Aufgabe zum Beispiel darin, herauszufinden, was Blues Lieblingsgeschichte ist. In einer anderen geht es um Blues Lieblingsfressen. Um dem Publikum bei der Lösung zu helfen, hinterlässt Blue eine Reihe von Hinweisen (»clues«) – Gegenstände, die er jeweils mit einem Abdruck seiner Pfote kennzeichnet. Zwischen der Entdeckung der Hinweise spielt Steve mit den Zuschauern andere Spiele – kleinere Rätsel –, die thematisch zu dem Haupträtsel passen. In der Episode, in der es um Blues Lieblingsgeschichte geht, setzen sich Steve und Blue zum Beispiel mit den »Drei Bären« zusammen, deren Frühstücksschüsseln durcheinander geraten sind, und bitten die Zuschauer um Hilfe dabei, die Schüsseln richtig zuzuordnen, nach der Größe nämlich: Papa Bär kriegt die größte, Mama Bär die mittlere und Baby Bär die kleinste. Im Verlauf der Show bewegen sich Steve und Blue durch eine Reihe von Zeichentrick-Kulissen – von einem Wohnzimmer über einen Garten bis in Fantasieorte. Sie springen durch magische Türen, führen die Zuschauer auf Entdeckungsreisen, bis Steve schließlich am Ende der Episode in das Wohnzimmer zurückkehrt. Dort spielt sich der Höhepunkt jeder Sendung ab. Steve setzt sich in einen bequemen Sessel, um nachzudenken. Gemäß der buchstäblichen Welt von »Blue's Clues« ist dies natürlich der Nachdenk-Sessel. Er denkt über die drei Hinweise nach, die Blue hinterlassen hat, und versucht eine Lösung zu finden.

Soweit ist »Blue's Clues« offensichtlich eine radikale Abwendung von den Konzepten der »Sesamstraße«. Aber nachdem sie diesem Teil des »Sesamstraßen«-Erbes den Rücken gekehrt hatten, drehten die Schöpfer von »Blue's Clues« sich um und borgten die Teile der »Sesamstraße«, die in ihren Augen funktionierten. In der Tat ist das Wort »Borgen« noch zu vorsichtig. Sie nahmen die einprägsamsten Elemente der »Sesamstraße« und versuchten sie noch einprägsamer zu machen. Das erste Element war der Gedanke, dass Kinder sich umso besser an bestimmte Dinge erinnern, je stärker sie beim Zusehen geistig und körperlich engagiert sind. »Mir war aufgefallen, dass einige Segmente der ›Sesamstraße‹ eine Menge Interaktion der Kinder hervorriefen«, sagt Daniel Anderson, der bei Nickelodeon am Entwurf von »Blue's Clues« mitarbeitete. »Etwas, woran ich mich erinnerte, war zum Beispiel Kermit, der seinen Finger an den Schirm hielt und einen Buchstaben zeichnete. Ich sah Kinder, die ebenfalls den Finger hoben und den Buchstaben mitzeichneten. Und manchmal hörte man die Kinder laut antworten, wenn eine der ›Sesamstraßen‹-Figuren eine Frage stellte. Aber die ›Sesamstraße‹ nahm diesen Gedanken nie richtig auf.

Sie wussten natürlich, dass die Kinder so was machten, aber sie haben nie versucht, eine Show um diese Idee herum zu entwickeln. Nickelodeon machte einige Pilotsendungen von ›Blue's Clues‹, in denen die Kinder explizit aufgefordert wurden, mitzumachen, und tatsächlich wurde sehr deutlich, dass sie dazu bereit waren. Wir haben das dann zusammengesetzt: Kinder sind daran interessiert, beim Fernsehen intellektuell aktiv zu sein, und wenn sie die Möglichkeit haben, werden sie auch körperlich aktiv – das wurde zur Philosophie von ›Blue's Clues‹«.

Dementsprechend redet Steve fast die ganze Zeit direkt in die Kamera. Wenn er Hilfe braucht, bittet er das Publikum um Hilfe. Es gibt viele Naheinstellungen seines Gesichts – als wäre er tatsächlich im selben Zimmer wie seine kleinen Zuschauer. Wann immer er eine Frage stellt, macht er eine Pause. Aber das ist keine normale Pause. Es ist eine Vorschulpause, mehrere Sekunden länger, als jeder Erwachsene auf eine Antwort warten würde. Schließlich ruft ihm ein unsichtbares Publikum im Studio eine Antwort zu. Aber auch dem Kind zu Hause wird die Möglichkeit gegeben, ihm etwas zuzurufen. Manchmal stellt Steve sich dumm. Er kann einen gewissen Hinweis, der den Kindern vor dem Fernseher längst klar ist, nicht finden, und er guckt hilfesuchend in die Kamera. Dahinter steht dieselbe Idee: die zuschauenden Kinder sollen auch verbal partizipieren, sie sollen aktiv am Geschehen teilnehmen. Wenn man »Blue's Clues« mit einer Gruppe von Kindern sieht, wird der Erfolg dieser Strategie sehr deutlich. Es ist, als wären sie Fans bei einem Fussballspiel ihrer Mannschaft.

Das zweite Element, das »Blue's Clues« von der »Sesamstraße« übernahm, war der Gedanke der Wiederholung. Das hatte die Pioniere der »Sesamstraße« damals geradezu hypnotisiert. Unter den fünf Pilotsendungen, die Palmer und Lesser 1969 nach Philadelphia brachten, war auch eine Episode mit Hera, der Hexe, die das H wieder und wieder benutzte: »Hera, die Hexe, hatte einen hohen Hut und einen hungrigen Hund.« Und so weiter. »Wir wussten nicht, wie oft man solche Dinge wiederholen konnte«, sagt Lesser. »Wir spielten es am ersten Montag drei Mal ab, drei Mal am Dienstag, drei Mal am Mittwoch, ließen es am Donnerstag aus, setzten es dann ganz am Ende der Freitag-Show wieder rein. Einige der Kinder sagten schon am Mittwoch: Nicht schon wieder Hera, die Hexe. Aber als Hera am Freitag wieder auftauchte, sprangen sie auf und ab und klatschten. Kinder erreichen einen Sättigungspunkt. Aber dann wollen sie die Figur wiedersehen.«

Kurz darauf und eher zufällig fanden die Autoren der »Sesamstraße« heraus, warum Kinder Wiederholungen so sehr lieben. Das betreffende Segment zeigte einen Schauspieler, James Earl Jones, der das Alphabet aufsagte. In der ursprünglichen Aufnahme machte Jones lange Pausen zwischen den Buchstaben, weil man davon ausging, andere Elemente zwischen sie zu setzen. Aber Jones war eine so imposante Figur auf dem Bildschirm, dass die »Sesamstraßen«-Produzenten den Film so ließen, wie er war, und ihn jahrelang immer wieder abspielten. Der Buchstabe A oder B erschien auf dem Schirm, es gab eine lange Pause, und dann sprach Jones mit seiner tiefen Stimme den Buchstaben laut aus, und der verschwand. »Was wir feststellten, war, dass die Kinder nach dem ersten Mal die Buchstaben riefen, nachdem Jones sie genannt hatte«, sagt Sam Gibbon. »Nach einigen Wiederholungen reagierten sie auf das Auftauchen der Buchstaben, bevor er etwas sagte, in der langen Pause. Dann, nach vielen Wiederholungen, wussten sie schon, welcher Buchstabe kam. Sie begriffen die Sequenz. Zuerst lernten sie, wie der Buchstabe hieß, dann begriffen sie die Verbindung zwischen dem Aussehen des Buchstabens und seinem Namen, dann lernten sie die Abfolge der Buchstaben.« Ein Erwachsener findet ständige Wiederholungen langweilig, weil sie einen zwingen, dieselbe Erfahrung wieder und wieder zu durchleben. Aber für Vorschulkinder ist Wiederholung nicht langweilig, weil sie das Geschehen bei jedem Zusehen anders erfahren. Bei der frühen »Sesamstraße« wurde der Gedanke des Lernens durch Wiederholung als James Earl Jones-Effekt bezeichnet.

»Blue's Clues« ist im Wesentlichen eine Show, die um den James Earl Jones-Effekt herum aufgebaut ist. Statt neue Episoden hintereinander auszustrahlen und sie dann als Wiederholungen später im Jahr erneut zu senden – was jede andere TV-Show macht –, strahlt Nickelodeon dieselbe »Blue's Clues«-Episode fünf Tage hintereinander aus, von Montag bis Freitag, bevor dann die nächste kommt. Das war – wie man sich vorstellen kann – keine Idee, die bei Nickelodeon leicht durchzusetzen war. Santomero und Anderson mussten viel Überzeugungsarbeit leisten. (Was half, war die Tatsache, dass Nickelodeon nicht das Geld hatte, um eine volle Saison von »Blue's Clues«-Shows zu produzieren.) »Ich hatte das Pilotband bei mir zu Hause«, sagt Anderson. »Meine Tochter war damals dreieinhalb, und sie guckte es sich immer wieder an. Ich zählte mit. Sie sah es vierzehn Mal mit immer derselben Begeisterung.« Als die Sendung dann offiziell getestet wurde, passierte dasselbe. Sie wurde an fünf aufeinander folgenden Tagen einer großen Gruppe von Vorschulkindern gezeigt, und die Aufmerksamkeit wuchs eher, als dass sie nachließ. Eine Ausnahme machten nur die älteren Kinder, die Fünfjährigen, deren Aufmerksamkeit gegen Ende schwächer wurde. Wie die Kinder, die James Earl Jones gesehen hatten, reagierte auch diese Testgruppe auf jede Wiederholung unterschiedlich. Sie wurden lebhafter und beantworteten Steves Fragen immer früher.

»Wenn man sich die Welt dieser Vorschulkinder anschaut, sind sie von Dingen umgeben, die sie nicht verstehen«, sagt Anderson. »Lauter neue Dinge. Sie suchen daher nicht nach neuen Dingen, wie ältere Kinder, sondern nach Vertrautem und Vorhersagbarem. Für kleine Kinder ist Wiederholung etwas Wertvolles. Sie fordern sie. Wenn sie eine Episode wieder und wieder sehen, verstehen sie sie nicht nur besser – dadurch, dass sie voraussagen können, was da geschieht, fühlen sie sich auch bestätigt und in ihrem Selbstwertgefühl bestärkt. Und ›Blue's Clues‹ verdoppelt dieses Empfinden, weil sie auch noch das Gefühl haben, dass sie an etwas teilhaben. Sie haben das Gefühl, Steve zu helfen.«

Kinder lieben die Wiederholung natürlich nicht unter allen Umständen. Was immer sie sehen, muss komplex genug sein, um bei wiederholtem Zuschauen tiefere Ebenen des Verständnisses zu ermöglichen. Zugleich darf es aber nicht so komplex sein, dass es die Kinder beim ersten Mal verwirrt. Dann wenden sie sich ab. Um dieses Gleichgewicht zu erreichen, wurde »Blue's Clues« auf dieselbe Weise getestet wie die »Sesamstraße« – nur noch viel intensiver. Während die »Sesamstraße« jede Sendung nur einmal testet – und dann auch erst, wenn sie abgedreht ist –, durchläuft »Blue's Clues« drei Tests, bevor die Episode ausgestrahlt wird. Und während die »Sesamstraße« meist nur ein Drittel aller Episoden testet, macht »Blue's Clues« es ausnahmslos für alle.

Ich begleitete das »Blue's Clues«-Marktforschungsteam bei einer ihrer wöchentlichen Exkursionen zu einer Gruppe von Vorschulkindern. Leiterin des Teams war Alice Wilder, die Marktforschungsdirektorin der Show, eine lebhafte, dunkelhaarige Frau, die gerade ihren Doktor in Erziehungswissenschaft an der Columbia University gemacht hatte. Sie wurde von zwei Frauen um die zwanzig begleitet – Alison Gilman und Allison Sherman. An diesem Morgen wollten sie ein Skript in einer Vorschule in Greenwich Village testen.

Die neue Episode drehte sich um das Verhalten von Tieren. Das Skript war ein erster Entwurf, der in einer Art Bilderbuch ausgearbeitet war. Die Bilddarstellungen entsprachen ungefähr der Abfolge, wie sie, Szene nach Szene, auch in der späteren Fernsehsendung zu sehen sein würde. Jede der Frauen übernahm die Rolle von Steve und ging mit den Kindern die Rätsel durch, sie notierten sich die Fragen, die von den Kindern richtig beantwortet wurden, und auch die, welche die Kinder zu verwirren schienen. An einem Punkt zum Beispiel setzte sich Sherman mit einem blonden fünfjährigen Jungen, der Walker hieß, und einem viereinhalbjährigen Mädchen namens Anna, die ein rotweiß kariertes Kleid trug, zusammen. Sie begann eine Passage aus dem Skript vorzulesen. Blue hatte ein Lieblingstier. Würden sie ihr helfen herauszufinden, was für ein Tier das war? Die Kinder waren ganz bei der Sache. Sie begann einige der zusätzlichen Fragen durchzugehen, eine nach der anderen. Sie zeigte ihnen ein Bild eines Ameisenbärs.

»Was frisst ein Ameisenbär?« fragte sie.

»Ameisen«, sagte Walker.

Sherman blätterte um. Auf der nächsten Seite war das Bild eines Elefanten. Sie deutete auf den Rüssel.

»Was ist das?«

Walker sah genau hin. »Ein Rüssel.«

Sie wies auf die Stoßzähne. »Weißt du, was die weißen Dinger sind?«

»Zähne.«

Sie zeigte ihnen das Bild eines Bären, und dann kam der erste von Blue's »clues«, seinen Hinweisen, ein kleiner schwarzweißer Fleck, in dessen Ecke sich der Abdruck von Blues Pfote befand.

»Das ist schwarzweiß«, sagte Anna.

Sherman sah die beiden an. »Über welches Tier möchte Blue was wissen?« Sie machte eine Pause. Anna und Walker sahen sie verständnislos an. Schließlich sagte Walker: »Lass uns den nächsten Hinweis sehen.«

Die zweite Rätselrunde war etwas schwieriger. Da war ein Bild mit einem Vogel. Die Kinder wurden gefragt, was der Vogel macht – die Antwort lautete: er singt – und warum er das tut. Sie redeten über Biber und Würmer und kamen dann zum zweiten Hinweis von Blue – es war ein Eisberg. Anna und Walker wussten immer noch nicht, welches Tier Blue suchte. Nun kam die dritte Runde, eine lange Diskussion über Fische. Sherman zeigte ihnen ein Bild von einem kleinen Fisch, der versteckt am Grund des Meeres lag und einen großen Fisch beäugte.

»Warum versteckt sich der Fisch?« fragte Sherman.

»Weil der große Fisch da ist«, sagte Walker.

»Weil der ihn fressen will«, sagte Anna.

Sie kamen zum dritten von Blues Hinweisen. Es war ein Stück Pappe mit dem Abdruck von Blues Pfote. Sherman nahm den Abdruck und bewegte ihn auf Walker und Anna zu, wobei sie ihn hin und her wackeln ließ.

»Was macht das hier?« fragte sie.

Walker runzelte vor Konzentration die Stirn. »Es geht wie ein Mensch«, sagte er.

»Schlängelt es sich?« fragte Sherman.

»Es watschelt«, sagte Anna.

Sherman ging noch einmal die Hinweise der Reihe nach durch: Schwarzweiß, Eis, watscheln.

Eine Pause entstand. Dann strahlte Walker plötzlich. »Es ist ein Pinguin!« Er rief es vor Freude laut aus. »Ein Pinguin ist schwarzweiß. Er lebt auf dem Eis, und er watschelt!«

»Blue's Clues« funktioniert als Geschichte nur, wenn die Hinweise in der richtigen Reihenfolge kommen. Der Anfang muss einfach sein – damit die Zuschauer Selbstvertrauen gewinnen –, und dann kann es schwieriger werden, es darf die Vorschulkinder mehr und mehr fordern, sie in die Erzählung hereinziehen. Die ersten Fragen zu Ameisenbären und Elefanten mussten leichter sein als die Rätsel zu Bibern und Würmern, die wiederum einfacher sein mussten als die letzten um die Fische. Die verschiedenen Ebenen der Sendung sind so wichtig, weil sie es sind, die es den Kindern möglich machen, die Episoden vier oder fünf Mal zu sehen: mit jeder Wiederholung lernen sie mehr, erraten mehr, bis sie schließlich jede Antwort vorhersehen.

Nach dem Test setzte sich das Team von »Blue's Clues« zusammen und ging die Ergebnisse der Rätsel durch. 13 der 26 Kinder hatten erraten, dass Ameisenbären Ameisen fraßen, was kein guter Durchschnitt für die erste Frage war. »Wir wollen leicht anfangen«, sagte Wilder. Sie machten weiter, sahen ihre Papiere durch. Die Resultate der Fragen nach dem Verhalten von Bibern beunruhigten Wilder. Als ihnen ein Bild von einem Biber gezeigt worden war, hatten die Kinder bei der Frage: Was tut ein Biber? schlecht abgeschnitten, aber sehr gut bei der zweiten Frage (19 von 26), warum er es tut. »Das müssen wir auswechseln«, sagte Wilder. Sie wollte die leichtere Frage zuerst. Weiter zu den Fischfragen: Warum versteckte sich der kleine Fisch vor dem großen? Sherman blickte in ihre Notizen. »Ich habe da eine wunderbare Antwort gekriegt: ›Der kleine Fisch will den großen nicht erschrecken.‹ Deshalb hat er sich versteckt.« Sie lachten alle.

Schließlich kam die wichtigste Frage. War die Anordnung von Blues Hinweisen korrekt? Wilder und Gilman hatten die Hinweise in der Reihenfolge gezeigt, wie sie das Skript der Sendung vorsah: Eis, watscheln, dann schwarzweiß. Vier der siebzehn Kinder waren schon nach dem ersten Hinweis auf den Pinguin gekommen, sechs weitere nach dem zweiten und vier weitere nach dem dritten. Wilder wandte sich an Sherman, die ihre Hinweise in einer anderen Reihenfolge gegeben hatte: schwarzweiß, Eis, watscheln.

»Ich hatte bei neun Kindern keine einzige richtige Antwort nach dem ersten Hinweis«, berichtete sie. »Nach Eis war es eine, nach watscheln sechs von neun.«

»Watscheln war dein entscheidender Hinweis? Das scheint zu funktionieren«, antwortete Wilder. »Haben sie dazwischen auf viele andere Tiere getippt?«

»O ja«, sagte Sherman. »Nach dem ersten hatte ich Hunde, Kühe, Pandabären und Tiger. Nach Eis Eisbären und Pumas.«

Wilder nickte. Shermans Anordnung der Hinweise brachte die Kinder dazu, am Anfang der Sendung ein breites Spektrum an Möglichkeiten durchzugehen, hielt aber die Spannung bis zum Ende aufrecht. Die Reihenfolge, die das Skript vorsah, verriet die Antwort zu früh, gab also die Spannung preis. Sie hatten den Morgen mit einer Gruppe von Kindern verbracht, und sie hatten das bekommen, was sie wollten. Es war nur eine kleine Veränderung. Aber eine kleine Veränderung ist oft genau das, was gebraucht wird.

Die Definition der Verankerung, die sich aus diesen Beispielen ergibt, hat etwas an sich, was allen intuitiven Erwartungen zuwiderläuft. Wunderman vermied Werbung in der besten Werbezeit und kaufte Randzeiten ein, was eigentlich gegen jedes Prinzip der Reklame verstößt. Er lehnte auch die glatten »kreativen« Botschaften ab und nutzte lieber die scheinbar plumpe »Goldkisten«-Idee. Levanthal stellte fest, dass hartes Verkaufen – der Versuch, die Studenten so stark zu ängstigen, dass sie sich gegen Tetanus impfen ließen – nicht funktionierte, und dass es viel effektiver war, ihnen eine Karte an die Hand zu geben, die sie eigentlich nicht brauchten. »Blue's Clues« löste sich von der Cleverness und Originalität, die »Sesamstraße« zur beliebtesten Fernsehshow einer Generation gemacht hatten, und schuf eine langsame, buchstäbliche Show, die jede Episode fünf Mal hintereinander wiederholte.

Wir möchten alle gerne glauben, dass der Schlüssel zur Wirkung auf Menschen in der Qualität der Dinge oder Ideen liege, die wir präsentieren. Aber in keinem dieser Fälle wurde der Inhalt der Botschaft substanziell geändert. Es gab nur geringe Eingriffe: die Muppets wurden direkt hinter die Buchstaben gestellt, Big Bird trat zusammen mit realen Menschen auf, Episoden wurden öfter wiederholt, Steve pausierte nach jeder Frage ein wenig länger als gewöhnlich, eine kleine Schatzkiste wurde in eine Ecke der Anzeige platziert. Die Linie zwischen Ablehnung und Akzeptanz oder, um es anders auszudrücken, zwischen einer Epidemie, die den Tipping Point erreicht, und einer, die ins Leere läuft, ist oft sehr viel feiner, als wir glauben. Die Schöpfer der »Sesamstraße« gaben ihre Show nach dem Desaster von Philadelphia nicht auf. Sie fügten nur Big Bird hinzu, und er war das entscheidende Element. Howard Levanthal versuchte nicht, den Studenten noch erschreckendere Bilder von einer Tetanuserkrankung zu zeigen, sondern fügte nur eine Karte des Campus und die Öffnungszeiten des Gesundheitszentrums hinzu. Das Gesetz der Wenigen sagt, dass es ein paar ungewöhnliche Leute da draußen gibt, die eine Epidemie auslösen können. Man muss sie nur finden. Die Lehre der Verankerung ist dieselbe. Es gibt eine Methode, Information so zu verpacken, dass sie unwiderstehlich ist. Man muss sie nur finden.

VIER

DIE MACHT DER UMSTÄNDE
(Teil eins)

BERNIE GOETZ ODER AUFSTIEG UND FALL DES VERBRECHENS IN NEW YORK CITY

A m 22. Dezember 1984, dem Samstag vor Weihnachten, verließ Bernhard Goetz seine Wohnung in Manhattans Greenwich Village und ging zur U-Bahn-Station an der Ecke Fourteenth Street und Seventh Avenue. Er war ein schlanker Mann in
den späten Dreißigern, er hatte dunkelblonde Haare und trug
eine Brille. Gekleidet war er in Jeans und einen Anorak. Auf der
Station bestieg er den Downtown Express Nummer Zwei und
setzte sich neben vier junge schwarze Männer. In dem Wagen befanden sich etwa zwanzig Leute, aber sie hatten sich alle ins andere Ende des Wagens gesetzt, um möglichst weit weg von den
vier Jugendlichen zu sein, die, wie Augenzeugen später berichteten, »laut« und »aggressiv« waren. Goetz schien das nicht zu
bemerken. »Wie geht's?« fragte ihn einer der vier, Troy Canty,
als er hereinkam. Canty lag fast ganz ausgestreckt auf einer der
Sitzbänke. Er stand auf, trat mit einem zweiten der Teenager,
Barry Allen, auf Goetz zu und forderte ihn auf, ihm fünf Dollar
zu geben. Ein dritter Jugendlicher, James Ramseur, wies auf eine
verdächtig aussehende Wölbung seiner Jackentasche, als wollte
er andeuten, dass er eine Pistole bei sich trug.

»Was wollt ihr?« fragte Goetz.

»Gib mir fünf Dollar«, wiederholte Canty.

Goetz blickte auf und sah, wie er später aussagte, dass Cantys
»Augen glänzten, und er offensichtlich Spaß daran hatte ... Er
hatte ein breites Grinsen im Gesicht«, und dieses Grinsen brachte ihn zu dem, was er dann tat. Goetz griff in die Tasche, zog eine
verchromte, fünfschüssige Smith & Wesson .38 und schoss auf
die Jugendlichen, auf einen nach dem anderen. Als der Vierte der
Gruppe, Darrell Cabey, schreiend am Boden lag, ging Goetz zu
ihm hinüber und sagte: »Dir scheint es ja noch ganz gut zu gehen, hier ist noch eine«, und schoss ihm die fünfte Kugel in den
Rücken. Cabey blieb lebenslang gelähmt.

In dem Tumult zog jemand die Notbremse. Die anderen Fahrgäste liefen in den nächsten Wagen. Nur zwei vor Panik starre Frauen blieben zurück. »Ist alles in Ordnung?« fragte Goetz die erste höflich. Ja, antwortete sie. Die zweite Frau lag auf dem Fußboden. Goetz sollte denken, dass sie tot sei. »Alles in Ordnung?« fragte Goetz sie zwei Mal. Sie nickte. Der Schaffner, der inzwischen in den Wagen gekommen war, fragte Goetz, ob er Polizist sei.

»Nein«, sagte Goetz. »Ich weiß nicht, warum ich das getan habe.« Pause. »Sie wollten mich berauben.«

Der Schaffner forderte Goetz auf, ihm die Waffe zu geben. Goetz lehnte das ab. Er ging durch die Tür am Kopfende des Wagens, hakte die Sicherheitskette auf und sprang hinunter auf die Gleise. Dann verschwand er im Dunkel des U-Bahn-Schachts.

In den folgenden Tagen wurde die Schießerei in der U-Bahn zu einer nationalen Sensation. Es stellte sich heraus, dass die vier Jugendlichen alle vorbestraft waren. Cabey war zuvor wegen bewaffneten Raubüberfalls festgenommen worden, Canty wegen Diebstahls. Drei von ihnen hatten Schraubenzieher in der Tasche. Sie schienen die Verkörperung jenes jungen Schlägertyps zu sein, den fast alle Städter fürchten, und der geheimnisvolle Schütze, der sie niedergestreckt hatte, erschien ihnen wie ein Racheengel. Die Boulevardzeitungen nannten Goetz den »U-Bahn-Vigilanten« und stellten ihn als den Mann dar, der die Vergeltungsträume der Massen realisiert hatte. In Call-In-Radiosendungen und auf der Straße wurde er als Held dargestellt, als ein Mann, der die geheimen Fantasien jedes New Yorkers, der jemals in der U-Bahn eingeschüchtert, überfallen oder angegriffen worden war, verwirklicht hatte.

Am letzten Tag des Jahres ging Goetz auf ein Polizeirevier in New Hampshire und stellte sich. Als er der Polizei in New York übergeben wurde, veröffentlichte die *New York Post* zwei Bilder auf der Titelseite: das eine zeigte Goetz, in Handschellen, den Kopf gesenkt, von Polizeioffizieren ins Gefängnis geführt; das andere zeigte Troy Canty – schwarz, trotzig, die Augen drohend zusammengekniffen, die Arme verschränkt –, wie er aus dem Krankenhaus entlassen wurde. Die Schlagzeile lautete: »In Handschellen abgeführt, während der Täter freikommt.« Bei seinem Prozess wurde Goetz von der Anklage der Körperverletzung und versuchten Mordes freigesprochen. Vor dem Haus, in dem er wohnte, fand am Abend des Urteils ein spontanes Straßenfest statt.[33]

I.

Der Fall Goetz ist zu einem Symbol eines besonderen und dunklen Moments in der Geschichte von New York geworden, des Moments, als das Verbrechen in der Stadt epidemische Ausmaße erreichte. In den achtziger Jahren verzeichnete New York City im Durchschnitt deutlich mehr als 2000 Morde und 600.000 Schwerverbrechen im Jahr. Unter der Erde, in der U-Bahn, herrschte ein Zustand, der nur als chaotisch zu beschreiben war. Bevor Bernie Goetz an jenem Tag in den U-Bahn-Zug stieg, hatte er auf einem nur dürftig beleuchteten Bahnsteig warten müssen, umgeben von dunklen, feuchten, graffitibeschmierten Wänden. Sein Zug hatte sehr wahrscheinlich Verspätung, denn im Jahre 1984 brach durchschnittlich einmal am Tag im U-Bahn-System der Stadt Feuer aus. Mindestens jede zweite Woche entgleiste ein Zug. Fotos des Tatorts machen deutlich, dass Goetz in einem schmutzigen Wagen saß, der Fußboden war übersät von Abfällen, und die Wände und die Decke waren von Graffiti bedeckt. Das war nichts Ungewöhnliches, denn 1984 war buchstäblich jeder Zug der Transit Authority-Flotte mit Ausnahme des Midtown-Shuttle graffitibedeckt – von oben bis unten, drinnen und draußen. Im Winter waren die meisten Wagen kalt, da nur wenige über eine funktionierende Heizung verfügten. Sie hatten auch keine Klimaanlagen, so dass sie im Sommer erstickend heiß waren. Heute beschleunigt der Zug auf über

70 Stundenkilometer, wenn er auf den Express-Stopp an der Chambers Street zu fährt. Goetz' Zug war sehr viel langsamer, da die Gleiskörper so sehr gelitten hatten, dass auf etwa 500 Streckenteilen des U-Bahn-Systems die Geschwindigkeit auf 25 Stundenkilometer herabgesetzt werden musste. Das Schwarzfahren war so verbreitet, dass die Transit Authority geschätzte 150 Millionen Dollar im Jahr verlor. Jedes Jahr geschahen in U-Bahn-Zügen und auf den Bahnhöfen etwa 15.000 Verbrechen – eine Zahl, die bis zum Ende des Jahrzehnts 20.000 erreichte. Die Belästigung der Fahrgäste durch aggressive Bettelei und Kleinkriminelle war so verbreitet, dass die Fahrgastzahl auf den niedrigsten Stand in der Geschichte des U-Bahn-Systems gesunken war. William Bratton, der später eine Schlüsselrolle in New Yorks erfolgreichem Kampf gegen die Kriminalität spielen sollte, schreibt in seiner Autobiografie über den Schock, als er nach Jahren in Boston zum ersten Mal mit einer U-Bahn in New York fuhr:

> Nachdem ich in einer endlos scheinenden Schlange darauf gewartet hatte, eine Fahrmünze zu bekommen, versuchte ich sie in die Drehkreuzsperre zu stecken, stellte aber fest, dass der Schlitz absichtlich mit Münzen blockiert worden war. Ein ziemlich abgerissener Mann hielt ein Tor offen, durch das wir auf den Bahnsteig gehen konnten, aber er wollte dafür Kleingeld. Er hatte wahrscheinlich auch die Drehkreuze blockiert. Unterdessen ging einer seiner Leute von Drehkreuz zu Drehkreuz und versuchte mit dem Mund, die Münzen herauszusaugen, wobei er reichlich Spucke hinterließ. Niemand hatte den Mut, sich mit diesen Typen anzulegen. Andere Bürger krochen unter dem Drehkreuz durch oder sprangen hinüber. Es war wie der Eingang zu Dantes *Inferno*.

Das war New York in den achtziger Jahren, eine Stadt im Griff einer der schlimmsten Verbrechensepidemien ihrer Geschichte. Aber dann, ganz plötzlich und ohne Vorwarnung, kippte die

Epidemie. Von ihrem Höchststand im Jahre 1990 fiel die Verbrechensrate steil ab. Morde fielen um zwei Drittel. Verbrechen halbierten sich. Auch andere Städte erlebten ein Abflachen der Verbrechensrate, aber in keiner fiel die Gewalttätigkeit schneller und auf eine tiefere Ebene. Am Ende der neunziger Jahre gab es im U-Bahn-System 75 Prozent weniger Verbrechen als am Anfang des Jahrzehnts. 1996, als Goetz in einem Zivilverfahren, das Darrell Cabey angestrengt hatte, zum zweiten Mal vor Gericht stand, wurde der Fall von der Presse kaum beachtet, und Goetz selbst schien eine Art Anachronismus zu sein. Jetzt, da New York die sicherste Großstadt in den Vereinigten Staaten geworden war, fiel es schwer, sich daran zu erinnern, wofür Goetz einst gestanden hatte. Es war einfach unvorstellbar geworden, dass jemand in der U-Bahn eine Pistole zog und Leute über den Haufen schoss, und dafür als Held gefeiert wurde.[34]

2.

Der Gedanke, das Verbrechen als Epidemie zu betrachten, ist zugegebenermaßen ein wenig seltsam. Wir reden von »Gewaltepidemien« oder Verbrechenswellen, aber wir glauben nicht wirklich daran, dass die Kriminalität denselben Regeln folgt wie die Verbreitung von Hush Puppies oder Paul Reveres Ritt. Diese Epidemien drehten sich um recht einfache Dinge – um ein Produkt und um eine Botschaft. Das Verbrechen aber ist kein fassbares Phänomen, sondern ein Begriff, der gebraucht wird, um eine unendlich facettenreiche und komplizierte Form des Verhaltens zu umschreiben. Kriminelle Akte haben ernste Folgen. Sie erfordern den Willen des Gesetzesbrechers, sich selbst in große persönliche Gefahr zu bringen. Wenn man von jemandem sagt, er sei ein Krimineller, so sagt man im Grunde, er oder sie sei böse oder gewalttätig oder gefährlich oder unehrlich oder labil oder besitze irgendeine Kombination dieser Eigenschaften. Keine von ihnen stellt indessen einen psychologischen Zustand dar, der beiläufig von einer Person auf eine andere übertragbar wäre. Verbrecher scheinen also, anders ausgedrückt, nicht gerade Leute zu sein, die vom ansteckenden Atem einer Epidemie erfasst werden könnten. Aber irgendwie scheint genau dies in New York geschehen zu sein. Schließlich hat New York in der ersten Hälfte der neunziger Jahre keine andere Bevölkerung bekommen. Und es ist auch niemand in die Straßen hinausgegangen und hat möglichen Gesetzesbrechern den Unterschied zwischen Richtig und Falsch nahe gebracht. Es gab genauso viele psychisch labile und zur Kriminalität neigende Menschen in der Stadt, als die Verbrechenswelle ihren höchsten Kamm aufwarf, wie zu der Zeit, als sie das Wellental erreichte. Aber aus irgendeinem Grund hörten Zehntausende von Leuten plötzlich auf, Verbrechen zu begehen. 1984 führte eine Begegnung zwischen einem zornigen U-Bahn-Fahrgast und vier schwarzen Jugendlichen zum Blutvergießen. Heute löst eine solche Begegnung keine Gewalttätigkeit mehr aus. Wie ist das zu Stande gekommen?

Die Antwort liegt im dritten Prinzip der epidemischen Übertragung, der Macht der Umstände. Das Gesetz der Wenigen nahm die Menschen unter die Lupe, die für die Verbreitung einer Information von entscheidender Bedeutung sind. Das Kapitel über die »Sesamstraße« und »Blue's Clues« hatte den Begriff der Verankerung zum Gegenstand und argumentierte, dass Ideen sich einprägen und uns zum Handeln bringen müssen, wenn sie in der Lage sein sollen, Epidemien auszulösen. Wir haben die Leute betrachtet, die Ideen verbreiten, und wir haben uns die wesentlichen Züge von erfolgreichen Ideen angesehen. Aber das Thema dieses Kapitels – die Macht der Umstände – ist nicht weniger wichtig als die ersten beiden. Epidemien hängen von den Bedingungen und Umständen der Zeit und des Ortes ihres Geschehens ab. In Baltimore verbreitete sich die Syphilis im Sommer sehr viel stärker als im Winter. Die Hush Puppies wurden plötzlich zum letzten Schrei, weil sie von jungen Leuten der modischen Avantgarde im East Village getragen wurden – einer

Umgebung, die andere dazu brachten, die Schuhe in einem neuen Licht zu sehen. Man könnte sogar behaupten, dass der Erfolg von Paul Reveres Ritt damit zu tun hatte, dass er nachts gemacht wurde. Nachts sind die Leute zu Hause, im Bett, was sie viel erreichbarer macht als tagsüber, wenn sie auf den Feldern arbeiten oder irgendwo unterwegs sind. Und wenn uns jemand aufweckt, um uns etwas zu sagen, gehen wir automatisch davon aus, dass es eine dringende Nachricht sein muss. Man kann nur spekulieren, wie ein »Nachmittagsritt« von Paul Revere dagegen abgeschnitten hätte.

Soweit, denke ich, ist das relativ einfach. Aber die Lehre der Macht der Umstände besteht darin, dass wir nicht einfach nur empfindlich sind für eine Veränderung der Umstände. Wir sind ganz außerordentlich empfindlich dafür. Und die Formen jener Veränderungen unserer Umwelt, die in der Lage sind, eine Epidemie auszulösen, sind ganz andere, als wir normalerweise vermuten würden.

3.

Im Laufe der neunziger Jahre sank die Verbrechensrate in den Vereinigten Staaten aus einer Reihe von relativ klaren Gründen. Der illegale Handel mit Crack-Kokain, der eine Welle der Gewalt unter Banden und Drogenhändlern ausgelöst hatte, ging langsam zurück. Die dramatische Konjunkturerholung hatte auch zur Folge, dass viele Leute, die sonst den Verlockungen der Kriminalität erlegen wären, legale Jobs annahmen. Und schließlich bedeutete das steigende Durchschnittsalter der Bevölkerung, dass es einfach weniger Menschen in jenem Altersbereich gab – Männer zwischen achtzehn und vierundzwanzig –, der für die Mehrheit aller Straftaten verantwortlich ist.

Die Frage, warum die Kriminalität in New York City zurückging, ist indessen ein wenig komplizierter. In dem Zeitraum, als die Verbrechensepidemie in New York kippte, hatte sich die

Wirtschaftslage der Stadt noch gar nicht verbessert. Die Ökonomie stagnierte. Die ärmsten Viertel der Stadt waren sogar gerade von den Sparmaßnahmen der frühen neunziger Jahre im Bereich der Sozialhilfe hart getroffen worden. Das Nachlassen der Crack-Epidemie in New York war eindeutig ein Faktor, aber andererseits war sie schon lange, bevor die Kriminalität sank, im Abnehmen begriffen gewesen. Was das Altern der Bevölkerung anging, so wurde die Stadt durch die starke Einwanderung der achtziger Jahre in den Neunzigern nicht älter, sondern jünger. In jedem Fall sind all diese Trends langfristige Veränderungen, die nur allmähliche Effekte haben können. Aber in New York war der Niedergang der Kriminalitätsrate alles andere als allmählich. Mit Gewissheit spielte etwas anderes bei der Umkehr von New Yorks Verbrechensepidemie eine entscheidende Rolle.[35]

Der faszinierendste Kandidat für dieses »Andere« nennt sich die »Zerbrochene Fenster-Theorie«. Die zerbrochenen Fenster waren das geistige Kind der Kriminologen James Q. Wilson und George Kelling.[36] Wilson und Kelling behaupteten, dass Kriminalität die unvermeidliche Folge von Unordnung sei. Wenn ein Fenster zerbrochen ist und nicht repariert wird, werden die Leute in der Umgebung daraus schließen, dass sich niemand darum kümmert und niemand aufpasst. Bald werden weitere Fenster zerbrochen sein, und ein Gefühl der Anarchie wird von dem Gebäude auf die Straße ausstrahlen, ein Signal dafür, dass man hier machen kann, was man will. In der Stadt sind relativ kleine Probleme wie Graffiti, öffentliche Unordnung und aggressives Betteln, so schreiben sie, das Äquivalent zerbrochener Fenster, eine Einladung für schwerere Verbrechen:

> Raubüberfälle und Diebstähle, ob sie nun opportunistisch geschehen oder professionell, erscheinen den Tätern weniger riskant, wenn sie auf Straßen stattfinden, wo die potenziellen Opfer bereits von den bestehenden Bedingungen eingeschüchtert sind. Wenn die Nachbarschaft es nicht schafft, einen aggressiven Bettler daran zu hindern, die Passanten zu

belästigen, wird der Dieb sich denken, dass es noch unwahrscheinlicher ist, dass die Menschen die Polizei rufen, um einen Raubüberfall zu verhindern.

Dies ist eine epidemische Theorie des Verbrechens. Sie sagt aus,
dass Verbrechen ansteckend ist – genauso, wie ein Modetrend
ansteckend sein kann –, dass es mit einem zerbrochenen Fenster
beginnt und sich dann auf eine ganze Nachbarschaft ausbreiten kann. Der Tipping Point dieser Epidemie aber liegt nicht in
einem bestimmten Menschentyp – einem Vermittler wie Lois
Weisberg oder einem Kenner wie Mark Alpert. Er ist hier etwas
Physisches – wie Graffiti. Der Impetus, ein bestimmtes Verhalten anzunehmen, geht nicht von einer Person aus, sondern von
den Bedingungen der urbanen Umwelt.

Mitte der achtziger Jahre wurde Kelling von der New York
Transit Authority als Consultant angeheuert, und er brachte die
Betreiber der U-Bahn dazu, die Zerbrochene Fenster-Theorie
anzuwenden. Sie stellten einen neuen Direktor der U-Bahn namens David Gunn ein, der ein neuaufgelegtes Multimilliarden-
Programm zur Erneuerung des U-Bahn-Systems beaufsichtigen
sollte. Viele Leute sagten Gunn damals, er solle sich nicht um
solche Kleinigkeiten wie Graffiti kümmern, sondern sich lieber
auf die größeren Fragen der Kriminalität und der Zuverlässig-
keit des U-Bahn-Betriebs konzentrieren, und das schien damals
ein vernünftiger Rat. Sich um Graffiti Sorgen zu machen, wenn
das ganze System nahe am Zusammenbruch war, schien so sinnlos zu sein, wie die Decks der Titanic zu schrubben, während sie
auf den Eisberg zulief. Aber Gunn bestand darauf. »Die Graffiti symbolisierten den Zusammenbruch des Systems«, sagt er.
»Wenn wir einen Wiederaufbau des Systems und eine bessere
Arbeitsmoral der Angestellten wollten, mussten wir die Schlacht
gegen die Graffiti gewinnen. Wenn wir diese Schlacht nicht gewannen, waren alle Reformen des Managements und alle phy-
sischen Veränderungen umsonst. Wir waren dabei, neue Züge
rauszubringen, die pro Stück zehn Millionen wert waren, und

wenn wir die nicht schützten, würden sie, das wussten wir genau, einen Tag halten, bevor sie demoliert wurden.«

Gunn schuf eine neue Leitungsstruktur und stellte einen präzisen Satz von Zielen und Zeitplänen auf, die eine Säuberung und Instandsetzung des Systems Linie um Linie, Zug um Zug, vorsahen. Er begann mit den Nummer Sieben-Zügen, die Queens mit Midtown-Manhattan verbinden, und experimentierte mit neuen Techniken, um die Graffiti zu entfernen. An den unbemalten Stahlwagen wurden Farblöser benutzt, an den farbigen Wagen wurden die Graffiti übermalt. Gunn machte es zu einer Regel, dass es kein Zurückweichen geben durfte. Wenn ein Wagen einmal »wiederhergestellt« war, durfte es darin oder daran keinen Vandalismus mehr geben. »Wir hatten da einen geradezu religiösen Eifer«, sagte Gunn. Am Ende der Linie Eins in der Bronx, wo die Züge halten, bevor sie wenden und zurück nach Manhattan fahren, baute Gunn seine »Säuberungsstation« auf. Wenn ein Wagen mit Graffiti hereinkam, mussten diese während des Halts entfernt oder der Wagen aus dem Dienst gezogen werden. »Dreckige« Wagen, die noch nicht von den Graffiti befreit waren, durften niemals mit »sauberen« Wagen vermischt werden. Der Gedanke war, den Vandalen selbst eine eindeutige Botschaft zu schicken.

»Wir hatten eine Bahnwerkstatt an der 135. Straße in Harlem, wo die Züge über Nacht standen«, sagte Gunn. »Die Jungs kamen in der ersten Nacht, um die Waggonwand weiß zu streichen. Dann kamen sie in der folgenden Nacht wieder, als die weiße Farbe getrocknet war, und zeichneten den Umriss. Dann kamen sie in der dritten Nacht, um die Farben reinzumalen. Es war ein Drei-Tage-Job. Wir wussten, dass sie da waren, und wir warteten, bis sie fertig waren. Dann gingen wir mit Rollen hin und übermalten das Ganze. Denen standen die Tränen im Gesicht, aber wir übermalten alles, rauf und runter. Wir mussten ihnen das klar machen. Wenn ihr drei Nächte damit verbringen wollt, einen Zug anzumalen, gut. Aber eure Arbeit wird nie das Tageslicht sehen.«

Gunns Graffiti-Säuberung dauerte von 1984 bis 1990. Zu diesem Zeitpunkt heuerte die Transit Authority William Bratton als Chef der Transit Police an, und die zweite Phase in der Wiederherstellung des New Yorker U-Bahn-Systems begann. Bratton war wie Gunn ein Anhänger der zerbrochenen Fenster. Er bezeichnet Kelling sogar als seinen intellektuellen Mentor, und daher erschien sein erster Schritt als Polizeichef ebenso als eine Donquichoterie wie der Gunns. Angesichts einer Verbrechensrate in der U-Bahn, die auf einem historischen Höhepunkt war, entschloss sich Bratton zu einer scharfen Strafaktion gegen Schwarzfahrer. Warum? Weil er glaubte, dass Schwarzfahren, genau wie Graffiti, ein Signal war, ein Ausdruck von Unordnung, der zu viel schwereren Vergehen einlud. Man schätzte, dass etwa 170.000 Leute am Tag die U-Bahn benutzten, ohne zu zahlen. Einige davon waren Jugendliche, die einfach über die Drehkreuze sprangen. Andere lehnten sich mit dem Rücken gegen die Kreuze und schoben, bis sie nachgaben, und sie sich hindurchdrücken konnten. Und wenn erst einmal zwei oder drei Leute zeigten, dass man damit durchkam, schlossen sich ihnen andere Leute an – die sonst vielleicht nie daran gedacht hätten, gegen das Gesetz zu verstoßen –, weil sie nicht einsahen, dass sie zahlen sollten, wo andere umsonst fuhren. Damit wuchs das Problem wie eine Lawine an. Es wurde dadurch verschärft, dass es nicht einfach ist, gegen Schwarzfahrer vorzugehen. Da es nur um 1,25 Dollar ging, hatte die Transit Police das Gefühl, die Verfolgung lohne sich nicht, vor allem, da es reichlich ernste Verbrechen auf den Bahnsteigen und in den Wagen gab.

Bratton ist ein lebhafter, charismatischer Mann, ein geborener Anführer, und er machte sehr schnell deutlich, dass er etwas erreichen wollte. Sein Frau blieb in Boston, so dass er bis in die Abende hinein arbeiten konnte, und er streifte nachts mit der U-Bahn durch die Stadt, um ein Gefühl dafür zu bekommen, wo die Probleme lagen und wie man sie am besten bekämpfen konnte. Er begann damit, dass er Stationen auswählte, in denen das Schwarzfahren das größte Problem geworden war, und setzte dort bis zu zehn Polizisten in Zivil ein. Das Polizeiteam schnappte sich jeden einzelnen Schwarzfahrer, legte sie in Handschellen und ließ sie in einer Reihe auf dem Bahnsteig stehen, bis sie einen »vollen Fang« hatten. Das sollte ein deutliches und wirksames Signal dafür sein, dass die Transit Police das Schwarzfahren jetzt ernsthaft verfolgte. Zuvor hatten die Polizisten wenig Lust gezeigt, Schwarzfahrer zu verfolgen, weil sie sie festnehmen, zum Revier bringen und die dazugehörigen Papiere ausfüllen mussten – eine Aufgabe, die manchmal einen ganzen Tag kostete und sich für ein so geringfügiges Vergehen einfach nicht lohnte. Bratton ließ einen Linienbus umbauen und verwandelte ihn in ein rollendes Revier mit eigenen Faxmaschinen, Telefonen, einer Zelle und Einrichtungen zur Abnahme der Fingerabdrücke. Auf die Weise verringerte er den Zeitaufwand für eine Festnahme auf eine Stunde. Bratton bestand auch darauf, dass alle Festgenommenen gründlich überprüft wurden. Und tatsächlich stellte sich heraus, dass einer von sieben Schwarzfahrern wegen eines anderen Delikts gesucht wurde. Einer von zwanzig trug eine Waffe. Plötzlich war es nicht mehr schwierig, die Polizisten davon zu überzeugen, dass die Verfolgung von Schwarzfahrern sinnvoll war. »Für die Cops war es eine Goldmine«, schreibt Bratton. »Jede Festnahme war wie eine Wundertüte. Was für ein Spielzeug krieg ich? Eine Kanone? Ein Messer? Gibt's einen Haftbefehl? Haben wir hier einen Mörder? ... Nach einer Weile begriffen die Typen das, ließen die Waffen zu Hause und zahlten für die Fahrt.« In den ersten Monaten von Brattons Amtsführung verdreifachte sich die Zahl der Rauswürfe aus U-Bahn-Stationen wegen Trunkenheit oder auffälligen Benehmens. Festnahmen wegen Erregung öffentlichen Ärgernisses – jener kleineren Vergehen, die in der Vergangenheit kaum beachtet worden waren – stiegen zwischen 1990 und 1994 um das Fünffache. Bratton verwandelte die Transit Police in eine Organisation, die noch die geringsten Übertretungen ahndete, die jedes Detail des Lebens unter der Erde beobachtete.

Nachdem Rudolph Giuliani 1994 die Bürgermeisterwahlen

von New York City gewonnen hatte, ernannte er Bratton zum Chef des New York City Police Department. Bratton ging nun daran, dieselben Strategien auf die ganze Stadt anzuwenden. Er wies seine Polizisten an, vor allem gegen jene Übertretungen strikt vorzugehen, die die Lebensqualität in New York beeinträchtigten: die »squeegee men« zum Beispiel, die an belebten Straßenkreuzungen ungefragt Windschutzscheiben putzten und dafür Kleingeld verlangten und all die anderen überirdischen Entsprechungen des Schwarzfahrens und Graffitimalens. »Die Polizeiführungen vor uns waren immer durch Einschränkungen behindert gewesen, sie hatten wie in Handschellen arbeiten müssen«, sagt Bratton. »Wir nahmen die Handschellen ab. Wir wendeten die Gesetze gegen öffentliche Trunkenheit und Urinieren in der Öffentlichkeit schärfer an und nahmen Wiederholungstäter fest, auch Leute, die Flaschen auf die Straße warfen oder geringfügige Schäden am Eigentum anderer verursachten ... Wer auf der Straße pinkelte, ging in den Knast.«

Als die Kriminalität in der Stadt abnahm – und zwar genauso schnell und dramatisch wie in der U-Bahn –, verwiesen Bratton und Giuliani auf dieselbe Ursache. Kleinere, scheinbar unbedeutende Lebensqualitäts-Vergehen, sagten sie, waren Tipping Points für Gewalttätigkeit und Verbrechen.

Die Zerbrochene Fenster-Theorie und die Macht der Umstände sind ein und dasselbe. Beide beruhen auf der Prämisse, dass eine Epidemie gestoppt werden kann, wenn man an kleinen Details der unmittelbaren Umgebung herumbastelt. Dies ist, wenn man darüber nachdenkt, eine ziemlich radikale Idee. Man denke zum Beispiel an die Begegnung zwischen Bernie Goetz und den vier schwarzen Jugendlichen in der U-Bahn: Allen, Ramseur, Cabey und Canty. Mindestens zwei von ihnen standen zum Zeitpunkt des Geschehens unter Drogeneinfluss. Sie kamen alle vier aus dem Claremont Village Housing Project, einer trostlosen Sozialwohnungsgegend in einem der schlimmsten Viertel der südlichen Bronx. Cabey war zu der Zeit angeklagt, an einem bewaffneten Raubüberfall teilgenommen zu haben.

Canty war schon einmal verhaftet worden, weil er Diebesgut bei sich hatte. Allen war wegen versuchter Körperverletzung verhaftet worden. Allen, Canty und Ramseur waren auch wegen kleinerer Vergehen vorbestraft, von kriminellem Unfug bis zu Taschendiebstahl. Zwei Jahre nach der Goetz-Schießerei wurde Ramseur wegen Vergewaltigung, Raub, sexuellem Missbrauch, Körperverletzung, illegalem Waffenbesitz und Besitz von gestohlenem Eigentum zu 25 Jahren Gefängnis verurteilt. Niemand kann überrascht sein, wenn solche Leute in eine gewalttätige Auseinandersetzung geraten.

Und dann ist da Goetz. Er tat etwas vollkommen Anomales. Weiße Akademiker schießen in der Regel nicht auf schwarze junge Männer in der U-Bahn. Aber wenn man ihn genauer betrachtet, erweist er sich als der Typus Mensch, der zur Gewalttätigkeit neigt. Sein Vater war ein autoritärer Mann von mürrischem Temperament, und Goetz war oft das Opfer seines Zorns. In der Schule wurde er von den Klassenkameraden gehänselt und verhöhnt, er war immer der Letzte, wenn im Sport eine Mannschaft gewählt wurde. Er war ein einsames Kind, das oft in Tränen von der Schule nach Hause ging. Nachdem er das College absolviert hatte, arbeitete er in einer Werft von Westinghouse, die Unterseeboote mit Nuklearantrieb herstellte. Aber er hielt es da nicht lange aus. Ständig lag er im Konflikt mit seinen Vorgesetzten, weil er Schlamperei und Ungenauigkeit nicht ertragen konnte. Das ging so weit, dass er Firmen- und Gewerkschaftsregeln brach und Arbeiten verrichtete, die er nach seinem Vertrag nicht hätte übernehmen dürfen. Er kaufte ein Apartment in der Fourteenth Street in Manhattan, in der Nähe der Sixth Avenue, eine Gegend, die damals mit Obdachlosen und Drogenhändlern zu kämpfen hatte. Einer der Pförtner des Gebäudes, mit dem Goetz gut bekannt war, wurde überfallen und schwer zusammengeschlagen. Goetz war besessen davon, in seiner Nachbarschaft aufzuräumen. Er beschwerte sich endlos über einen leerstehenden Kiosk in der Nähe seines Hauses, der von den Obdachlosen als Abfalltonne benutzt wurde und nach

Urin stank. Eines Nachts brannte der Kiosk ab, und am nächsten Tag sah man Goetz mit einem Besen auf der Straße, dabei, die Reste wegzufegen. Bei einem der Nachbarschaftstreffen sagte er in die schockierte Runde: »Wir werden diese Straße nur aufräumen können, wenn wir die Spics und die Nigger loswerden.«

1981 wurde Goetz von drei schwarzen Jugendlichen überfallen, als er eines Nachmittags die Canal Street-Station betrat. Er kehrte um und rannte los, die drei verfolgten ihn. Sie holten ihn ein, raubten ihm ein elektronisches Gerät, das er bei sich trug, schlugen ihn und warfen ihn gegen eine Glastür. Er trug eine bleibende Verletzung am Brustkorb davon. Mit der Hilfe eines zufällig dazukommenden Arbeiters der Stadtreinigung gelang es ihm, einen der Angreifer zu überwältigen. Aber die Erfahrung verbitterte ihn. Er musste sechs Stunden auf dem Revier verbringen, um der Polizei den Vorgang zu erklären, während der Angreifer schon nach zwei Stunden entlassen wurde und schließlich nur wegen eines Vergehens angeklagt wurde. Er beantragte einen Waffenschein, was die Behörde ablehnte. Im September 1984 starb sein Vater. Drei Monate später setzte er sich in der U-Bahn neben vier schwarze Jugendliche und schoss um sich.

Kurz gesagt, er war ein Mann mit einem Autoritätsproblem, er hatte das Gefühl, dass das System nicht funktionierte, er war vor kurzem überfallen und erniedrigt worden. Lilliam Rubin, die eine Biografie über Goetz verfasste, schrieb, dass er sich die Wohnung in der Fourteenth Street nicht zufällig aussuchte. »Für Bernie«, schrieb sie, »schien etwas Verführerisches von dieser Gegend auszugehen. Gerade wegen ihrer Defizite lieferte sie einen fassbaren Gegenstand für den Zorn, den er in sich trug. Indem er seine Wut auf ein äußeres Objekt projizierte, brauchte er sich mit seinem inneren Problem nicht auseinanderzusetzen. Er schimpfte auf den Schmutz, den Lärm, die Alkoholiker, das Verbrechen, die Dealer, die Junkies. Und alles mit gutem Grund.« Goetz' Kugeln, schließt Rubin, »galten Zielen, die ebenso sehr in seiner Vergangenheit existierten wie in der Gegenwart.«

Wenn man sich vor diesem Hintergrund überlegt, was in dem Nummer Zwei-Zug geschah, nimmt die Schießerei fast unvermeidliche Züge an. Vier jugendliche Schläger bedrohen einen Mann mit offensichtlichen psychischen Problemen. Dass die Schießerei in der U-Bahn geschah, scheint dabei unerheblich. Goetz hätte auf die vier auch geschossen, wenn sie einander in einem Burger King begegnet wären. Die meisten förmlichen Erklärungen, die wir für kriminelles Verhalten zur Verfügung haben, folgen derselben Logik. Psychiater schildern Kriminelle als Leute mit einer gehemmten psychischen Entwicklung, Leute, die pathologische Beziehungen zu ihren Eltern haben, die keine adäquaten Vorbilder hatten. Und es gibt neuere Literatur, die davon ausgeht, dass bestimmte Individuen genetisch auf Kriminalität angelegt sind. Auf der populäreren Seite finden sich große Mengen von Büchern, meist von Konservativen verfasst, die das Verbrechen als Folge der moralischen Schwäche unserer Gesellschaft, der Schulen und der Eltern darstellen. Alle diese Theorien haben eines gemeinsam: Sie sagen aus, dass der Kriminelle eine bestimmte Persönlichkeitsstruktur besitzt – er ist ein Mensch, der gegen die Normen der zivilisierten Gesellschaft unempfindlich ist. Leute mit einer gehemmten oder unterentwickelten Psyche sind nicht in der Lage, normale Beziehungen zu ihrer Umwelt aufzubauen. Leute mit einer genetischen Prädisposition für gewalttätiges Verhalten geraten außer Kontrolle, wenn normale Menschen ruhig bleiben. Leute, denen der Unterschied zwischen Gut und Böse in ihrer Kindheit und Jugend nicht klar gemacht worden ist, vermögen auch ihr Verhalten nicht zu steuern. Leute, die arm, vaterlos und vom Rassismus der Gesellschaft gezeichnet aufwachsen, kennen keine Verpflichtung auf soziale Normen, die für jene aus gesunden Mittelschichtsfamilien selbstverständlich ist. Bernie Goetz und die vier Delinquenten in der U-Bahn waren in diesem Sinne Gefangene ihrer eigenen dysfunktionalen Welt.

Aber was sagen die zerbrochenen Fenster und die Macht der Umstände dazu? Das genaue Gegenteil. Sie sagen, dass der Kriminelle – weit davon entfernt, jemand zu sein, der aus fundamentalen, inneren Gründen handelt und in einer eigenen Welt lebt – in Wirklichkeit jemand ist, der auf seine Umwelt außerordentlich sensibel reagiert. Er nimmt die Signale seiner Umgebung auf, und es ist seine Wahrnehmung dieser Signale, die ihn zum Verbrechen treibt. Das ist eine sehr radikale – und in gewissem Sinne unglaubliche – Theorie. Und eine noch radikalere Dimension kommt hinzu. Die Theorie von der Macht der Umstände sagt aus, dass menschliches Verhalten eine Funktion des gesellschaftlichen Kontextes ist. Aber das ist ein anderer sozialer Kontext als der, den linke Theoretiker in den sechziger Jahren im Auge hatten, wenn sie über die Bedeutung fundamentaler gesellschaftlicher Faktoren sprachen. Das Verbrechen, argumentierten sie, sei Resultat sozialer Ungerechtigkeit und struktureller wirtschaftlicher Ungleichheit. Es werde verursacht durch Arbeitslosigkeit, Rassismus, durch Jahrzehnte institutioneller und sozialer Vernachlässigung. Wollte man also die Kriminalität bekämpfen, musste man im Grunde die Gesellschaft verändern. Aber die Theorie von der Macht der Umstände sagt aus, dass es kleine Dinge sind, auf die es wirklich ankommt. Die Theorie von der Macht der Umstände sagt, dass der »Showdown« in der U-Bahn zwischen Bernie Goetz und jenen vier Jugendlichen sehr wenig mit der pathologischen Veranlagung von Goetz und mit dem sozialen Hintergrund von Armut und Verwahrlosung der vier Jugendlichen, die ihn ansprachen, zu tun hatte. Er hatte aber alles zu tun mit den Signalen, die die Graffiti an den Wänden und die Unordnung an den Drehkreuzen ausstrahlten. Die Theorie von der Macht der Umstände behauptet, dass man nicht die großen Probleme der Gesellschaft lösen muss, um das Verbrechen zu bekämpfen. Man kann Verbrechen verhindern, indem man die Graffiti entfernt und Schwarzfahrer verhaftet. Verbrechensepidemien haben ebenso einfache und klare Tipping Points wie die Syphilis in Philadelphia oder ein Modetrend wie die Hush Puppies. Das habe ich gemeint, als ich die Macht der Umstände eine radikale Theorie nannte. Giuliani und Bratton, weit davon entfernt, die Konservativen zu sein, als die sie gemeinhin gelten, stellen in der Frage der Verbrechensbekämpfung im Gegenteil die denkbar liberalste Position dar, eine Position, die so extrem ist, dass sie kaum akzeptabel erscheint. Wie kann es sein, dass es gar nicht darauf ankommt, was in Goetz' Kopf vor sich ging? Und wenn es wirklich zutrifft, dass es darauf nicht ankommt, warum ist diese Tatsache so schwer hinzunehmen?

4.

Im zweiten Kapitel habe ich darüber gesprochen, was einige Leute wie Mark Alpert so entscheidend für Mund-zu-Mund-Epidemien macht, und dabei habe ich erwähnt, dass es zwei Aspekte der Überredung gibt, die aller Intuition zuwiderlaufen. Einer ging aus der Studie hervor, die nachwies, dass Leute, die Peter Jennings auf ABC zuschauten, eher dazu neigten, Republikaner zu wählen, als Zuschauer, die Tom Brokaw oder Dan Rather bevorzugten. Jennings signalisierte auf wahrscheinlich unbewusste Weise seine Sympathie für die Kandidaten der Republikaner. Die zweite Studie zeigte, dass besonders charismatische Menschen, ohne etwas zu sagen und auch in der kürzesten Begegnung, andere mit ihren Gefühlen anstecken können. Die Implikationen dieser beiden Untersuchungen berühren das Herz des Gesetzes der Wenigen, weil sie andeuten, dass das, was wir für innere Zustände halten – Vorlieben und Emotionen –, in Wirklichkeit von Leuten beeinflusst werden kann, die wir ein paar Minuten am Tag in einer Nachrichtensendung sehen oder neben denen wir schweigend in einem Zwei-Minuten-Experiment sitzen. Im Wesentlichen sagt die Theorie von der Macht der Umstände, dass dasselbe für Umwelteinflüsse gilt – dass wir, ohne es unbedingt zu merken, in unserem Gemütszustand stark von unserer Umgebung abhängen. Die Psychologie ist reich an Experimenten, die diese Tatsache nachweisen. Lassen Sie mich Ihnen ein paar Beispiele geben.

In den frühen siebziger Jahren erbaute eine Gruppe von Sozialwissenschaftlern an der Stanford University unter Leitung von Philip Zimbardo ein Pseudo-Gefängnis im Keller des Psychologiegebäudes der Universität. Ein Korridor wurde durch Querwände in einen Zellenblock verwandelt. Auf die Art und Weise entstanden drei zwei mal drei Meter große Zellen mit schwarzen Stahltüren. Ein kleiner Raum wurde zu einer Zelle für Einzelhaft. Die Gruppe suchte dann über Zeitungsanzeigen nach Freiwilligen, nach Männern, die an einem Experiment teilnehmen wollten. 71 Kandidaten meldeten sich, und Zimbardo wählte unter ihnen 21 aus, die bei psychologischen Tests als die normalsten und gesündesten erschienen. Dann wurde die Gruppe willkürlich geteilt – eine Hälfte wurde zu Gefängniswärtern, denen Uniformen und dunkle Sonnenbrillen ausgehändigt wurden. Ihre Aufgabe war es, teilte man ihnen mit, für Ordnung zu sorgen. Der anderen Hälfte wurde gesagt, dass sie die Häftlinge spielen sollten. Zimbardo brachte die Polizei von Palo Alto dazu, die Häftlinge in ihren Wohnungen und Häusern »festzunehmen«, ihnen Handschellen anzulegen und sie aufs Revier zu bringen, wo sie fiktiver Verbrechen beschuldigt wurden. Man nahm ihre Fingerabdrücke, verband ihnen die Augen und brachte sie in das »Gefängnis« im Psychologiegebäude. Dort mussten sie ihre Zivilkleidung ablegen und Sträflingsanzüge überstreifen. Sie trugen Nummern auf der Brust und auf dem Rücken, die von nun an für die Dauer ihrer Einkerkerung als einzige Identifikation dienen sollte.

Der Sinn des Experiments war es herauszufinden, warum Gefängnisse so abscheuliche Orte sind. Lag es daran, dass Gefängnisse voller abscheulicher Menschen sind, oder daran, dass Gefängnisse ihre Bewohner abscheulich machen? Die Frage ist offensichtlich mit jener verwandt, die der Bernie Goetz-Fall und die Säuberung der U-Bahn aufwirft. Wie sehr beeinflusst die Umgebung das Verhalten der Menschen, die ihr ausgesetzt sind? Was Zimbardo feststellte, schockierte ihn. Die Wärter, von denen sich vorher einige als Pazifisten dargestellt hatten, verfielen schnell in die Rolle von enragierten Ordnungswächtern. In der ersten Nacht weckten sie die Häftlinge und zwangen sie, Liegestütze zu machen, sich an der Wand aufzustellen und später willkürliche Arbeiten zu verrichten. Am Morgen des zweiten Tages rebellierten die Häftlinge. Sie rissen sich die Nummern ab und verbarrikadierten sich in ihren Zellen. Die Wärter schlugen zurück, indem sie die Häftlinge nackt auszogen, sie mit Feuerlöschern ansprühten und den Anführer des Aufstands in Einzelhaft sperrten. »Wir wurden ziemlich unangenehm, schrien sie an«, erinnert sich einer der Wärter. »Es war Teil dieser ganzen Terror-Atmosphäre.« Während das Experiment fortschritt, wurden die Wärter systematisch grausamer und sadistischer. »Wir waren auf die Intensität der Veränderung und die Geschwindigkeit, mit der sich das vollzog, nicht vorbereitet«, sagt Zimbardo. Die Wärter zwangen die Häftlinge, einander zu sagen, dass sie sich liebten, und ließen sie in Handschellen und mit Papiertüten über dem Kopf den Flur heruntermarschieren. »Ich würde mich normalerweise nie so benehmen, ganz im Gegenteil«, erinnert sich ein anderer Wärter. »Ich glaube, ich war geradezu kreativ, was mentale Grausamkeit anging.«

Nach 36 Stunden wurde einer der Häftlinge hysterisch und musste entlassen werden. Vier weitere wurden bald darauf freigelassen, weil sie sich »in einem Zustand extremer emotionaler Depression befanden, sie heulten und schrien«. Zimbardo hatte ursprünglich geplant, das Experiment zwei Wochen lang laufen zu lassen. Er beendete es nach sechs Tagen.

»Ich begreife jetzt«, sagte einer der Häftlinge, nachdem das Experiment vorüber war, »dass ich mein Häftlingsverhalten weniger unter Kontrolle hatte, als ich glaubte. Dabei hielt ich mich im Kopf immer noch für ganz normal.« Ein anderer sagte: »Ich hatte das Gefühl, dass ich meine Identität verlor, dass die Person, die sich freiwillig für das Experiment gemeldet und mich in das Gefängnis gebracht hatte (und es ist ein Gefängnis für mich, es ist immer noch ein Gefängnis für mich, ich betrachte es nicht als Experiment oder Simulation …), mir sehr fern war, so sehr, dass ich schließlich nicht mehr diese Person war. Ich war 416. Ich war wirklich diese Nummer, und 416 bestimmte tatsächlich, was ich tat.«[37]

Zimbardo folgerte daraus, dass es bestimmte Situationen gibt, die so mächtig sind, dass sie alles an Prädisposition in uns überwältigen können. Das Schlüsselwort ist hier die Situation. Zimbardo spricht nicht über die Umgebung, über die großen äußeren Einflüsse, denen wir alle unterworfen sind. Er leugnet nicht, dass wir zum Teil davon bestimmt werden, wie unsere Eltern uns erzogen haben, oder dass unsere Schulen, die Freunde, die wir haben, oder die Umgebung, in der wir leben, unser Verhalten affiziert. All diese Dinge sind zweifellos wichtig. Auch leugnet er nicht, dass unsere Gene eine Rolle dabei spielen, was aus uns wird. Die meisten Psychologen glauben, dass die Natur – die Genetik – für etwa die Hälfte unseres Verhaltens verantwortlich ist. Zimbardo weist lediglich darauf hin, dass es gewisse Zeiten und Orte und Bedingungen gibt, unter denen viel von dem, was einen Menschen ausmacht, weggefegt werden kann, so dass auch Leute aus guten Schulen und glücklichen Familien und ordentlichen Stadtvierteln in ihrem Verhalten extrem beeinflusst werden können – einfach indem man ihre Lebenssituation verändert.

Dieselbe Behauptung wurde, vielleicht noch expliziter, in einer berühmten Experimentserie von 1920 nachgewiesen, die zwei Forscher aus New York, Hugh Hartshorne und Mark May, durchführten. Hartshorne und May suchten sich als Probanden nicht weniger als elftausend Schulkinder im Alter von acht bis sechzehn aus und machten mit ihnen im Laufe mehrerer Monate buchstäblich Dutzende von Tests, die alle darauf zielten, Ehrlichkeit zu messen. Die Testarten, die Hartshorne und May benutzten, sind für ihre Schlüsse wesentlich, und deshalb beschreibe ich einige von ihnen genauer.[38]

Eine Serie von Tests bestand zum Beispiel aus Eignungsprüfungen, die vom Institute for Educational Research entwickelt worden waren. In Satzergänzungs-Tests wurden die Kinder aufgefordert, Wörter zu ergänzen, die in vorgegebenen Sätzen fehlten. Zum Beispiel: »Der arme kleine ... hat ... nichts zu ...; er ist hungrig.« In den Rechentests gab es Aufgaben wie diese: »Wenn Zucker zehn Cents das Pfund kostet, wie viel kosten fünf Pfund?« Den Kindern wurde dafür nur ein Bruchteil der Zeit gegeben, die normalerweise für einen solchen Test vorgesehen war, so dass es viele unbeantwortete Fragen gab, und als die Zeit vorüber war, wurden die Tests eingesammelt und benotet. Am nächsten Tag gab es ähnliche Tests. Die Aufgaben unterschieden sich von denen des Vortags, waren aber im Schwierigkeitsgrad gleich. Dieses Mal indessen lag eine Liste der Lösungen auf jedem Tisch, es gab nur eine oberflächliche Aufsicht, und die Schüler wurden aufgefordert, ihre Arbeiten selber zu zensieren. Da sie die Antworten nachlesen konnten, hatten die Kinder reichlich Möglichkeiten zu schummeln, und Hartshorne und May konnten anhand der Tests vom Vortag leicht feststellen, in welchem Maße der einzelne Schüler die Chance nutzte, seine Note durch Schummeln zu verbessern.

Eine weitere Testserie bestand aus dem, was man damals Geschwindigkeitstests nannte, sehr viel einfachere Eignungsprüfungen. Den Schülern wurden 56 Zahlenpaare gegeben, und sie sollten sie addieren. Oder man zeigte ihnen eine Folge von mehreren Hundert willkürlich zusammengestellten Buchstaben des Alphabets und forderte sie auf, alle As zu unterstreichen. Man gab ihnen eine Minute, um diese Tests zu absolvieren. Dann bekamen sie eine weitere Serie ähnlicher Tests, nur dass dieses Mal das Zeitlimit zwar vorgegeben, aber nicht überwacht wurde, so dass die Schüler weiterarbeiten konnten, wenn sie wollten. Im Ganzen führten die beiden Psychologen zahllose Tests in zahllosen unterschiedlichen Situationen durch. Darunter waren auch Turnübungen wie Klimmzüge und Weitsprünge, und immer wurden die Kinder insgeheim überwacht, um zu kontrollieren, ob sie bei der Angabe ihrer Leistungen schummelten. Es gab auch Tests, die zu Hause gemacht werden sollten, wo die Kinder natürlich die Möglichkeit hatten, Nachschlagewerke zu benut-

zen oder Hilfe von den Eltern zu bekommen, und diese Testergebnisse wurden mit jenen verglichen, die in der Schule unter
Aufsicht zu Stande gekommen waren.

Die Resultate aller Tests füllen drei dicke Bände, und in ihrer Gesamtheit stellen sie eine Menge vorgefasster Meinungen
darüber, was Charakter ist, in Frage. Die erste Schlussfolgerung
der beiden Psychologen besteht erwartungsgemäß darin, dass
viel geschummelt wird. In einem Fall waren die Ergebnisse eines
Tests, bei dem das Schummeln möglich war, im Durchschnitt
50 Prozent höher als die »ehrlichen« Resultate. Als Hartshorne
und May dann daran gingen, bestimmte Muster des Schummelns
herauszufiltern, waren einige ihrer Feststellungen in gleicher
Weise offensichtlich. Intelligente Kinder schummeln etwas weniger als geringer begabte. Mädchen schummeln genauso viel
wie Jungen. Ältere Kinder schummeln mehr als jüngere, und
jene aus stabilen und glücklichen Familien schummeln etwas
weniger als die aus unglücklichen und labilen Familien. Wenn
man die vielen Resultate analysiert, findet man ein gewisses Maß
an Verhaltenskonstanz von Test zu Test.

Aber diese Konstanz ist bei weitem nicht so hoch, wie man
erwarten könnte. Es gibt nicht so etwas wie eine klar abgegrenzte Gruppe von Schummlern und eine andere klar abgegrenzte
Gruppe von ehrlichen Schülern. Einige Kinder schummeln zu
Hause, aber nicht in der Schule; einige Kinder schummeln in der
Schule, aber nicht zu Hause. Wenn ein Kind zum Beispiel beim
Satzergänzungstest schummelte, hieß das nicht unbedingt, dass
es dies auch bei anderen Tests tat. Wenn derselben Gruppe von
Schülern derselbe Test unter den denselben Umständen, aber
mit einem Abstand von sechs Monaten gegeben wurde, schummelten, stellten Hartshorne und May fest, dieselben Kinder in
beiden Fällen auf dieselbe Art und Weise. Aber sobald man irgendeine der Variablen veränderte – die Fragen, die Situation –,
änderte sich auch das Muster des Schummelns.

Hartshorne und May kamen zu der Schlussfolgerung, dass
Ehrlichkeit kein grundlegender Charakterzug ist oder das, was

sie einen »vereinheitlichten« Zug nannten. Eine Eigenschaft wie Ehrlichkeit, meinten sie, werde in beträchtlichem Maße von der Situation beeinflusst. »Die meisten Kinder«, schrieben sie,

> betrügen in bestimmten Situationen und nicht in anderen. Lügen, schummeln und stehlen, wie sie in diesen Testreihen gemessen wurden, sind nur sehr locker miteinander verbunden. Sogar das Schummeln im Klassenzimmer ist hoch spezifisch, denn ein Kind wird zum Beispiel bei einem Mathematiktest schummeln, nicht aber bei einem in Rechtschreibung. Ob ein Kind in einer gegebenen Situation betrügt oder nicht, hängt zum Teil von seiner Intelligenz, seinem Alter, seinem Hintergrund und ähnlichem ab, und zum Teil von der Natur der Situation selbst und seiner Beziehung zu ihr.

Dies, das ist mir klar, widerspricht völlig unserer Erwartung und Intuition. Wenn ich Sie aufforderte, die Charaktere Ihrer besten Freunde zu beschreiben, würde es Ihnen nicht schwer fallen, das zu tun. Sie würden wohl kaum sagen: »Mein Freund Howard ist unglaublich großzügig, aber nur wenn ich ihn um etwas bitte, nicht wenn seine Familie ihn um etwas bittet.« Oder: »Meine Freundin Alice ist völlig ehrlich, wenn es um ihr Privatleben geht, aber bei der Arbeit kann sie sehr undurchsichtig sein.« Sie würden stattdessen sagen, dass Ihr Freund Howard großzügig und Ihre Freundin Alice ehrlich ist. Wir alle denken, wenn es um den Charakter geht, in absoluten Begriffen. Jemand ist so oder so. Aber Zimbardo und Hartshorne und May verweisen uns darauf, dass dies ein Fehler ist, dass wir uns, wenn wir nur in den Begriffen festliegender Charakterzüge denken und die Rolle der Situation vergessen, über die wahren Beweggründe menschlichen Verhaltens täuschen.

Warum machen wir diesen Fehler? Wahrscheinlich hat die Evolution unser Gehirn so strukturiert. Zum Beispiel haben Anthropologen, die das Verhalten von südafrikanischen Meerkatzen untersuchten, festgestellt, dass diese Affenart nicht besonders gut darin ist, bestimmte Signale aufzunehmen. Wenn zum Beispiel der Kadaver einer Antilope in einer Astgabel hängt, ist dies ein sicheres Zeichen, dass sich ein Leopard in der Nähe aufhält. Die Meerkatzen erkennen das nicht. Auch die Kriechspur einer Pythonschlange hält sie nicht davon ab, sich in das Unterholz zu bewegen, wo sie dann vom Anblick der Schlange völlig überrascht werden. Das heißt aber nicht, dass Meerkatzen dumm sind. Sie sind sehr intelligent, wenn es um das Verhalten anderer Meerkatzen geht. Sie erkennen am Ruf einer männlichen Meerkatze, ob das Tier zu ihrer Gruppe gehört oder einer anderen. Wenn Meerkatzen den Schrei eines Jungen hören, blicken sie nicht in die Richtung, aus der der Schrei kommt, sondern auf die Mutter des Jungen – sie wissen sofort, wessen Baby dies ist. Eine Meerkatze ist in anderen Worten sehr begabt darin, Meerkatzeninformation zu verarbeiten, aber nicht so gut, wenn es um andersartige Informationen geht.

Dasselbe trifft auf menschliche Wesen zu.

Man betrachte die folgende Denksportaufgabe. Nehmen wir an, ich gebe Ihnen vier Karten. Jede der Karten trägt auf einer Seite einen Buchstaben und auf der anderen eine Zahl. Vor Ihnen liegen Karten, die A und D auf der Oberseite zeigen, und zwei weitere mit den Zahlen 3 und 6. Die Regel lautet, dass eine Karte mit einem Vokal auf der anderen Seite immer eine gerade Zahl haben sollte. Welche der Karten müssen Sie umdrehen, um zu beweisen, dass diese Regel eingehalten wurde? Die Antwort lautet: zwei Karten, nämlich die Karte mit dem A und die mit der Zahl 3. Die überwältigende Mehrheit der Leute, die sich der Aufgabe stellen, machen es falsch. Sie neigen dazu, nur die Karte A zu nehmen oder A und 6. Es ist schwierig. Aber jetzt lassen Sie mich Ihnen eine weitere Frage stellen. Nehmen wir an, vier Leute trinken etwas in einer Bar. Einer trinkt Coke. Einer ist sechzehn. Einer trinkt Bier, und einer ist einundzwanzig. Angesichts der Regel, dass niemand unter einundzwanzig Bier trinken darf, wessen Ausweis müssen wir überprüfen, um festzustellen, ob hier gegen das Gesetz verstoßen wird? Jetzt ist die

Antwort einfach: jeder wird sagen, den des Biertrinkers und den des Sechzehnjährigen. Aber dies ist, wie die Psychologin Leda Cosmides (die sich dieses Beispiel ausgedacht hat) nachweist, genau das gleiche Rätsel wie die Frage nach A, D, 3 und 6. Der Unterschied liegt darin, dass die zweite Frage das Problem in einen menschlichen Rahmen versetzt, statt nach Buchstaben und Zahlen zu fragen. Und wir sind als Menschen in diesem Rahmen sehr viel intelligenter als im Rahmen der Abstraktion.[39]

Der Fehler, den wir begehen, wenn wir den Charakter unserer Mitmenschen als etwas Einheitliches und von den Umständen Unabhängiges begreifen, ähnelt einem blinden Fleck in der Verarbeitung von Information. Psychologen nennen diese Tendenz einen »Zuordnungsfehler«, was nichts anderes bedeutet, als dass wir unweigerlich den Irrtum begehen, Charakterzüge überzubewerten und die Bedeutung von Situation und Kontext unterzubewerten. Wir greifen fast immer nach einer »dispositionellen« Erklärung des Geschehens und nicht nach einer »kontextuellen«. Bei einem Experiment wird zum Beispiel eine Gruppe von Menschen aufgefordert, zwei Mannschaften ähnlich talentierter Basketballspieler zu beobachten. Die erste Mannschaft übt Korbwürfe in einer gut beleuchteten Sporthalle, die zweite in einer schlecht beleuchteten, und sie hat daher mehr Fehlwürfe. Dann werden die Zuschauer befragt, wie gut die Spieler waren. Die in der gut beleuchteten Halle werden als überlegen eingestuft. Bei einem anderen Experiment wird einer Gruppe von Leuten gesagt, dass sie an einem Quiz teilnehmen werden. Sie werden in Zweiergruppen eingeteilt, und sie ziehen Lose. Eine Person zieht eine Karte, auf der steht, dass sie der »Befragte« sein wird. Der anderen wird gesagt, dass sie die Fragen zu stellen hat. Sie wird nun beauftragt, eine Liste von zehn anspruchsvollen, aber nicht unmöglichen Fragen aufzustellen, die sich auf ein Interessengebiet beziehen, in dem sie besonders zu Hause ist, zum Beispiel ukrainische Volksmusik. Die Fragen werden dem »Befragten« gestellt, und nachdem das Quiz vorbei ist, werden beide Seiten aufgefordert, das Allgemeinwissen des

Gegenübers einzuschätzen. Ohne Ausnahme schätzen die Befragten die Fragenden höher ein als sich selbst.[40]

Man kann diese Experimente auf tausend verschiedene Arten anstellen, und die Antworten werden einander immer ähneln. Dies passiert sogar, wenn man den Beteiligten eine klare und unmittelbare Erklärung der Umstände gibt, unter denen die zu Bewertenden handeln: dass die Sporthalle zu dunkel ist, dass der Befragte hochspezialisierte Fragen aus dem Interessengebiet eines anderen beantworten muss. Das alles macht keinen großen Unterschied. In uns allen gibt es etwas, was uns dazu bringt, die Welt instinktiv nach den Begriffen feststehender Wesenszüge zu erklären: Dieser Mensch ist einfach der bessere Basketballspieler, jener ist klüger als ich.

Wir tun das, weil wir, genau wie die Meerkatzen, sehr viel mehr darauf eingestellt sind, persönliche Indizien zu verarbeiten als kontextuelle. Der Zuordnungsfehler macht die Welt einfacher und verständlicher. In den letzten Jahren ist zum Beispiel der Gedanke sehr populär geworden, dass die Geburtsfolge von Geschwistern starken Einfluss auf die Persönlichkeit habe. Ältere Geschwister sind dominant und konservativ, die Jüngeren sind kreativer und rebellisch. Wenn Psychologen versuchen, diese Behauptungen zu verifizieren, klingen ihre Antworten wie die Schlüsse von Hartshorne und May. Wir spiegeln die Einflüsse der Geburtsfolge wider, aber, wie die Psychologin Judith Harris in *The Nurture Assumption*[41] schreibt, nur dann, wenn wir mit unserer Familie zusammen sind. Sobald sie sich aus dem Familienverband entfernen – also in einem anderen Kontext –, sind ältere Geschwister nicht dominierender und jüngere nicht rebellischer als andere auch. Der Mythos der Geburtsfolge ist ein Beispiel für die Wirkung des Zuordnungsfehlers. Aber es ist leicht zu verstehen, warum wir ihn so anziehend finden. Diese Art zu denken ist eine Art geistiger Stenografie. Wenn wir ständig jedes Urteil, das wir über andere Menschen fällen, einschränken oder qualifizieren müssten, wie sollten wir uns dann noch zurechtfinden? Wie viel schwerer wäre es, die Tausende von Entscidungen zu treffen, die damit zu tun haben, ob wir jemandem trauen oder nicht, jemanden mögen oder nicht, jemanden lieben oder nicht? Der Psychologe Walter Mischel argumentiert, dass der menschliche Verstand eine Art »Vereinfachungsventil« besitzt, »der eine Kontinuität der Wahrnehmung auch gegen klar beobachtbare Veränderungen des Verhaltens aufrechterhält«.[42] Er schreibt:

> Wenn wir eine Frau beobachten, die uns manchmal abweisend und kompromisslos eigenständig vorkommt, aber bei anderen Gelegenheiten passiv, anhänglich und feminin wirkt, so bringt uns unser Vereinfachungsventil in der Regel dazu, zwischen den beiden Syndromen zu wählen. Wir kommen zu dem Schluss, dass das eine Verhalten im Dienst des anderen steht, oder dass beide einem dritten Motiv dienen. Sie ist in Wirklichkeit eine harte Nummer mit einer vorgeschützten Fassade der Passivität – oder sie ist eine warme, passiv-anhängliche Frau, die sich eine oberflächliche Aggressivität zugelegt hat, um sich zu schützen. Aber vielleicht ist die Natur vielfältiger als unsere Konzepte, und es ist möglich, dass diese Dame abweisend, kompromisslos eigenständig, passiv, anhänglich, feminin, aggressiv, warm und hart auf einmal ist. Natürlich hat es nichts mit Willkür oder Launen zu tun, wie sie sich in bestimmten Momenten verhält – es hängt davon ab, mit wem sie zusammen ist, an welchem Ort, unter welchen Umständen und vieles mehr. Aber jeder dieser Charakterzüge kann durchaus real und echt sein, ein Aspekt ihres Wesens.

Der Charakter ist also nicht das, was wir uns darunter vorstellen, oder, besser gesagt, was wir gerne hätten. Er ist kein stabiler, leicht identifizierbarer Satz von eng miteinander verbundenen Eigenschaften. Das erscheint uns nur so, weil unser Verstand darauf angelegt ist. Der Charakter ist eher so etwas wie ein Bündel Gewohnheiten und Neigungen und Interessen, die locker zusammenhängen und in gewissen Momenten von den Umständen, dem Kontext, abhängen. Der Grund, warum die meisten von uns charakterlich konsistent zu sein scheinen, liegt darin, dass die meisten von uns recht gut in der Lage sind, unsere Umgebung zu kontrollieren. Ich amüsiere mich sehr auf Dinnerpartys. Deshalb gebe ich eine Menge solcher Partys, und meine Freunde kommen und glauben, ich sei sehr amüsant. Aber wenn ich keine Dinnerpartys veranstalten könnte, wenn meine Freunde mich in anderen Situationen sähen, die ich kaum oder gar nicht kontrollieren könnte – sagen wir, vier feindseligen Jugendlichen gegenüber in einem dreckigen, heruntergekommenen U-Bahn-Wagen –, dann würden sie mich kaum noch für amüsant halten.

5.

Vor einigen Jahren gingen zwei Psychologen von der Princeton University, John Darley und Daniel Batson, daran, eine Untersuchung durchzuführen, die in ihrem Grundgedanken von der biblischen Geschichte des Guten Samariters inspiriert war.[43] Sie werden sich erinnern, dass die Geschichte aus dem Neuen Testament, dem Lukas-Evangelium, von einem Reisenden erzählt, der überfallen, niedergeschlagen und am Rand der Straße von Jerusalem nach Jericho halbtot liegen gelassen wird. Sowohl ein Priester als auch ein Levit kommen des Weges, aber sie halten nicht an, sie gehen auf der anderen Straßenseite vorbei. Der einzige, der dem Verletzten hilft, ist ein Samariter, Mitglied einer verachteten Kaste, der »goss Öl und Wein auf seine Wunden und verband ihn« und bringt ihn in eine Herberge. Darley und Batson wollten diese Situation in ihrer Studie am Theologieseminar von Princeton nachstellen. Es war ein Experiment, das zu einer bedeutenden Demonstration der Macht der Umstände wurde. Aus ihm sollten sich Erkenntnisse über soziale Epidemien aller Art, nicht nur in Bezug auf die Kriminalität, ableiten lassen.

Darley und Batson wählten eine Gruppe von Theologiestudenten aus und forderten sie dann in Einzelgesprächen auf, einen kurzen spontanen Vortrag über irgendein biblisches Thema vorzubereiten, dann zu einem anderen Seminargebäude hinüberzugehen, um ihren Vortrag dort zu halten. Auf dem Weg in das andere Gebäude stieß jeder Student auf einen Mann, der offenbar auf der Straße zusammengebrochen war, er lag auf dem Boden, die Augen geschlossen, keuchend und stöhnend. Die Frage war: Wer würde stehen bleiben und helfen? Darley und Batson bauten drei Variablen in das Experiment ein. Zunächst gaben sie, bevor das Experiment überhaupt begann, allen teilnehmenden Studenten einen Fragebogen, in dem sie ausführen sollten, warum sie sich entschlossen hatten, Theologie zu studieren. Betrachteten sie die Religion als einen Weg zu persönlicher und spiritueller Erfüllung? Oder suchten sie nach einem praktischen Werkzeug, um ihrem Alltagsleben tiefere Bedeutung zu geben und anderen Menschen zu helfen? Sie variierten auch das Thema, über das die einzelnen Studenten sprechen sollten. Einige wurden gebeten, über die Relevanz von Berufsklerikern für die religiöse Berufung zu sprechen. Anderen wurde das Gleichnis vom Guten Samariter aufgetragen. Schließlich variierten auch die Anweisungen, die den Studenten von einem der beiden Professoren gegeben wurde. In einigen Fällen blickte er auf die Uhr, als er den Studenten losschickte, und sagte: »Oh, Sie sind spät dran. Die haben Sie schon vor ein paar Minuten erwartet. Sie müssen sich beeilen.« In anderen Fällen sagte er: »Es dauert noch ein paar Minuten, bis die da drüben so weit sind, aber Sie können ja schon mal losgehen.«

Wenn man Leute auffordert vorauszusagen, wie viele von den Theologiestudenten den Guten Samariter spielten (und spätere Untersuchungen haben genau das getan), bekommt man immer die gleichen Antworten. Fast alle sagen, dass die Studenten, die Geistliche werden wollten, um anderen zu helfen, und jene, denen das Gleichnis vom Guten Samariter als Thema gestellt worden war, diejenigen seien, die am ehesten stehen bleiben und helfen würden. Die meisten unter uns würden, glaube ich, dieser Schlussfolgerung zustimmen. Aber in Wirklichkeit spielte keiner dieser Faktoren eine Rolle. »Es ist sehr schwer, sich einen Kontext vorzustellen, der einen stärker auf Mitleid und tätige Hilfe verweist, als gerade das Gleichnis vom Guten Samariter gelesen zu haben, und dennoch steigerte dies die Hilfsbereitschaft nicht signifikant«, schlossen Darley und Batson. »Ja, in mehreren Fällen stieg ein Theologiestudent, der seinen Vortrag über den Guten Samariter halten sollte, in seiner Eile praktisch über das Opfer hinweg.« Das einzige, worauf es wirklich ankam, war, ob der Student es eilig hatte oder nicht. Aus der Gruppe, der gesagt worden war, sie solle sich beeilen, halfen 10 Prozent. Aus der Gruppe, die wussten, dass sie noch ein paar Minuten Zeit hatten, halfen 63 Prozent.

Was diese Studie aussagt, ist in anderen Worten, dass unsere tiefsten Überzeugungen und Gedanken für unser Verhalten letztlich weniger wichtig sind als der unmittelbare Kontext, in dem wir uns befinden. Die Worte »Oh, Sie sind spät dran« verwandelten jemanden, der normalerweise ein mitfühlender Mensch war, in jemanden, der dem Leiden anderer gleichgültig gegenüberstand. Sie machten ihn zu einem anderen Menschen. Bei sozialen Epidemien geht es im Kern um diesen Prozess der Transformation. Wenn wir wollen, dass eine Idee oder eine Haltung oder ein Produkt den Tipping Point erreicht, versuchen wir im Grunde, unser Publikum in irgendeiner Hinsicht zu verändern: wir versuchen, die Menschen anzustecken, sie zu bekehren, ihre Akzeptanz zu gewinnen. Das kann durch den Einfluss bestimmter Menschen geschehen, die außergewöhnliche persönliche Verbindungen besitzen. Das ist das Gesetz der Wenigen. Man kann es versuchen, indem man den Inhalt einer Kommunikation ändert, indem man die Botschaft so eindringlich macht, dass sie sich den Menschen einprägt und sie dazu bringt, etwas zu tun. Das ist der Verankerungsfaktor. Ich glaube, dass diese beiden Prinzipien Sinn machen und unserer Intuition entsprechen. Aber man muss im Kopf behalten, dass kleine Veränderungen im Kontext genauso dazu beitragen können, eine Epidemie auszulösen, auch wenn diese Tatsache einigen unserer fundamentalsten Annahmen über die Natur des Menschen widerspricht.

Das soll nicht heißen, dass unsere psychischen Anlagen und unsere persönliche Lebensgeschichte nicht wichtig sind, wenn es darum geht, unser Verhalten zu erklären. Zum Beispiel leidet ein sehr hoher Prozentsatz jener, die gewalttätig werden, an einer psychischen Störung oder kommt aus einem schwierigen Familienhintergrund. Aber es liegt ein Abgrund zwischen der Neigung zur Gewalttätigkeit und der tatsächlichen Ausführung einer Gewalttat. Ein Verbrechen ist, statistisch gesprochen, eine seltene und stark von der Norm abweichende Handlung. Damit jemand ein Verbrechen begeht, muss noch etwas Zusätzliches geschehen, etwas Außergewöhnliches, und die Theorie von der Macht der Umstände sagt, dass diese Tipping Points so einfach und trivial sein können wie Graffiti oder Schwarzfahren.

Die Implikationen dieses Gedankens sind enorm. Die herkömmliche Annahme, dass die persönliche Disposition alles sei – dass der Grund für gewalttätiges Verhalten immer in einer »soziopathologischen Persönlichkeit« oder in einem »zu schwachen Über-Ich« oder in einem Defekt der Gene liege –, ist letztlich die passivste und defensivste aller Vorstellungen über das Verbrechen. Sie sagt aus, dass man einem Delinquenten helfen kann, wenn man ihn gefasst hat – man kann ihm Prozac geben, ihn therapieren, versuchen, ihn zu rehabilitieren –, aber man kann nur sehr wenig tun, um das Verbrechen im Vorfeld zu verhindern. Das alte Verständnis von Verbrechensepidemien führt unvermeidlich zu einer übermäßigen Betonung defensiver Maßnahmen. Noch ein Schloss an die Tür, um den Einbrecher aufzuhalten oder ihn vielleicht auf die Idee zu bringen, die nächste Tür zu versuchen. Verbrecher länger einsperren, damit sie weniger Gelegenheit haben, uns zu schaden. In die Vororte ziehen, um so viel Abstand wie möglich zwischen uns und die Mehrheit der Kriminellen zu legen.

Wenn man indessen einmal verstanden hat, dass der Kontext eine wichtige Rolle spielt, dass ganz spezifische und relativ kleine Elemente der Umwelt als Tipping Points dienen können, kann man diesen Defätismus auf den Kopf stellen. Diese Umwelt-Elemente sind veränderbar: Wir können zerbrochene Fenster reparieren und Graffiti entfernen, und wir können die Signale verändern, die das Verbrechen anziehen. Man kann das Verbrechen nicht nur verstehen, man kann es auch verhüten. Judith Harris hat überzeugend demonstriert, dass der Einfluss der »peer group«, also der Gleichaltrigen, und der Einfluss der Gemeinde wichtiger für die Entwicklung eines Kindes sind als der Einfluss der Familie. Untersuchungen über Jugendkriminalität und Schulabgänger weisen zum Beispiel nach, dass ein Kind bessere Chancen in einem guten Viertel und einer dysfunktionalen Familie hat als in einem heruntergekommenen Viertel und einer heilen Familie. Wir sind so daran gewöhnt, die Bedeutung und Macht der Familie zu feiern, dass wir diese Tatsachen auf den ersten Blick zurückweisen würden. Aber in Wirklichkeit ist dies nicht mehr als eine offensichtliche und vernünftige Weiterung des Prinzips von der Macht der Umstände, denn es sagt einfach aus, dass Kinder sehr stark von ihrer Umgebung geformt werden und dass unsere unmittelbare soziale und physische Umwelt – die Straßen, die wir hinuntergehen, die Leute, die wir treffen – eine gewaltige Auswirkung auf das haben, was wir sind und wie wir handeln. Letztlich ist es nicht nur das kriminelle Verhalten, das empfindlich auf Umwelteinflüsse reagiert, es ist alles Verhalten. So abwegig es klingt, das Gefängnis-Experiment in Stanford und die Erfolge bei der New Yorker U-Bahn weisen zusammengenommen darauf hin, dass es leichter fällt, auf einer sauberen Straße oder in einer ordentlichen U-Bahn ein guter Mensch zu sein, als in dreckigen und graffitiverschmierten Straßen und Wagen.

»In einer solchen Situation ist man wie im Krieg«, sagte Goetz seiner Nachbarin Myra Friedman in einem gequälten Telefongespräch nur wenige Tage nach der Schießerei.[44] »Man denkt nicht normal. Nicht mal das Gedächtnis arbeitet normal. Man ist so hyper. Man sieht anders. Das Blickfeld ändert sich. Man ist zu allem fähig.« Er handelte, fuhr Goetz fort, »bösartig und wild ... Wenn du eine Ratte in die Enge treibst und sie massakrieren willst, ja? So hab ich reagiert, so bösartig und wild, genauso wie eine Ratte.«

Natürlich hat er das. Er steckte in einem Rattenloch.

FÜNF

DIE MACHT DER UMSTÄNDE
(Teil zwei)

DIE MAGISCHE ZAHL EINHUNDERTFÜNFZIG

m Jahre 1996 veröffentlichte eine Gelegenheitsschauspie-
lerin und Dramatikerin namens Rebecca Wells einen Roman mit dem Titel *Divine Secrets of the Ya-Ya Sisterhood*. Es war
kein großes literarisches Ereignis. Wells hatte schon zuvor ein
Buch publiziert – *Little Altars Everywhere* –, das zu einem kleinen Erfolg in und um ihre Heimatstadt Seattle geworden war.
Aber sie war nicht Danielle Steel oder Mary Higgins Clark. Als
sie kurz nach Erscheinen ihres Buches eine Lesung in Greenwich, Connecticut, machte, kamen sieben Leute. Es gab hier und
da Rezensionen, meist positiv, und schließlich verkaufte ihr
Buch respektable 15.000 Exemplare.

Ein Jahr später erschien es als Taschenbuch. Die erste Auflage
von 18.000 Exemplaren war nach wenigen Monaten verkauft. Im
Frühsommer hatten die Taschenbuchverkäufe 30.000 erreicht,
und Wells und ihre Verlagslektorin begannen zu spüren, dass
da etwas Ungewöhnliches geschah. »Ich signierte Bücher, und es
kamen Frauengruppen, sechs oder sieben Frauen, und sie hatten
immer drei bis zehn Bücher bei sich, die ich signieren sollte«, erinnerte sich Wells später. Ihre Lektorin, Diane Reverand, wandte
sich an die Marketingleute im Verlag und sagte, dass es an der
Zeit sei, eine Werbekampagne zu planen. Sie schalteten eine Anzeige im *New Yorker* – gegenüber dem Inhaltsverzeichnis des
Magazins. Im Verlauf des nächsten Monats verdoppelten sich die
Verkäufe auf 60.000. Wells las überall, im ganzen Land, und sie
begann eine Veränderung ihres Publikums zu bemerken. »Mir
fiel auf, dass Mütter und Töchter kamen. Die Töchter waren etwa
Ende dreißig, Anfang vierzig. Die Mütter gehörten der Generation an, die während des Zweiten Weltkriegs zur Highschool
gingen. Dann merkte ich, dass drei Generationen kamen, jetzt
auch Zwanzigjährige. Und dann kamen auch – zu meiner größten Freude – Teenager und sogar Zehn- und Elfjährige.«

Divine Secrets of the Ya-Ya Sisterhood war noch nicht auf einer Bestsellerliste aufgetaucht. Das geschah erst im Februar 1998, und von da an blieb das Buch dort – durch 48 Auflagen hindurch. Der Verkauf erreichte 2,5 Millionen Exemplare. Die nationalen Medien hatten es vorher nicht wahrgenommen – die Artikel in den großen Frauenmagazinen und die Auftritte im Fernsehen, die Wells zu einem Star machten, kamen erst später. Nur durch Mundpropaganda hatte ihr Buch einen Tipping Point erreicht. »Der Durchbruch für mich kam wahrscheinlich im Winter, nachdem das Taschenbuch herausgekommen war«, sagte Wells. »Ich ging zu Lesungen, und da saßen auf einmal sieben- bis achthundert Leute.«

Warum erreichte *Ya-Ya Sisterhood* eine Aufmerksamkeit von epidemischen Ausmaßen? Im Rückblick ist die Antwort ziemlich einfach. Das Buch ist herzerwärmend und sehr gut geschrieben, es ist die kraftvolle Geschichte einer Freundschaft und einer Mutter-Tochter-Beziehung. Es sprach die Leser an. Es prägte sich ein. Hinzu kam die Tatsache, dass Wells Schauspielerin war. Auf ihren vielen Lesereisen schien sie weniger zu lesen als den Roman aufzuführen. Sie gab jede ihrer Figuren mit solcher Lebhaftigkeit wieder, dass sie ihre Lesungen in Theaterauftritte verwandelte. Wells ist die klassische Verkäuferin. Aber es gibt noch einen dritten, weniger offensichtlichen Faktor in dieser Erfolgsgeschichte, und der hat mit den Prinzipien einer Epidemie zu tun. Der Erfolg des Romans ist ein Tribut an die Macht der Umstände. Genauer gesagt, er zeugt von der Macht eines bestimmten Aspekts dieser Theorie: des entscheidenden Einflusses, den Gruppen in gesellschaftlichen Epidemien ausüben.

I.

In gewisser Weise ist das eine Selbstverständlichkeit. Jeder, der schon einmal im Kino war, weiß, dass der Publikumsbesuch eine starke Wirkung darauf hat, wie man den Film findet: Komische

Filme sind komischer, Thriller sind spannender, wenn man in einem vollen Haus sitzt. Psychologen sagen uns dasselbe: Leute in Gruppen urteilen und entscheiden anders, als wenn sie individuell befragt werden. Sobald wir Teil einer Gruppe sind, setzen wir uns dem Druck der anderen aus, und soziale Normen und andere Einflüsse spielen eine viel größere Rolle, als wenn wir allein sind.

Haben Sie sich zum Beispiel jemals gefragt, wie religiöse Bewegungen entstehen? Gewöhnlich stellen wir uns vor, dass es eine charismatische Figur ist, die eine solche Bewegung begründet, jemand wie der Apostel Paulus, oder in jüngerer Zeit Brigham Young, der die Mormonenkirche gründete, oder auch Billy Graham. Aber die Verbreitung jeder neuen und ansteckenden Ideologie hat auch viel mit dem geschickten Gebrauch von Gruppendynamik zu tun. Im späten 18. und frühen 19. Jahrhundert wurde zum Beispiel die Methodistenbewegung zu einer Epidemie in England und Nordamerika. In den Vereinigten Staaten wuchs sie innerhalb von fünf oder sechs Jahren von 20.000 Mitgliedern auf 90.000. Aber der Begründer der Methodisten-Kirche, John Wesley, war keineswegs der charismatischste Prediger seiner Ära. Diese Ehre gebührt George Whitfield, einem Redner von solcher Macht, dass es ihm sogar gelang, eine Spende von fünf Pfund aus Benjamin Franklin herauszuholen – der bekanntlich alles andere als ein religiöser Mensch war. Wesley war auch kein großer Theologe in der Tradition von, sagen wir, Johannes Calvin oder Martin Luther. Aber er war ein organisatorisches Genie. Wesley zog in ganz England und Amerika herum und predigte unter freiem Himmel vor Tausenden von Menschen. Doch er predigte nicht nur. Er blieb auch lange genug in jeder Stadt, um die eifrigsten seiner Gefolgsleute in religiösen Gesellschaften zusammenzufassen, die er wiederum in kleinere Gruppen von etwa einem Dutzend Menschen unterteilte. Konvertiten mussten an wöchentlichen Treffen teilnehmen und sich einem strengen Verhaltenskodex unterwerfen. Wenn ihre Lebensweise den Ansprüchen der Methodisten nicht genügte, wurden sie ausgestoßen. Sein ganzes Leben lang reiste Wesley herum und besuchte diese Gruppen. Bis zu viertausend Meilen im Jahr legte er zu Pferd zurück, immer eifrig bemüht, die Grundlagen des methodistischen Glaubens zu festigen. Er war ein klassischer Vermittler. Aber er war kein Mensch, der Beziehungen zu vielen anderen Individuen hatte, er konzentrierte sich auf die Gruppen, und das ist ein kleiner, aber entscheidender Unterschied. Wesley begriff, dass man nur dann eine fundamentale und nachhaltige Veränderung im Glauben und im Verhalten der Menschen bewirken konnte, wenn man eine Gemeinde um sie herum aufbaute, in der dieser neue Glaube praktiziert, gestärkt und erhalten wurde.

Das, so scheint mir, hilft auch verstehen, warum der Roman *Secrets of the Ya-Ya Sisterhood* den Tipping Point erreichte und zu einem riesigen Erfolg wurde. Die erste Bestsellerliste, auf der das Buch auftauchte, war die Northern California Independent Booksellers' List. Im Norden Kaliforniens, wo ihre Lesungen zuerst einen Besuch von bis zu achthundert Leuten aufwiesen, begann die *Ya-Ya*-Epidemie. Warum? Weil, wie Reverand sagt, die Gegend um San Francisco die stärkste Lesegruppen-Kultur aufzuweisen hat. Und Wells' Roman war das, was Verleger als ein »Lesegruppen-Buch« bezeichnen. Vielschichtig, voller glaubwürdiger Charaktere, reich an emotionaler Schattierung, ist *Secrets of the Ya-Ya Sisterhood* ein Buch, das sich für Diskussionen und Reflexionen eignet, und die Lesegruppen nahmen es begeistert auf. Die Frauengruppen, die in den Lesungen der Autorin auftauchten, waren Mitglieder von Leseclubs, und sie kauften zusätzliche Exemplare nicht nur für ihre Familien und Freunde, sondern auch für andere Mitglieder ihrer Gruppe. Und da der Roman in Gruppen gelesen und besprochen wurde, prägte er sich auch stärker ein. Es ist leichter, etwas im Gedächtnis zu behalten, wenn man es mit Freundinnen und Freunden zwei Stunden lang diskutiert. Das wird zu einer gesellschaftlichen Erfahrung, zu einem Gesprächsthema. Die Wurzeln in der Leseclubkultur waren es, die den epidemischen Erfolg ausmachten.

Wells berichtet, dass Frauen im Publikum ihr nach den Lesungen, als Fragen gestellt werden durften, sagten: »Wir machen unseren Leseclub jetzt seit zwei Jahren, aber als wir Ihr Buch lasen, geschah etwas, was über das Übliche hinausging. Die Gespräche kamen auf eine Ebene, die eher Freundschaft glichen. Sie erzählten mir, dass sie von da an zusammen an den Strand fuhren, einander besuchten, Partys veranstalteten.« Frauen begannen nach dem Vorbild der Frauengruppe in dem Roman Ya-Ya-Sisterhood-Gruppen zu bilden, und sie brachten Wells Fotos von ihrer Gruppe, damit Wells sie signierte. Wesleys Methodismus verbreitete sich wie ein Lauffeuer durch England und Nordamerika, weil Wesley ständig zwischen Hunderten von Gruppen hin- und herreiste, und jede dieser Gruppe nahm seine Botschaft auf und verankerte sie tiefer. Die Botschaft der Ya-Ya-Sisterhood verbreitete sich auf dieselbe Weise, von Ya-Ya-Gruppe zu Ya-Ya-Gruppe und von einer Wells-Lesung zur nächsten. Über ein Jahr lang tat sie nichts anderes, sie fuhr nonstop durch das Land.

Die Lehre aus *Ya-Ya* und John Wesley besteht darin, dass kleine Gruppen mit einem starken Zusammengehörigkeitsgefühl die Kraft haben, das epidemische Potenzial einer Botschaft oder einer Idee zu vergrößern. Diese Schlussfolgerung lässt indessen noch einige entscheidende Fragen unbeantwortet. Das Wort »Gruppe« zum Beispiel kann ebenso gut eine Basketballmannschaft wie eine Unterabteilung einer Gewerkschaft bezeichnen, es können zwei Paare auf Ferienreise gemeint sein oder die Republikanische Partei. Wenn wir eine Epidemie in Gang setzen – also einen Tipping Point erreichen wollen –, lautet die entscheidende Frage: welche sind die effektivsten Gruppen? Gibt es eine einfache Daumenregel, die eine Gruppe mit wirklicher gesellschaftlicher Autorität von einer Gruppe unterscheidet, die praktisch keine Ausstrahlung besitzt? Es gibt sie. Sie nennt sich die »Regel der 150«, und sie ist ein faszinierendes Beispiel für die seltsamen und unerwarteten Wege, auf denen der Kontext den Verlauf sozialer Epidemien beeinflusst.

2.

In der kognitiven Psychologie gibt es ein Konzept, das die »Kanalkapazität« genannt wird. Es bezieht sich auf den Raum, den unser Gehirn für die Aufnahme bestimmter Datenmengen bereithält. Nehmen wir zum Beispiel an, dass ich Ihnen eine Anzahl von willkürlich ausgewählten Tönen auf dem Klavier vorspiele. Ich bitte Sie, jedem dieser Töne eine Zahl zuzuordnen. Wenn ich mit einem tiefen Ton anfange, nennen Sie ihn 1, wenn ich einen in mittlerer Tonlage spiele, nennen Sie ihn 2, und einen hohen Ton bezeichnen Sie als 3. Der Sinn eines solchen Versuchs ist es, herauszufinden, wie viele Töne Sie unterscheiden können. Menschen mit absolutem Gehör können dieses Spiel natürlich fast unbegrenzt fortsetzen. Aber für die überwiegende Mehrheit unter uns ist das viel schwieriger. Die meisten Menschen können Töne nur in sechs verschiedenen Kategorien erfassen, wenn es darüber hinaus geht, machen sie Fehler und werfen verschiedene Töne in eine Kategorie. Das ist ein bemerkenswert stabiles Testergebnis. Wenn ich zum Beispiel fünf hohe Töne spiele, können Sie sie unterscheiden. Und wenn ich darauf fünf tiefe Töne spiele, können Sie sie ebenfalls unterscheiden. Man sollte denken, dass diese zehn Töne, durcheinander gespielt, ebenfalls in zehn Kategorien unterscheidbar wären. Aber die Mehrheit der Menschen ist dazu nicht in der Lage. Alle Wahrscheinlichkeit spricht dafür, dass Sie nach wie vor nicht mehr als sechs Kategorien schaffen würden.

Diese natürliche Grenze taucht in einfachen Tests immer wieder auf. Wenn ich Ihnen zwanzig Gläser Eistee mache, jedes mit einer unterschiedlichen Menge Zucker darin, und Sie bitte, sie nach Süße zu kategorisieren, werden Sie wiederum kaum in der Lage sein, mehr als sechs oder sieben Kategorien festzulegen. Geht es darüber hinaus, fangen Sie an, Fehler zu machen. Oder wenn ich auf einem Bildschirm sehr schnell Lichtpunkte vor Ihren Augen vorbeiziehen lasse und Sie bitte zu zählen, wie viele Punkte Sie sehen, werden Sie die Zahl sehr wahrscheinlich bis sechs oder sieben korrekt angeben können, darüber hinaus sind Sie auf Schätzungen angewiesen. »Da scheint eine Begrenzung in uns eingebaut zu sein, entweder durch Erlernen oder durch die Struktur unseres Nervensystems, eine Begrenzung, die unsere Kanalkapazitäten in diesem allgemeinen Rahmen hält«, schloss der Psychologe George Miller in seinem berühmten Essay »Die magische Zahl Sieben«.[45] Deshalb haben Telefonnummern in New York sieben Zahlen. »Die Telefongesellschaft Bell wollte eine Nummer, die so lang wie möglich war, um ihre Kapazität so groß wie möglich zu halten. Andererseits sollte sie nicht so lang sein, dass die Leute sie sich nicht merken konnten«, sagt Jonathan Cohen, der an der Princeton University über das Gedächtnis arbeitet. Wenn sie acht oder neun Zahlen hätte, würde die Telefonnummer die Aufnahmefähigkeit eines durchschnittlichen Menschen übersteigen – es würde viel mehr »falsche Nummern« geben.

In anderen Worten, wir können nur eine gewisse Menge an Information auf einmal verarbeiten. Wenn wir eine bestimmte Grenze überschreiten, fühlen wir uns überfordert. Was ich hier beschreibe, ist eine intellektuelle Aufnahmefähigkeit. Aber wenn man darüber nachdenkt, gibt es eindeutig auch eine begrenzte Aufnahmefähigkeit für Gefühle.

Wenn Sie sich zum Beispiel die Zeit nehmen wollten, eine Liste der Menschen aufzustellen, deren Tod Sie wahrhaft niederschmettern würde, dann sagt die Wahrscheinlichkeit, dass diese Liste etwa zwölf Namen enthalten würde. Das zumindest ist die durchschnittliche Zahl bei allen befragten Personen. Die Namen umschreiben, was Psychologen unsere »Sympathiegruppe« nennen.[46] Warum sind die Gruppen nicht größer? Das ist zum Teil gewiss eine Zeitfrage. Wenn Sie sich die Namen auf Ihrer Liste ansehen, so sind dies sicherlich die Menschen, mit denen Sie die meiste Zeit verbringen, denen Sie die meiste Aufmerksamkeit schenken, ob nun persönlich, am Telefon oder in Ihren Gedanken und Sorgen. Wenn Ihre Liste doppelt so lang wäre, wenn sie also, sagen wir, dreißig Namen enthielte, könnten Sie diesen

Menschen nur die Hälfte der Zeit zuwenden. Wären Sie den Dreißig so nahe wie den Zwölf? Wahrscheinlich nicht. Jemandes guter Freund zu sein erfordert ein Minimum an Zeitaufwand. Wichtiger noch, es erfordert emotionale Energie. Sich wirklich um jemanden zu kümmern kostet Kraft. An einem gewissen Punkt, irgendwo zwischen zehn und fünfzehn Menschen, beginnt die Überforderung, genau wie wir überfordert sind, wenn wir zwischen zu vielen Tönen unterscheiden sollen. Es ist einfach eine Funktion dessen, wie Menschen konstruiert sind. Der Evolutionsbiologe S. L. Washburn schreibt:

> Der größte Teil menschlicher Evolution fand statt, bevor die Landwirtschaft beherrschend wurde, als die Menschen in kleinen Gruppen lebten, innerhalb derer jeder jeden kannte. Die menschliche Biologie hat sich daher als Anpassung an Bedingungen entwickelt, die praktisch nicht mehr existieren. Die Evolution des Menschen sah starke Gefühle für wenige Menschen vor, sie ging von kurzen Entfernungen und relativ kleinen Zeitspannen aus; und das sind noch immer die Lebensdimensionen, die für den Menschen in erster Linie zählen.[47]

Die vielleicht interessanteste natürliche Grenze ist indessen das, was man unsere gesellschaftliche Kanalkapazität nennen könnte. Am überzeugendsten hat darüber der britische Anthropologe Robin Dunbar geschrieben.[48] Dunbar beginnt mit einer einfachen Beobachtung. Primaten – Gorillas, Schimpansen, Paviane, Menschen – haben die größten Gehirne aller Säugetiere. Wichtiger noch, ein bestimmter Teil des Gehirns von Menschen und anderen Primaten – der Gehirnbereich, der sich Neocortex nennt und in dem komplexes Denken und Argumentieren angesiedelt sind – ist nach Säugetierbegriffen geradezu riesig. Seit Jahren streiten sich die Wissenschaftler, warum das so ist. Eine Theorie besagt, es beruhe darauf, dass unsere Vorfahren sich zunehmend auf kompliziertere Formen der Ernährung spezialisierten: statt Gras und Blätter zu fressen, begannen sie nach Früchten zu suchen, was mehr Intelligenz erforderte. Sie gingen weitere Wege, um Früchte zu finden, und das erforderte Orientierungsfähigkeit, mentale Landkarten. Sie mussten das Reifen der Früchte berücksichtigen. Sie mussten die Früchte schälen und so weiter. Wenn man aber andere Primaten hinzunimmt, stimmt das Muster nicht. Es gibt Blattfresser mit großen Gehirnen und Fruchtfresser mit kleinen, und es gibt Primaten mit kleinem Cortex, die große Entfernungen zurücklegen, und Primaten mit großem Gehirn, die zum Fressen zu Hause bleiben. Die Theorie führt in eine Sackgasse. Welches Verhalten korreliert also mit der Gehirngröße? Die Antwort, argumentiert Dunbar, liegt in der Größe der Gruppe. Wenn man sich irgendeine Primatenspezies ansieht – jede Affenart –, kommt man immer wieder zum selben Schluss: je größer der Neocortex, desto größer die Gruppe, in der das Tier lebt.

Dunbar geht davon aus, dass sich das Gehirn entwickelt, um das komplexe Zusammenleben größerer sozialer Einheiten zu bewältigen. Wenn man einer Gruppe von fünf Menschen angehört, sagt Dunbar, muss man zehn verschiedene Beziehungen im Auge behalten: die eigene Beziehung zu den vier anderen in der Gruppe, und die sechs wechselseitigen Beziehungen zwischen den anderen. Man muss jeden in dem Kreis kennen. Man muss die Gruppendynamik verstehen, verschiedenen Persönlichkeiten gerecht werden, jedem Zeit und Aufmerksamkeit zukommen lassen und so weiter. Wenn man einer Gruppe von zwanzig angehört, gibt es aber bereits 190 wechselseitige Beziehungen, die man im Auge behalten muss: neunzehn betreffen einen selber, und 171 drehen sich um die Beziehungen im Rest der Gruppe. Das ist eine Vergrößerung der Gruppe um das Fünffache, aber eine zwanzigfache Vermehrung der Informationsmenge, die man braucht, um die anderen Gruppenmitglieder zu »kennen«. Selbst eine relativ bescheidene Vergrößerung der Gruppe schafft, in anderen Worten, eine signifikante Zunahme der sozialen und intellektuellen Bürde des Einzelnen.

Menschen leben in den größten Gruppen aller Primaten, weil wir die einzigen Tiere sind, deren Gehirne die komplexen Anforderungen einer großen Gruppe bewältigen können. Dunbar hat sogar eine Gleichung aufgestellt, die bei den meisten Primaten funktioniert. In sie setzt er das »Neocortex-Verhältnis« einer bestimmten Spezies ein – das Verhältnis des Neocortex zur gesamten Gehirnmasse –, und das Ergebnis beziffert die maximale Größe der Gruppe, in der das Tier lebt. Wenn man das »Neocortex-Verhältnis« des Homo sapiens einsetzt, kommt man auf eine Schätzung von 147,8, also etwa 150. »Die Zahl 150 scheint die maximale Zahl an Individuen darzustellen, zu denen wir eine sinnvolle gesellschaftliche Beziehung haben können. Das heißt, wir wissen, wer sie sind und wie sie sich auf uns beziehen. Um es anders auszudrücken, das sind die Leute, mit denen man ohne Verlegenheit einen trinken würde, wenn man sie zufällig in einer Bar trifft.«

Dunbar hat die anthropologische Fachliteratur durchgekämmt und festgestellt, dass die Zahl 150 wieder und wieder auftaucht. Zum Beispiel hat er sich die 21 verschiedenen Jäger-Sammler-Gesellschaften angesehen, über die wir nennenswerte historische Kenntnisse besitzen. Von den Walbiri Australiens zu den Tauade auf Neuguinea und von den Ammassalik in Grönland zu den Ona in Feuerland. Er fand heraus, dass die Durchschnittsbevölkerung ihrer Dörfer sich auf 148,4 belief. Dasselbe Muster trifft auch auf militärische Organisation zu. »Im Laufe vieler Jahre sind Militärplaner auf eine Daumenregel gekommen, die besagt, dass funktionale Kampfeinheiten nicht viel größer als 200 Mann sein dürfen«, schreibt Dunbar. »Dies, vermute ich, hat nicht einfach damit zu tun, wie die Befehlshaber hinter der Front Kontrolle und Koordination bewahren, denn die Einheiten sind hartnäckig bei dieser Größenordnung geblieben, obwohl sich die Kommunikationstechnik seit dem Ersten Weltkrieg ständig weiter entwickelt hat. Ich glaube eher, die Erfahrung von Jahrhunderten hat gelehrt, dass es schwer ist, eine größere Anzahl von Menschen ausreichend miteinander bekannt zu machen, damit sie als Einheit zusammenarbeiten können.« Es ist natürlich möglich, eine Armee mit größeren Unterteilungen zu führen. Aber dann muss man komplizierte Hierarchien und Kommandowege einführen. Wenn man unter 150 bleibt, behauptet Dunbar, erreicht man dasselbe auf viel informellerem Weg: »Bei dieser Größe können Befehle umgesetzt und illoyales Verhalten kann auf persönlicher Basis verhindert werden. In größeren Gruppen wird das unmöglich.«

Dann haben wir das Beispiel jener religiösen Gruppe, die als die Hutterer oder die Hutterischen Brüder bekannt sind. Seit dem 16. Jahrhundert lebten sie als selbstgenügsame landwirtschaftliche Kommunen in Europa und seit dem Beginn des 20. Jahrhunderts in Nordamerika. Die Hutterer, die derselben Tradition entstammen wie die Amischen und die Mennoniten, befolgen strikt die Politik, eine Gemeinde, die die Kopfzahl von 150 überschreitet, aufzuspalten und eine neue zu begründen. »Die Anzahl der Gemeindemitglieder unter 150 zu halten, scheint einfach die beste und effizienteste Methode zu sein, eine Gruppe von Menschen zu organisieren«, sagte mir Bill Gross, einer der Führer einer Huttererkolonie in der Nähe von Spokane. »Wenn es größer wird, werden die Leute einander fremd.«

Die Hutterer hatten die Idee offensichtlich nicht aus der modernen Evolutionspsychologie. Sie folgen der Regel der 150 seit Jahrhunderten. Aber ihre Überzeugung entspricht genau Dunbars Theorie. Wenn die Zahl 150 überschritten wird, geschieht etwas Undefinierbares, aber sehr Reales, was das Wesen der Gemeinde über Nacht verändert. »In kleineren Gruppen sind sich die Menschen sehr viel näher. Und das ist sehr wichtig, wenn man erfolgreich und effizient sein will«, sagt Gross. »Wenn man zu groß wird, hat man zu wenig Dinge gemeinsam, und dann wird man einander fremd, und die Nähe und das Vertrauen gehen verloren.« Gross sprach aus Erfahrung. Er war in Huttergemeinden gewesen, die dieser magischen Grenze nahe gekommen waren, und er hatte selbst erlebt, wie die Dinge sich verändert hatten. »Wenn das passiert, beginnt die Gruppe aus sich selbst heraus eine Art Klan zu bilden.« Er machte eine Handbewegung, die Zersplitterung andeuten sollte. »Man bekommt dann zwei oder drei Gruppen innerhalb der größeren Gruppe. Und das ist etwas, was wir nicht wollen, und wenn es passiert, dann ist das ein guter Moment, eine neue Kolonie zu gründen.«

3.

Wir haben auf den vorhergehenden Seiten dieses Buches gesehen, dass eine Reihe relativ kleiner Veränderungen in unserer äußeren Umgebung sich dramatisch auf unser Verhalten auswirken kann. Man entfernt die Graffiti, und plötzlich fällt die Verbrechensrate in der U-Bahn. Man sagt einem Theologiestudenten, er müsse sich beeilen, und plötzlich kommen ihm Mitleid und Hilfsbereitschaft abhanden. Die Regel der 150 verweist darauf, dass die Gruppengröße ein weiterer dieser subtilen kontextuellen Faktoren ist, die erstaunliche Auswirkungen haben können. Im Fall der Hutterer zeigt sich, dass auch Menschen, die sehr stark auf das Leben in der Gruppe eingestellt sind und sich dem Gruppenethos bereitwillig unterwerfen, bei einer Erweiterung der Gruppe über 150 hinaus die Fähigkeit verlieren, sich allen Gruppenmitgliedern gleichermaßen zuzuwenden. Entfremdung und Abspaltung sind die Folge. Sobald diese Linie, dieser Tipping Point, überschritten wird, ändert sich das Verhalten.

Wenn wir also wollen, dass Gruppen als Brutkästen für ansteckende Botschaften dienen sollen, dann müssen wir die Gruppen unter einer Mitgliedszahl von 150 halten. Oberhalb dieses Tipping Points tauchen strukturelle Hindernisse auf, die es der Gruppe unmöglich machen, mit einer Stimme zu sprechen. Wenn wir zum Beispiel Schulen in unterprivilegierten Vierteln aufbauen wollen, Schulen, die in der Lage sind, der bildungsfeindlichen Atmosphäre ihrer Umgebung zu trotzen, dann sagt uns diese Erkenntnis, dass es besser ist, eine Reihe von kleinen Schulen zu schaffen, als ein oder zwei große. Die Regel der 150 sagt, dass die Gemeinden einer schnell expandierenden Kirche oder die Mitglieder eines Clubs oder jeder Vereinigung, der es um die epidemische Verbreitung einer Idee geht, sich vor Größe hüten sollten. Die Grenze der 150 zu überschreiten ist eine kleine Veränderung, die große Folgen haben kann.

Vielleicht das beste Beispiel für eine Organisation, die dieses Problem erfolgreich umschifft hat, ist Gore Associates, eine große High-Tech-Firma aus Newark, Delaware. Gore ist das Unternehmen, das die wasserfesten Gore-Tex-Stoffe herstellt. Aber es macht noch viel mehr. Zu den Produkten gehören Zahnseide, Isolierungen für Computerkabel, Filter, Automobilleitungen, Halbleiter, Medikamente und medizinische Geräte. Bei Gore gibt es keine Titel. Wenn man die Leute, die dort arbeiten, um ihre Karte bittet, steht unter dem Namen nur der Begriff »Associate«. Es ist egal, wie viel Geld der Einzelne verdient oder welche Verantwortung er hat oder wie lange er in der Firma arbeitet. Die Leute dort haben keine Chefs, sie haben »Sponsoren« – »Mentoren« –, die sich um sie kümmern und ihre Interessen wahrnehmen. Es gibt keine Organigramme, keine Budgets, keine Umsatzpläne. Gehälter werden kollektiv festgelegt. Das Hauptquartier des Unternehmens ist ein flacher, unprätentiöser Backsteinbau. Die Chefbüros sind alle klein und einfach möbliert, sie gehen von einem schmalen Korridor ab. Die Eckbüros in Gore-Gebäuden sind meist Konferenzräume oder bleiben frei, damit niemand ein größeres oder prestigeträchtigeres Büro bekommt. Als ich einen Mitarbeiter der Firma namens Bob Hen in einer ihrer Fabriken in Delaware besuchte, versuchte ich vergeblich herauszubekommen, welche Stellung er innehatte. Da er mir empfohlen worden war, hatte ich den Verdacht, dass er einer der leitenden Leute bei Gore war. Aber sein Büro war nicht größer als das irgendeines Angestellten. Seine Karte wies ihn als »Associate« aus. Er hatte keine Sekretärin, zumindest konnte ich keine entdecken. Er war nicht anders gekleidet als sonst jemand, und als ich ihn wieder und wieder mit meiner Frage quälte, sagte er schließlich mit einem breiten Grinsen: »Ich bin einer, der sich in alles einmischt.«

Kurz gesagt, Gore ist ein sehr ungewöhnliches Unternehmen mit einer klaren und deutlichen Philosophie. Es ist eine große, etablierte Firma, die versucht, sich so zu benehmen wie ein kleines Start-up-Unternehmen. Nach allem, was man hört, ist dieser Versuch ein riesiger Erfolg. Wann immer Wirtschaftsexperten Listen der besten amerikanischen Unternehmen aufstellen, wann immer Consultants Reden über die am besten geführten amerikanischen Firmen halten, ist Gore dabei. Die Kündigungsrate liegt bei einem Drittel des Durchschnitts anderer Firmen. Gore ist seit 35 Jahren ununterbrochen profitabel, es weist Wachstumsraten und eine innovative Produktpalette auf, die von der gesamten Industrie beneidet werden. Gore hat es geschafft, ein Kleinbetriebsethos zu schaffen, das so ansteckend und tief verankert ist, dass es die Verwandlung in ein Milliarden-Dollar-Unternehmen mit Tausenden von Angestellten überlebt hat. Wie haben sie das gemacht? Unter anderem, indem sie die Regel der 150 beachtet haben.

Wilbert »Bill« Gore – der inzwischen verstorbene Gründer der Firma – war natürlich ebenso wenig von den Ideen Robin Dunbars beeinflusst wie die Hutterer. Wie sie scheint er durch Experimente auf die Regel gestoßen zu sein. »Wir stellten immer wieder fest, dass die Dinge bei 150 unbeweglich werden«, sagte er in einem Interview vor ein paar Jahren. Also wurden 150 Mitarbeiter pro Fabrik Firmenphilosophie. Das hieß, dass zum Beispiel in der Elektronikabteilung des Unternehmens nur Fabriken gebaut wurden, die nicht größer als 20.000 Quadratmeter waren, da es fast nicht möglich ist, mehr als 150 Angestellte auf diesem Raum unterzubringen. »Die Leute fragten mich wieder und wieder, wie unsere langfristige Planung aussieht«, sagte Hen. »Und ich antwortete immer, das ist ganz einfach, wir bauen einen Parkplatz für 150 Wagen, und wenn Leute anfangen, auf dem Gras zu parken, ist es Zeit, eine neue Fabrik zu bauen.« Diese neue Fabrik muss nicht weit weg sein. Im Heimatstaat von Gore, Delaware, besitzt die Firma drei Fabriken in Sichtweite voneinander. Fünfzehn Fabriken befinden sich innerhalb eines Umkreises von zwölf Meilen in Delaware und Maryland. Die Gebäude müssen nur unterschiedlich genug sein, um eine individuelle Firmenkultur zu erlauben. »Ein Parkplatz ist eine große Lücke zwischen zwei Gebäuden«, sagte mir ein »Associate«, Burt Chase, der schon lange bei Gore arbeitet. »Man muss sich aufraffen und den Parkplatz überqueren. Das ist eine große Anstrengung, ungefähr so groß, wie ins Auto zu steigen und fünf Meilen zu fahren. Es steckt eine Menge Unabhängigkeit darin, ein eigenes Gebäude zu haben.«

Da Gore in den letzten Jahren gewachsen ist, hat die Firma einen praktisch ununterbrochenen Prozess der Teilung und Unterteilung durchgemacht. Andere Unternehmen hätten einfach bestehende Fertigungsanlagen ausgebaut oder Doppelschichten eingeführt. Gore versucht, die Gruppen immer wieder aufzuspalten. Als ich die Firma besuchte, hatte sie zum Beispiel gerade die Gore-Tex-Bekleidung in zwei Gruppen aufgeteilt, um unter der 150er Grenze zu bleiben. Der modischere Teil der Abteilung, der Wanderstiefel und Outdoor-Kleidung herstellte, emanzipierte sich von dem Teil, der Uniformen für Feuerwehrleute und Soldaten herstellte.

Es ist nicht schwer, die Verbindung zwischen einer solchen Organisationsstruktur und dem ungewöhnlichen, formlosen Managementstil bei Gore herzustellen. Die Bindung in kleinen Gruppen, von der Dunbar spricht, ist im Wesentlichen eine Art von Gruppendruck. Wenn man seine Mitarbeiter gut genug kennt, wird es wichtig, was sie von einem halten. Das gilt, wie wir gesehen haben, für die militärische Einheit ebenso wie für eine Gemeinde der Hutterischen Brüder. Die Risse, die in einer Hutterer-Gemeinde entstehen, wenn sie zu groß wird, sind eine Folge schwächer werdender Bindung zwischen den Gemeindemitgliedern. Gore braucht in seinen kleinen Fabriken keine formellen Managementstrukturen – weil in so kleinen

Gruppen informelle persönliche Beziehungen viel wirkungs-
voller sind.

»Der Druck, der entsteht, wenn wir nicht effizient sind, wenn
wir nicht genug Geld machen, dieser Gruppendruck ist unglaublich«, sagte mir Jim Buckley, ein langjähriger Mitarbeiter
von Gore. »Das ist das, was dabei rauskommt, wenn man kleine
Teams hat, in denen jeder jeden kennt. Der Gruppendruck ist
viel mächtiger als jeder Boss. Viel, viel mächtiger. Die Leute wollen die Erwartungen nicht enttäuschen.« In einer größeren, kon-
ventionelleren Fabrik, sagte Buckley, gibt es diesen Druck auch.
Aber nur in bestimmten Teilen der Fertigung. Der Vorteil des
Gore-Systems ist, dass jeder Teil des Prozesses – Design, Herstellung und Marketing eines Produkts – derselben Gruppen-
kontrolle unterliegt.

»Ich war gerade bei Lucent Technologies oben in New Jersey«, sagte Buckley mir. »Die machen da Zellen für Mobiltelefone. Ich hab einen Tag in ihrer Fabrik verbracht. Da arbeiten
650 Leute. Wenn's hochkommt, kennen ein paar ihrer Herstel-
lungsleute ein paar der Designleute. Aber das ist auch alles. Die
Leute im Verkauf kennen sie überhaupt nicht. Die in Forschung
und Entwicklung auch nicht. Sie wissen gar nicht, was in den anderen Teilen des Betriebs abläuft. Der Druck, von dem ich rede,
entsteht, wenn die Verkaufsleute in derselben Welt sind wie die
Leute in der Herstellung, und der Verkäufer, der einen neuen
Kunden hat oder kriegen will, direkt zum Herstellungsteam gehen und sagen kann: Ich brauch diese Order. Da sind dann zwei
Leute. Einer macht das Produkt, der andere versucht es rauszubringen. Sie reden darüber, sie streiten sich darüber. Das ist
Gruppendruck. Im Herstellungsbereich bei Lucent hatten sie
150 Leute, und die arbeiteten eng zusammen, und da gab es
Gruppendruck, wer der beste war und wer der innovativste. Aber
das blieb in der Gruppe. Die kennen einander nicht. Du gehst in
die Cafeteria, und da sitzen kleine Gruppen. Das ist eine andere
Erfahrung.«

Buckley spricht hier im Grunde vom Vorteil einer einheitlichen Gruppe – alle Mitglieder einer komplexen Unternehmung kennen einander und die Details ihrer Arbeit. Es gibt in der Psychologie ein nützliches Konzept, das, wie ich glaube, deutlicher macht, was er meint. Es ist etwas, was der Psychologe Daniel Wegner von der University of Virginia »transaktive Erinnerung« nennt.[49] Wenn wir von Erinnerung reden, reden wir nicht nur von Gedanken und Eindrücken und Tatsachen, die wir im Kopf gespeichert haben. Eine Menge dessen, woran wir uns erinnern, ist in Wirklichkeit außerhalb unseres Gehirns gespeichert. Die meisten von uns lernen die Telefonnummern, die wir ständig brauchen, nicht auswendig. Aber wir prägen uns ein, wo wir sie finden – in unserem Kalender oder Rolodex. Auch wissen die meisten von uns nicht unbedingt, was die Hauptstadt von Paraguay ist. Warum sollten wir das auch wissen? Es ist einfacher, einen Atlas zu kaufen und die Information dort zu speichern.

Viel entscheidender aber ist, dass wir Informationen auch bei anderen Menschen speichern. Paare tun so etwas automatisch. Vor ein paar Jahren machte Wegner einen Test mit 59 Paaren, von denen alle sich mindestens drei Monate kannten. Die Hälfte der Paare durfte während des Tests zusammenbleiben, die andere Hälfte wurde getrennt, und man gab jedem der Partner einen neuen Partner oder eine neue Partnerin. Alle Paare wurden dann gebeten, 64 Aussagesätze zu lesen, in denen jeweils ein Wort unterstrichen war. Zum Beispiel: »Medori ist ein japanischer Likör mit Melonengeschmack.« Fünf Minuten nach der Lektüre wurden alle Beteiligten aufgefordert, so viele der unterstrichenen Wörter wie möglich niederzuschreiben. Und tatsächlich, die Paare, die sich schon länger kannten, schnitten deutlich besser ab als jene, die erst für den Test zusammengesetzt worden waren.

Wegner argumentiert, dass Menschen, die einander sehr gut kennen, ein gemeinsames Gedächtnissystem bilden – eine transaktive Erinnerung –, ein System, das auf dem Verständnis darüber beruht, wer von beiden welche Art von Fakten besser speichern kann. »Die Entwicklung einer Beziehung ist oft ein Prozess wechselseitiger Selbstenthüllung«, schreibt er. »Obwohl es wahrscheinlich romantischer ist, diesen Prozess als einen sehr persönlichen Austausch von Offenheit und Akzeptanz darzustellen, kann man ihn auch als notwendige Voraussetzung einer transaktiven Erinnerung ansehen.« Transaktive Erinnerung ist ein Teil dessen, was Intimität bedeutet. Wegner sagt, dass es auch der Verlust eines solchen gemeinsamen Gedächtnisses ist, der eine Scheidung so schmerzhaft macht.»Geschiedene Menschen, die unter Depressionen leiden und über kognitive Dysfunktionalität klagen, können durchaus den Verlust ihres externen Gedächtnissystems ausdrücken«, schreibt er. »Sie konnten früher auf ihre gemeinsamen Erfahrungen zurückgreifen, um etwas Neues zu verstehen … Sie konnten sich darauf verlassen, dass sehr viel an Vergangenheit in ihrem Partner gespeichert war, und das ist jetzt verloren … Das Ende der transaktiven Erinnerung ist wie der Verlust eines Teils des eigenen Verstands.«

In der Familie ist der Prozess transaktiver Erinnerung noch ausgeprägter. Die meisten von uns erinnern sich nur an einen Teil der alltäglichen Erfahrung und Geschichte unseres Familienlebens. Aber wir wissen genau, an wen wir uns wenden müssen, um eine Antwort auf unsere Fragen zu finden. Genau wie unsere Frau gewöhnlich weiß, wo die Schlüssel sind, oder die dreizehnjährige Tochter, wie man mit dem Computer umgeht, so kennt unsere Mutter die Details unserer Kindheit. Und was vielleicht noch wichtiger ist: wenn neue Informationen auftauchen, wissen wir, wer dafür verantwortlich ist, sie zu speichern. So entsteht in einer Familie eine gewisse Spezialisierung. Die Dreizehnjährige ist die Computerexpertin in der Familie nicht nur, weil sie am begabtesten dafür ist, sondern weil ihr, wenn sie diese Rolle einmal übernommen hat, alles Neue auf diesem Gebiet zugewiesen wird. Spezialwissen führt immer zu neuem Spezialwissen. Warum sollte man sich selber um die Software kümmern, wenn sie da ist? Da mentale Energie nicht grenzenlos ist, konzentrieren wir uns auf das, was wir am besten können. Frauen sind meist die »Experten« für Kinderbetreuung auch in modernen Familien, wo beide Eltern eine Karriere verfolgen. Da die Mutter dem Kleinkind näher ist, geht auch die spätere Erziehung in hohem Maße auf sie über, bis sie, oft ohne dass dies bewusst geschieht, den Hauptteil der intellektuellen Verantwortung für das Kind zu schultern hat. »Wenn jede Person eine von der Gruppe anerkannte Verantwortung für bestimmte Aufgaben hat, führt dies ohne Zweifel zu größerer Effizienz«, sagt Wegner. »Jeder Bereich wird von der kleinstmöglichen Zahl von Personen versehen, und die Verantwortung für einen Bereich ist kontinuierlich, sie wird nicht jeweils aus der Situation heraus neu bestimmt.«

Wenn Jim Buckley also sagt, dass die Arbeit bei Gore »eine andere Erfahrung« ist, dann redet er auch darüber, dass Gore eine hoch effektive transaktive Erinnerung besitzt. Ein Angestellter von Gore beschreibt die Art von »Kenntnis«, die man in einer kleinen Fabrik erwirbt, so: »Es ist nicht nur, dass man jemanden kennt. Man kennt ihn so gut, dass man weiß, was er wirklich kann, was er mag, worauf er spezialisiert ist. Es geht nicht darum, ob er nett ist, es geht darum, worin er wirklich gut ist.« Das sind im Grunde die psychologischen Voraussetzungen für eine transaktive Erinnerung: jemanden so gut zu kennen, dass man weiß, was diese Person weiß, so dass man ihnen auf ihrem Spezialgebiet vollkommen vertrauen kann. Es ist die Übertragung von Intimität und Vertrauen, wie sie in der Familie existieren, auf die Ebene der Zusammenarbeit in einer Firma.

Wenn man natürlich ein Unternehmen hat, das Papierservietten herstellt oder Schrauben und Muttern, ist das nicht so wichtig. Nicht jede Firma braucht diesen Grad an Verbindung unter den Mitarbeitern. Aber in einer Hochtechnologie-Firma wie Gore, deren Marktstellung von ihrer Innovationsfähigkeit und der Schnelligkeit ihrer Reaktion auf anspruchsvolle Kundenwünsche abhängt, ist diese Art globalen Gedächtnissystems entscheidend. Es macht die Zusammenarbeit leichter. Es bedeutet, dass die Dinge schneller erledigt werden, dass man leichter Teams bilden kann, die Probleme lösen. Es bedeutet, dass die Leute in einem Teil des Unternehmens Zugang zum Wissen und zu der Meinung von Leuten haben, die in einem ganz anderen Teil arbeiten. Bei Lucent mögen die 150 Leute, die in der Fertigung arbeiten, ihr eigenes Erinnerungssystem haben. Aber wie viel effektiver wäre die Firma, wenn alle Mitarbeiter – wie bei Gore – Teil desselben transaktiven Systems wären –, wenn Forschung und Entwicklung mit der Designabteilung, die Designabteilung mit der Herstellung und die Herstellung mit dem Vertrieb vernetzt wären? »Wenn wir mit Leuten reden, kommt wieder und wieder die gleiche Reaktion: ›Mann, euer System klingt wie das reine Chaos. Wie zum Teufel schafft ihr irgendwas ohne klare Autoritäten?‹ Aber es ist kein Chaos«, sagte Burt Chase. »Es ist schwer zu verstehen, wenn man nicht selbst in dem System arbeitet. Der Vorteil liegt darin, dass man die Stärken der Mitarbeiter kennt. Man weiß, wo man den besten Rat bekommt. Und wenn man die Leute kennt, geht das.«

Was Gore geschaffen hat, ist – kurz gesagt – ein organisierter Mechanismus, der es viel leichter macht, neue Ideen und Informationen in der Belegschaft zu verbreiten. Die geringe Zahl der Mitarbeiter und ihre enge, hierarchielose Zusammenarbeit sorgen für eine praktisch sofortige Streuung aller Informationen. Das ist der Vorteil der 150er Regel. Man kann sowohl den Gruppendruck als auch das gemeinsame Gedächtnis zum Vorteil der Firma nutzen. Sollte Gore versuchen, jeden Angestellten einzeln zu erreichen, wäre die Aufgabe viel schwieriger, genau wie Rebecca Wells Aufgabe sehr viel schwieriger gewesen wäre, wenn sie mit ihrem Buch nur einzelne Leser statt der Lesegruppen erreicht hätte. Und wenn Gore all seine Angestellten in einer einzigen riesigen Halle zusammengefasst hätte, so hätte es auch nicht funktioniert. Um so einheitliche Gruppen zu bekommen – um eine spezifische Firmenideologie an alle Angestellten weiterzugeben –, musste Gore sich in halbautonome Bestandteile auflösen. Das ist das Paradox jeder Epidemie: um eine ansteckende Bewegung zu schaffen, muss man zunächst viele kleine Bewegungen schaffen. Rebecca Wells sagt, dass sie beim Anwachsen der *Ya-Ya*-Epidemie irgendwann begriff, dass es gar nicht um sie oder ihr Buch ging. Es waren Tausende von unterschiedlichen Epidemien, die sich um die Gruppen entwickelten, die sich mit ihrem Buch befasst hatten. »Ich begann zu verstehen«, sagte sie, »dass diese Frauen ihre eigenen Ya-Ya-Beziehungen aufgebaut hatten, Beziehungen, die sich nicht so sehr auf das Buch selbst richteten, sondern aufeinander.«

SECHS

FALLSTUDIE EINS

GERÜCHTE, SPORTSCHUHE UND DIE MACHT DER ÜBERSETZUNG

Airwalking« heißt ein Manöver beim Skateboardfahren. Der Skater fährt von der Rampe in die Luft hinaus, zieht das Board unter den Füßen weg und macht zwei, drei übertriebene Schritte in der Luft, bevor er landet. Es ist ein klassischer »Stunt«, allen Skateboardern vertraut, und deshalb nannten zwei Unternehmer, die Mitte der achtziger Jahre beschlossen, Sportschuhe für Skateboarder herzustellen, ihre Firma »Airwalk«. Sie siedelten sie in San Diego an, weil sie in der Surf- und Skateboardkultur dieser Gegend verwurzelt waren. Anfangs stellte das Unternehmen einen Leinenschuh in grellen Farben und Mustern her, um eine Art alternative Modeaussage zu machen. Es stellte daneben auch einen technischen Skateschuh in Wildleder her, mit dicker Sohle und gut gepolsterter Zunge, der – zumindest anfangs – genauso steif war wie das Skateboard selbst. Die Skater liebten den Schuh, obwohl er so steif war, und um ihn weicher zu machen, wuschen sie ihn wieder und wieder und überfuhren ihn sogar mit dem Auto. Airwalk war »cool«. Die Firma sponserte professionelle Skateboarder und entwickelte eine Kultgemeinde. Nach ein paar Jahren machte sie einen Umsatz von 13 Millionen Dollar im Jahr und stand gut da.

Unternehmen können in dieser Dimension lange weitermachen. Es ist ein Zustand des Gleichgewichts auf niedriger Ebene mit einer kleinen, aber loyalen Kundschaft. Doch die Besitzer von Airwalk wollten mehr. Sie wollten Airwalk in eine internationale Marke verwandeln, und Anfang 1990 schlugen sie einen neuen Kurs ein. Sie strukturierten ihr Geschäft völlig um. Sie ließen neue Schuhtypen entwerfen. Sie weiteten die Zielgruppe aus – es sollte nun nicht mehr nur Skateboarding sein, sondern auch Surfen, Snowboarding, Mountain Biking und Radrennen. Sie sponserten Athleten auf all diesen Gebieten und versuchten Airwalk zum Synonym für einen aktiven, alternativen Lebensstil zu machen. Sie begannen eine aggressive Kampagne, um die Einkäufer der jugendorientierten Schuhgeschäfte für sich zu gewinnen. Sie überredeten die Sportschuhkette Foot Locker, ihre Produkte auf Versuchsbasis ins Sortiment zu nehmen. Sie arbeiteten daran, alternative Bands dazu zu bringen, ihre Schuhe auf der Bühne zu tragen. Schließlich – und das war vielleicht der wichtigste Schritt – beauftragten sie eine kleine Werbeagentur namens Lambesis, ihr Marketing zu überdenken. Unter Lambesis' Anleitung explodierte das Geschäft von Airwalk. 1993 war es noch ein 13 Millionen Dollar-Unternehmen gewesen. 1994 sprang der Umsatz auf 44 Millionen, 1995 auf 150 Millionen, und im Jahr darauf erreichte er 175 Millionen. Auf dem Gipfelpunkt wurde Airwalk von einer großen Marktforschungsgesellschaft als Nr. 13 unter den »coolsten« Marken für Teenager in aller Welt eingestuft, und bei Sportschuhen als Nr. 3 hinter Nike und Adidas. In einer Zeitspanne von ein bis zwei Jahren war Airwalk aus seinem stillen Gleichgewicht an den Stränden von Südkalifornien herausgerissen worden. Mitte der neunziger Jahre hatte Airwalk den Tipping Point erreicht.

Der Tipping Point hat sich bisher damit befasst, Epidemien zu definieren und die Prinzipien epidemischer Übertragung zu erklären. Die Erfahrungen von Paul Revere und der »Sesamstraße«, die Kriminalität in New York und Gore Associates illustrieren jeweils eine der Regeln des Tipping Points. Im alltäglichen Leben indessen stimmen die Situationen und Probleme, denen wir gegenüber stehen, nicht immer so glatt mit den bisher dargestellten Prinzipien überein. Ich möchte deshalb in diesem Teil des Buches einige weniger klare Probleme betrachten und überprüfen, inwieweit die Idee von Kennern und Vermittlern, die Konzepte der Verankerung und der Macht der Umstände – entweder einzeln oder in Kombination –, zu einer Klärung beitragen.

Warum zum Beispiel erreichte Airwalk den Tipping Point? Die einfache Antwort ist, dass Lambesis eine geniale Werbekampagne entwarf. Am Anfang, als der Etat noch sehr klein war, schlug der Kreativdirektor von Lambesis, Chad Farmer, eine Serie von dramatischen Bildern vor – einzelne Fotografien, auf denen ein Träger von Airwalk-Schuhen in irgendeinem verrückten Verhältnis zu seinen Schuhen gezeigt wurde. Auf einem Bild trägt ein junger Mann den Schuh auf dem Kopf, die Schuhbänder hängen herab und werden von einem Friseur kunstvoll geschnitten. Auf einem anderen Foto hält ein in Leder gekleidetes Mädchen einen glänzenden Vinylschuh wie einen Spiegel vors Gesicht und trägt Lippenstift auf. Die Plakate wurden an offiziellen Plakatflächen geklebt, aber auch »wild« an Bauzäunen und Ähnlichem angebracht. Sie erschienen in alternativen Zeitschriften. Als Airwalk wuchs, ging Lambesis ins Fernsehen. In einem der frühen Airwalk-Spots zeigt die Kamera den Fußboden eines Schlafzimmers, auf dem abgelegte Kleidung herumliegt. Sie kommt unter dem Bett zur Ruhe, während der Soundtrack mit Stöhnen und Keuchen und dem Auf und Ab der Bettfedern erfüllt ist. Schließlich kommt die Kamera unter dem Bett hervor, und wir sehen einen jungen, etwas geistesabwesend wirkenden Jugendlichen, der einen Airwalk-Schuh in der Hand hält und auf dem Bett auf und ab springt, während er vergeblich versucht, eine Spinne an der Decke zu erwischen. Die Spots waren vollkommen visuell, darauf angelegt, die Jugend in der ganzen Welt zu erreichen. Sie waren sehr detailreich und optisch faszinierend. Sie zeigten alle einen mürrischen, etwas unbeholfenen Antihelden. Und sie waren auf intelligente Weise witzig. Das war sehr gute Werbung; in den Jahren danach wurden der »Look« und das »Feeling« dieser Kampagne immer wieder von anderen Firmen kopiert, die auch versuchten, »cool« zu sein. Die Ausstrahlung der Lambesis-Kampagne ist aber nicht auf das Optische ihrer Arbeit zu reduzieren. Airwalk erreichte den Tipping Point, weil sich seine Werbung ganz explizit auf die Prinzipien epidemischer Übertragung stützte.

I.

Man versteht vielleicht am besten, wie Lambesis das schaffte, wenn man auf etwas zurückgreift, was die Soziologen ein »Diffusionsmodell« nennen. Das ist eine genaue, akademische Bestandsaufnahme der Art und Weise, wie eine ansteckende Idee oder ein Produkt oder eine Innovation sich in der Bevölkerung ausbreitet. Eine der berühmtesten Diffusionsstudien ist die Analyse von Bruce Ryan und Neal Gross, die sich mit der Verbreitung von Hybridmais in Greene County, Iowa, in den dreißiger Jahren befasste.[50] Die neue Maissorte wurde 1928 in Iowa eingeführt, und sie war in jeder Hinsicht den älteren Maissorten, die die Farmer seit Jahrzehnten eingesetzt hatten, überlegen. Trotzdem wurde sie nicht überall sofort übernommen. Von den 259 Farmern, die Ryan und Gross befragten, begann nur eine Handvoll in den Jahren 1932 und 1933 mit der neuen Maissorte zu arbeiten. 1934 folgten weitere 16. Dann 21 im Jahre 1935, und im Jahr darauf weitere 36. Im folgenden Jahr kamen 61 dazu, dann 46, 36, 14 und 3, bis im Jahre 1941 nur noch 2 von 259 Farmen die alte Maissorte anbauten. In der Sprache der Diffusionsforschung waren jene Farmer, die schon Anfang der dreißiger Jahre mit der neuen Sorte begonnen hatten, die »Innovatoren«, die Abenteuerlustigen. Die etwas größere Gruppe, die von ihnen infiziert wurde, waren die »Frühübernehmer«. Sie waren die Meinungsführer in der Gemeinde, die geachteten, intelligenten Leute, die beobachteten, was die wilden Innovatoren da trieben, und ihnen dann folgten. Dann kam die Masse der Farmer in den Jahren 1936, 37 und 38, die »Frühe Mehrheit« und die »Späte Mehrheit«, die skeptische Masse, die nie etwas Neues anfassen würde, bevor nicht die geachtetsten Farmer es ausprobiert hatten. Aber der Hybridmais-Virus erfasste sie auch, und sie gaben ihn schließlich an die »Nachzügler« weiter, die konservativsten Farmer, die immer als letzte einen Grund zur Veränderung sehen. Wenn man diese Progression in eine Grafik übersetzt, bildet sie eine perfekte epidemische Kurve – sie beginnt langsam, erreicht den

Tipping Point, als die Frühübernehmer die neue Sorte einsetzen, steigt scharf an, als die Mehrheit ihnen folgt, und fällt dann ab, wenn die Nachzügler auftauchen.

Die Botschaft – eine neue und bessere Maissorte – war in diesem Fall hoch ansteckend und tief verankert. Jeder Farmer konnte schließlich von der Aussaat im Frühjahr bis zur Herbsternte selbst beobachten, dass die neue Sorte der alten überlegen war. Es ist schwer, sich vorzustellen, wie diese Innovation den Tipping Point nicht erreicht haben sollte. Aber in vielen Fällen ist die Verbreitung neuer Ideen sehr viel komplizierter.

Geoffrey Moore ist Business Consultant, und er gebraucht gerne das Beispiel der High Technology, um nachzuweisen, dass es einen substanziellen Unterschied zwischen den Leuten, die Trends und Ideen entwickeln, und den Leuten der Mehrheit gibt, die sie später übernehmen.[51] Diese beiden Gruppen kommunizieren nicht besonders gut miteinander, behauptet er. Die ersten beiden Gruppen, die Innovatoren und die Frühübernehmer, sind Visionäre. Sie wollen revolutionäre Veränderungen, etwas, was sie qualitativ von der Konkurrenz abhebt. Sie sind die Leute, die brandneue Technologie kaufen, noch bevor sie erprobt oder ausgereift ist und auch bevor die Preise gesunken sind. Sie haben meist kleine und junge Unternehmen. Und sie sind bereit, enorme Risiken auf sich zu nehmen. Die Frühe Mehrheit dagegen besteht meist aus großen Firmen. Sie müssen dafür sorgen, dass jede Neuerung in ihr komplexes System von Zulieferern und Auslieferern passt. »Wenn es das Ziel der Visionäre ist, einen Quantensprung nach vorn zu machen, so ist es das Ziel der Pragmatiker, eine kleine prozentuale Verbesserung zu erreichen – berechenbare Zuwächse«, schreibt Moore. »Wenn sie ein neues Produkt installieren, wollen sie vorher wissen, wie es anderen Leuten damit gegangen ist. Das Wort ›Risiko‹ ist in ihrem Vokabular negativ besetzt – es hat nicht die Nebenbedeutung von Chance, sondern von Geld- und Zeitverschwendung. Sie nehmen Risiken auf sich, wenn sie müssen, aber sie werden zunächst Sicherheitsnetze aufspannen und das Risiko genau überwachen.«

Moore argumentiert, dass die Haltungen der Frühübernehmer und der Frühen Mehrheit im Grunde nicht kompatibel
sind. Innovationen gleiten nicht einfach von der ersten Gruppe
zur zweiten hinüber. Zwischen ihnen liegt eine Kluft. Viele
High-Tech-Produkte scheitern, weil sie nie über die Gruppe der
Frühübernehmer hinaus gelangen. Die Firmen, die diese Produkte herstellen, schaffen es einfach nicht, eine Idee, die einem
Frühübernehmer vollkommen einleuchtet, der Mehrheit so zu
präsentieren, dass diese Unternehmen sich den Pionieren an-
schließen.

Moores Buch befasst sich ausschließlich mit der High Technology. Aber zweifellos sind seine Argumente auf andere soziale
Epidemien anwendbar. Im Fall der Hush Puppies begannen die
Jugendlichen in Manhattan, diese Schuhe zu tragen, weil sie ein
veraltetes, kitschiges Image der fünfziger Jahre hatten. Sie kauften sie genau deshalb, weil niemand sonst sie haben wollte. Sie
suchten nach einer revolutionären modischen Aussage. Sie waren bereit, Risiken auf sich zu nehmen, um sich von anderen zu
unterscheiden. Aber die meisten von uns in der Frühen oder der
Späten Mehrheit wollen keine revolutionäre Aussage machen,
weder in der Mode noch sonstwo, und wir wollen auch kein Risiko auf uns nehmen. Wie übersprangen die Hush Puppies diese
Kluft? Die Werbeagentur Lambesis entwickelte eine Kampagne
für einen Schuh, der in der Skateboard-Subkultur von Südkalifornien sehr beliebt war. Ihre Aufgabe war es, ihn für die Teenager in der ganzen Welt »hip« und attraktiv zu machen – selbst
für Teenager, die noch nie ein Skateboard gesehen hatten oder
für die zumindest Skateboarding nicht sonderlich interessant
war und die deshalb auch kaum Verwendung für eine verbreit-
terte Sohle hatten, mit der man das Board besser halten konnte,
oder für gepolsterte Zungen, die Stunts in der Luft weniger
schmerzhaft machten. Das war eindeutig auch keine einfache
Aufgabe. Wie machten sie das? Wie kommt es, dass all die verrückten, absonderlichen Dinge, die wirklich »coole« Jugendliche tun, schließlich in den Mainstream gelangen?

Dies ist der Punkt, an dem, so scheint mir, Vermittler, Kenner und Verkäufer ihre wichtigste Rolle spielen. In dem Kapitel über das Gesetz der Wenigen habe ich darüber gesprochen, dass die besonderen Gaben dieser Personen gesellschaftliche Epidemien auslösen können. Hier aber können wir ein wenig genauer darauf eingehen, was sie tun. Sie sind die Menchen, die es Innovationen ermöglichen, die oben erwähnte Kluft zu überspringen. Sie sind Übersetzer: sie nehmen Ideen und Informationen aus einer hoch spezialisierten Welt und übersetzen sie in eine Sprache, die der Rest von uns verstehen kann.

Mark Alpert, der Professor von der University of Texas, den ich als den Ur-Kenner beschrieben habe, ist die Art von Mensch, der in deine Wohnung kommt und dir zeigt, wie man eine sehr komplizierte Software installiert oder verändert. Tom Gau, der Inbegriff des Verkäufers, nimmt das obskure Feld der Steuergesetzgebung und der Altersvorsorge und verwandelt es in eine emotionale Botschaft, die seine Klienten verstehen. Lois Weisberg, die Vermittlerin, gehört nicht nur vielen unterschiedlichen Welten an – der Politik, dem Theater, dem Umweltschutz, der Musik, der Justiz, der Medizin und so weiter und so weiter –, sie ist vor allem in der Lage, zwischen diesen unterschiedlichen sozialen Welten zu vermitteln. Eine der Schlüsselfiguren bei Lambesis war DeeDee Gordon, die frühere Marktforschungschefin der Agentur, und sie sagt, dass es genau dieser Verbreitungsprozess ist, der die Modetrends in die Jugendkultur trägt. Die Innovatoren versuchen etwas Neues. Dann sieht es jemand – ein Teenagergegenstück des Kenners oder Vermittlers oder Verkäufers – und übernimmt es. »Diese Kids machen die Dinge den Mainstream-Leuten akzeptabler. Sie sehen, was die wirklich interessanten Kids machen, und sie versuchen es damit. Sie verändern es aber ein wenig. Sie machen es gebrauchsfähiger. Da gibt's vielleicht einen Jungen, der seine Jeans aufrollt und sie mit farbigen Klebestreifen befestigt, weil er Fahrradbote ist. Gut, den Übersetzern gefällt das. Aber den Klebestreifen wollen sie nicht. Sie nehmen lieber einen Klettverschluss. Oder das Baby-Doll-

T-Shirt. Ein Mädchen fängt an, eingelaufene T-Shirts zu tragen. Sie geht zu Toys R Us und kauft das Barbie-T-Shirt. Und die anderen sagen, das ist cool. Aber sie kriegen es vielleicht nicht in der Größe, und sie mögen vielleicht auch Barbie nicht so. Sie gucken sich das an und sagen: irgendwas ist noch nicht ganz richtig. Aber ich kann damit was anfangen, wenn ich's ein bisschen ändere. Dann wird es ein riesiger Erfolg.«

Die wohl intelligenteste Analyse dieses Übersetzungsprozesses stammt aus einer Studie über das Gerücht. Das ist kein Wunder, denn Gerüchte sind offensichtlich die ansteckendsten aller gesellschaftlichen Botschaften. In seinem Buch *The Psychology of Rumor*[52] schreibt der Soziologe Gordon Allport über ein Gerücht, das einen chinesischen Lehrer betraf, der in seinen Ferien im Sommer 1945 durch Maine fuhr, kurz vor der Kapitulation der Japaner im Zweiten Weltkrieg. Der Mann hatte ein Buch bei sich, einen Führer, in dem stand, dass man von einer bestimmten Hügelkuppe einen großartigen Ausblick auf die Landschaft von Maine hat. Er hielt in einer Kleinstadt an und fragte, wie man dorthin kam. Aus dieser unschuldigen Erkundigung entstand ein Gerücht, das sich schnell ausbreitete: Ein japanischer Spion sei auf dem Weg zu dem Hügel, um die Gegend zu fotografieren.

»Die einfachen Fakten, die den ›wahren Kern‹ bei diesem Gerücht ausmachten«, schreibt Allport, »wurden bereits am Anfang entstellt.« Zunächst einmal wurde die Geschichte »eingeebnet«. Alle Details, die für ein wirkliches Verständnis des Vorgangs notwendig waren, wurden ausgelassen. Es wurde nicht erwähnt, sagt Allport, »dass der Besucher höflich, sogar schüchtern auftrat, dass seine Nationalität nicht gesichert war, dass er nicht die geringsten Anstalten gemacht hatte, sich oder das, was er tun wollte, zu verbergen.« Dann wurde die Geschichte »zugespitzt«. Die verbleibenden Details wurden spezifischer. Der Mann war ein Spion. Er sah asiatisch aus, also war er Japaner. Sein Führer wurde zu einer Kamera. Schließlich fand ein Prozess der »Aneignung« statt. Die Geschichte wurde verändert, um sie für die, die das Gerücht verbreiteten, sinnvoller zu machen. »Ein chinesischer Lehrer, der Ferien machte, war eine Vorstellung, die den meisten der Farmer fremd war, denn sie wussten nicht, dass Universitäten chinesische Akademiker beschäftigten und dass diese Anspruch auf Urlaub hatten«, schreibt Allport. »Die neue Situation wurde in den einfachsten Bezugsrahmen eingeordnet.« Und was war dieser Bezugsrahmen? Im ländlichen Maine des Jahres 1945, als praktisch jede Familie einen Sohn oder Verwandten hatte, der im Krieg diente, ergab diese Geschichte nur Sinn, wenn man sie in den Kontext des Krieges einordnete.

Psychologen haben festgestellt, dass dieser Prozess der Verzerrung in der Verbreitung von Gerüchten fast universell ist. In Gedächtnisexperimenten wurde den Teilnehmern ein Text zum Lesen gegeben oder Bilder, die sie sich anschauen sollten, und nach einer Zeitspanne von ein paar Monaten wurden sie gebeten, wiederzukommen und darüber zu berichten, was sie gelesen oder gesehen hatten. Bei jedem dieser Tests gab es signifikante Einebnungen. Bis auf wenige Details ging alles verloren. Zur gleichen Zeit aber wurden die wenigen Details, an die sich die Testteilnehmer erinnern, zugespitzt. In einem klassischen Beispiel wurde den Teilnehmern die Zeichnung eines Sechsecks gegeben, das von drei Linien durchschnitten wurde. Sieben Kreise gleicher Größe waren über das Ganze gelegt. Ein typisches Ergebnis war die Erinnerung eines Teilnehmers, dass es sich um die Zeichnung eines Quadrats handelte, das von zwei Linien durchschnitten wurde, und die 38 kleine Kreise an den Rändern um das Quadrat aufwies.

»Es gab eine ausgeprägte Tendenz, das, was man gelesen oder gesehen hatte, in den vertrauten Rahmen des eigenen Lebens und der eigenen Kultur einzuordnen, vor allem aber es mit dem zu verbinden, was für den Testteilnehmer eine besondere emotionale Bedeutung hatte«, schreibt Allport. »In dem Bemühen, dem Gegenstand Sinn zu verleihen, vereinfachten die Teilnehmer, was sie gesehen hatten, oder ergänzten es, um der Sache eine ›Gestalt‹ zu geben, eine sinnvollere, ihnen nähere Konfiguration.«

Das ist im Grunde, was mit Übersetzung gemeint ist. Was Kenner und Vermittler und Verkäufer tun, um eine Idee ansteckend zu machen, ist im Grunde derselbe Prozess. Sie verändern sie so, dass äußerliche Details weggelassen und andere betont werden, damit die Botschaft eine tiefere Bedeutung annimmt. Wenn also jemand eine Epidemie auslösen will – ob es nun um Schuhe, menschliches Verhalten oder Software geht –, muss er Vermittler, Kenner und Verkäufer in irgendeiner Weise einsetzen. Er muss Personen finden, die die Botschaft der Innovatoren in etwas übersetzen, was die meisten Menschen verstehen können.

2.

Es gibt ein gutes Beispiel dieser Strategie in Baltimore, der Stadt, über deren Probleme mit Drogen und Krankheiten ich in diesem Buch schon gesprochen habe. Die Stadt Baltimore bietet, wie viele andere Städte mit einem Drogenproblem, an bestimmten Straßenecken in der Innenstadt und zu bestimmten Zeiten saubere Spritzen an. Ein Kleinbus fährt einmal in der Woche dorthin, um sie den Abhängigen zu bringen. Für jede benutzte Nadel können sie eine saubere bekommen. Im Prinzip scheint der Austausch der Nadeln dem Kampf gegen AIDS zu helfen, da der wiederholte Gebrauch alter HIV-infizierter Spritzen für einen hohen Prozentsatz der Ansteckung verantwortlich ist. Trotzdem scheint dieser Ansatz bei genauerer Betrachtung einige offensichtliche Grenzen zu haben. Drogenabhängige sind zum einen nicht sehr organisiert und zuverlässig. Welche Garantie gibt es also, dass sie wirklich zum richtigen Zeitpunkt auftauchen, um sich eine neue Nadel zu holen? Zum zweiten brauchen die meisten Heroinabhängigen etwa eine Nadel am Tag, sie setzen sich fünf oder sechs Mal einen Schuss, bis die Nadel so stumpf ist, dass es nicht mehr geht. Das sind eine Menge Nadeln. Wie kann ein Kleinbus, der einmal in der Woche kommt, Abhängigen helfen, die jeden Tag eine neue Nadel brauchen? Was, wenn der Kleinbus am Dienstag kommt, der Abhängige aber schon am Samstag eine frische Nadel braucht?

Um festzustellen, wie gut das Programm funktionierte, fuhren Wissenschaftler von der Johns Hopkins University Mitte der neunziger Jahre in den Kleinbussen mit, um mit den Leuten, denen die Spritzen ausgehändigt wurden, zu sprechen. Was sie herausfanden, überraschte sie. Sie hatten angenommen, dass die Abhängigen jeweils ihre eigenen Nadeln zur Austauschstelle brachten, dass sie sich also so verhielten wie Sie und ich, wenn wir Milch kaufen: wir gehen während der Öffnungszeit ins Geschäft und holen, was wir an Milch für die Woche brauchen. Hier aber passierte etwas ganz anderes: Eine Handvoll Abhängiger erschien jede Woche mit Säcken voller gebrauchter Nadeln, 300 oder 400, weit mehr als sie selbst jemals verbrauchen konnten. Diese Männer gingen dann auf die Straßen und verkauften die sauberen Spritzen für einen Dollar das Stück. Der Kleinbus war in anderen Worten eine Art Spritzengroßhändler. Die Einzelhändler waren diese Leute, die »super exchangers« genannt wurden und die sich an den von den Abhängigen bevorzugten Plätzen herumtrieben, gebrauchte Nadeln einsammelten und neue verkauften.

Zunächst hatten einige der Leiter des Programms Zweifel. Wollten sie wirklich, dass die mit Steuergeldern gekauften Nadeln die Sucht von Abhängigen finanzierten? Aber dann begriffen sie, dass sie zufällig über die Lösung ihres Problems gestolpert waren. »Es ist ein viel, viel besseres System«, sagt Tom Valente, der an der School of Public Health der Johns Hopkins University lehrt. »Eine Menge Leute spritzen nur am Freitag oder Samstag, und die denken nicht notwendigerweise daran, dass sie sauberes Werkzeug brauchen, bevor sie losgehen. Das Nadeltausch-Programm ist dann natürlich nicht zur Stelle, und schon gar nicht da, wo die Leute hingehen. Aber diese ›super exchangers‹ sind natürlich da. Sie liefern einen 24-Stunden-Service, und das kostet uns gar nichts.«

Einer der Wissenschaftler, die das Programm begleiteten, war ein Epidemiologe namens Ben Junge. Er interviewte mehrere der »super exchangers«, und er stellte fest, dass sie eine sehr spezielle Gruppe waren. »Sie kennen viele Leute«, sagt Junge. »Sie kennen Baltimore wie ihre Hosentasche. Sie wissen, wo es jede Art von Drogen gibt und jede Art von Nadel. Sie kennen die Szene. Ich würde sagen, dass sie sehr gute Verbindungen haben. Sie haben jede Menge Kontakte ... Das grundlegende Motiv ist natürlich das Geld. Aber sie haben definitiv auch ein Interesse, den Menschen zu helfen.«[53]

Klingt das vertraut? Die »super exchangers« sind die Vermittler in Baltimores Drogenwelt. Die Leute von Johns Hopkins denken nun sogar daran, diese »super exchangers« dazu einzusetzen, eine Anti-Drogen-Epidemie auszulösen. Was wäre, wenn man diese gerissenen, umtriebigen, gut verbundenen, altruistischen Leute nähme und ihnen Kondome zum Verteilen anvertraute, oder sie in der Art von Gesundheitsinformation ausbildete, auf die Drogenabhängige verzweifelt angewiesen sind? Diese »super exchangers« scheinen die richtigen Leute zu sein, um die Kluft zwischen der Gesundheitsbehörde und der Mehrheit der Drogenabhängigen zu überbrücken, einer Mehrheit, die jetzt von der Information und den Institutionen abgeschnitten ist, die ihnen das Leben retten könnten. Sie scheinen die Leute zu sein, die die Angebote der Gesundheitsprogramme in eine Sprache übersetzen könnten, die andere Abhängige verstehen.

3.

Diese Kluft zu überwinden war auch Lambesis' Absicht, als die Agentur die Aufgabe übernahm, Airwalk in eine internationale Marke zu verwandeln. Sie waren natürlich nicht in der Lage, die Kenner und Vermittler und Verkäufer zu identifizieren, die sie brauchte. Lambesis war eine winzige Agentur, die versuchte, eine internationale Kampagne auf die Beine zu stellen. Was sie indessen tun konnten, war, eine Epidemie auszulösen, bei der ihre eigene Kampagne die Rolle des Übersetzers spielte. Sie sollte die Vermittlerin zwischen den Innovatoren und allen anderen möglichen Kunden sein. Wenn sie ihre Hausaufgaben machten, das wussten die Leute von Lambesis, konnten sie diejenigen sein, die die neuesten Ideen der Jugendkultur in Südkalifornien einebneten, zuspitzten und sich aneigneten und sie für die Mehrheit akzeptabel machten. Sie konnten die Rolle des Vermittlers, des Kenners und des Verkäufers zugleich spielen.

Zunächst entwickelte Lambesis ein eigenes Rechercheprogramm, das auf den Markt der Jugendlichen zielte, den Airwalk erobern wollte. Wenn sie innovative Ideen für den Mainstream »übersetzen« wollten, mussten sie erst mal herausfinden, worin diese innovativen Ideen bestanden. Also heuerte Lambesis DeeDee Gordon an, die zuvor für die Sportschuhfirma Converse gearbeitet hatte. Gordon ist eine blendend aussehende, gelassenhumorvolle Frau, die in einem modernistischen, rechtwinkligen, weißen Meisterwerk von einem Haus in den Hollywood Hills lebt, in der Mitte zwischen Madonnas neuem und Aldous Huxleys altem Haus. Ihr Geschmack ist fast unmöglich eklektisch: je nach dem Tag der Woche ist sie von einer obskuren Hip-Hop-Band oder einem alten Peter Sellers-Film besessen oder von einem neuen elektronischen Gerät aus Japan oder einem bestimmten Weißton, den sie aus irgendeinem Grunde plötzlich sehr »cool« findet. Als sie bei Converse arbeitete, fiel ihr auf, dass weiße Mädchen, Teenager, in Los Angeles sich einen Look gaben, den sie »the wife beater« nannten – ein enges weißes Top, über dem die BH-Träger sichtbar waren, und lange Shorts, Sportsocken und Badesandalen. »Ich hab unseren Leuten gesagt, das wird ein Hit«, erinnert sich Gordon. »Da sind zu viele Mädchen da draußen, die das tragen. Wir müssen Sandalen machen.« Also schnitten sie den hinteren Teil eines Converse-Sneakers ab, setzten eine Sandalensohle darunter und verkauften eine halbe Million Paare. Gordon hat einen sechsten Sinn dafür, in welche Viertel oder Bars oder Clubs sie in London oder Tokio oder Berlin gehen muss, um wirklich Neues zu sehen. Sie kommt manchmal nach New York, nur um sich stundenlang irgendwo in Soho oder im East Village auf den Gehsteig zu setzen und alles Ungewöhnliche zu fotografieren. Gordon ist eine Kennerin – eine Kennerin jener schwer fassbaren, undefinierbaren Qualität, die als »cool« bekannt ist.

Bei Lambesis entwickelte Gordon ein Netzwerk von jungen »Korrespondenten« in New York und Los Angeles und Chicago und Dallas und Seattle und im Ausland in Städten wie Tokio und London. Es waren die jungen Leute, die in den frühen neunziger Jahren in Downtown-Manhattan Hush Puppies getragen hätten. Sie passten alle in ein bestimmtes Persönlichkeitsbild: sie waren Innovatoren.

»Das sind Kids, die sich in irgendeiner Weise als Ausgestoßene fühlen«, sagt Gordon. »Es ist egal, ob das wirklich wahr ist. Sie empfinden das so. Sie hatten schon immer das Gefühl, anders zu sein. Wenn man Kids fragt, wovor sie Angst haben, dann nennen die Trendsetter so was wie bakterielle Kriegsführung oder Terrorismus. Sie haben das größere Bild vor Augen, während die Mainstream-Kids sich Sorgen um ihr Gewicht machen oder um die Gesundheit ihrer Großeltern oder darum, ob sie gut genug in der Schule sind. Die Trendsetter sind aktiver. Sie haben mehr Leidenschaft. Ich suche immer nach Leuten, die sehr individuell sind, sich von den anderen bewusst unterscheiden, nicht so aussehen wie die anderen.«

Gordon besitzt eine unersättliche Neugier auf die Welt. »Ich bin schon auf Trendsetter gestoßen, die wirklich wie Otto Normalverbraucher aussahen«, fuhr sie fort. »Ich seh Otto in einem Club, wo eine total harte neue Band spielt, und ich sag zu mir: O mein Gott, was macht der denn hier, und das macht mich so neugierig, ich muss einfach zu ihm rüber und sagen, heh, du stehst aber wirklich auf diese Band, was? Wieso? Wissen Sie, was ich mein? Ich guck mir alles an. Wenn ich Otto in einem Coffee Shop seh, und alle um ihn rum haben blaues Haar, dann fühl ich mich zu ihm hingezogen, weil er die Ausnahme ist und ich wissen will, warum.«

Als sie ihren Stall von Innovatoren-Korrespondenten aufgebaut hatte, rief Gordon sie zwei oder drei Mal im Jahr an und fragte sie, was für Musik sie hörten, welche Fernsehsendungen sie sahen, was für Kleidung sie kauften oder was ihre Ziele und Träume waren. Die Antworten waren nicht immer kohärent. Man musste sie deuten können. Verschiedene Ideen tauchten in verschiedenen Teilen des Landes auf und bewegten sich manchmal von Osten nach Westen und manchmal von Westen nach Osten. Aber wenn sie ihre Informationen zusammenfasste, wenn sie die aus Austin mit Seattle verglich und Seattle mit Los Angeles und Los Angeles mit New York, konnte Gordon sich ein Bild von der Entwicklung und Bewegung neuer Modetrends im Lande machen. Und indem sie das, was ihre Innovatoren ihr erzählten, mit dem verglich, was die Mainstream-Kids ein paar Monate später machten, konnte sie verfolgen, welche Art von Idee in der Lage war, die Kluft zwischen den »coolen« Subkulturen und der Mehrheit zu überspringen.

»Nehmen Sie dies ganze Männer-Make-up-Ding, dies Kurt Cobain, androgyne Ding«, sagte Gordon. »Sie wissen, dass er sich die Fingernägel mit Magic Marker anmalte? Wir haben das zuerst im Nordwesten gesehen, dann sickerte es nach Los Angeles und New York ein und nach Austin, weil die da eine hippe Musikszene haben. Dann wanderte es in andere Teile der Staaten. Das brauchte lange, bis es in den Mainstream überwechselte.«

Gordons Funde wurden zur Schablone für die Airwalk-Kampagne. Die neuen Trends oder Ideen oder Konzepte, die von den Innovatoren im ganzen Land entwickelt oder aufgenommen wurden, wanderten so weit wie möglich in die Airwalk-Werbung. Zum Beispiel bemerkte Gordon, dass die Trendsetter ein plötzliches Interesse an Tibet und dem Dalai Lama entwickelten. Die einflussreiche Rap-Band Beastie Boys spendete sehr öffentlich Geld für die »Free Tibet«-Kampagne und brachte bei ihren Konzerten tibetische Mönche auf die Bühne, die über die Lage in Tibet berichteten. »Die Beastie Boys drückten das durch und machten es okay«, erinnert sich Gordon. Also machte Lambesis eine sehr komische Anzeige mit einem jungen buddhistischen Mönch, der Airwalk-Schuhe trägt und in einem Klassenzimmer sitzt. Er muss offensichtlich eine Arbeit schreiben und guckt auf seine Schuhe hinunter, weil er sie wie einen Spickzettel vollgeschrieben hat. (Als eine große Version der Anzeige auf einer Plakatwand in San Francisco erschien, musste Lambesis sie zurückziehen, weil tibetische Mönche dagegen protestierten: Mönche berühren ihre Füße nicht, und sie schummeln schon gar nicht bei Tests.)

Als James Bond auf dem Trendsetter-Radar auftauchte, heuerte Lambesis den Regisseur des letzten Bond-Films an, um eine Serie von Spots zu drehen, in denen ein Mann mit Airwalk-Schuhen in wilden Fluchten gesichtslosen Bösewichtern entkommt. Als die Trendsetter begannen, ein ironisches Interesse an der Country Club-Kultur zu zeigen und alte Fred Perry- und Izod-Golfhemden trugen, machte Airwalk einen Schuh aus dem Material von Tennisbällen, und Lambesis schuf eine Anzeige, auf der der Schuh wie bei einem Aufschlag hochgeworfen und von einem Tennisschläger getroffen wurde.

»Dann stellten wir fest, dass technische Utopien eine wirklich große Sache waren«, sagt Gordon. »Man fragte irgendeinen Jungen, was er erfinden würde, wenn er könnte, und es ging immer um ein völlig müheloses Leben. Zum Beispiel, wenn man sich nicht schön fand, steckte man den Kopf in eine Art Blase, drückte auf einen Knopf, und das Gesicht kam perfekt wieder raus. Also brachten wir Airwalk dazu, runde, blasenförmige Sohlen herzustellen. Wir begannen Materialien zu vermischen – atmendes Material und spezielle Typen von Gore-Tex, und wir legten die übereinander.«

Wenn man das Archiv der Airwalk-Anzeigen in dieser entscheidenden Phase durchgeht, bekommt man tatsächlich einen kompletten Führer durch die Trends und Fads und Verliebtheiten und Interessen der Jugendkultur dieser Zeit: 30-Sekunden-Parodien von Kung Fu-Filmen, ein TV-Spot über die Beat-Lyrik, ein Spot im Stil der X-files, in dem die Airwalks eines jungen Mannes, der nach Roswell, New Mexico, hineinfährt, von Aliens konfisziert werden.

Es gibt zwei Erklärungen für den großen Erfolg dieser Strategie. Die erste ist offensichtlich. Lambesis wählte verschiedene, sehr ansteckende Trends aus, die noch in den Kinderschuhen steckten. In der Zeit, die die Agentur und die Firma brauchten, um die neue Werbekampagne und die dazugehörigen Schuhe zu entwickeln, hatte der Trend (wenn sie Glück hatten) den Mainstream erreicht. In anderen Worten, Lambesis ließ sich von sozialen Epidemien tragen und versuchte, Airwalk mit jeder neuen Trendwelle, die durch die Jugendkultur lief, assoziativ zu verbinden. »Das Timing ist entscheidend«, sagt Gordon. »Man folgt den Trendsettern. Man guckt sich an, was sie machen. Man braucht ein Jahr, um die Schuhe zu produzieren. Wenn das Jahr vorbei ist und der Trend der richtige Trend ist, erwischt man die Mainstream-Leute gerade im richtigen Augenblick. Wenn man also utopische Technologien als Trend sieht – wenn man genug Trendsetter sieht, die Sachen kaufen, die im Design ergonomisch sind, futuristische Schuhe oder kleine Palm Pilots, und wenn man sie fragt, was sie erfinden würden, und alle sagen: fliegende Autos –, dann geht man von der Annahme aus, dass innerhalb von sechs Monaten bis zu einem Jahr jedermann und seine Großmutter davon reden werden.«

Lambesis war aber nicht nur passiver Zuschauer dieses Prozesses. Durch ihre Anzeigen und Werbespots trug die Agentur auch selbst dazu bei, die Ideen, die sie bei den Innovatoren aufgespürt hatten, zu verbreiten. Gordon behauptet zum Beispiel, dass, wenn etwas es nicht schafft, aus der Trendsetter-Gemeinde in den Mainstream auszubrechen, dies gewöhnlich daran liegt, dass die Idee sich nicht breit genug in der Kultur verwurzelt hat. »Dann gab es nicht genug Hinweise. Man sah es nicht in der Musik und im Film und in Kunst und Mode. Wenn etwas es schafft, sieht man es wie einen roten Faden überall – in dem, was sie im Fernsehen mögen, was sie erfinden wollen, was sie an Musik hören wollen, selbst in den Stoffen, die sie tragen wollen. Es ist dann überall. Aber wenn man es nur in einem Bereich sieht, wird es nicht klappen.«

Lambesis nahm bestimmte Ideen auf und verbreitete sie überall. Und indem sie sie verbreiteten, leisteten sie die entscheidende Übersetzerarbeit. Gordons Berichte zeigten, dass die jungen Leute sehr am Dalai Lama und den ernsten Fragen der Besetzung Tibets interessiert waren. Also bezog sich Lambesis darauf, sie zeigten einen tibetischen Mönch, aber sie setzten ihn in einen leichten, witzigen Kontext. Sie »frisierten« es. Die Innovatoren hatten ein tief ironisches Interesse an der Country Club-Kultur. Lambesis machte das leicht verständlich. Sie stellten einen Schuh als Tennisball dar, und das machte den Bezug weniger indirekt und komischer. Innovatoren mochten Kung Fu-Filme. Also machte Lambesis einen Spot, der eine Kung Fu-Parodie war und in dem der Airwalk-Held die ihn verfolgenden Dunkelmänner mit einem Skateboard abwehrt. Lambesis nahm das Kung Fu-Motiv und verschmolz es mit der Jugendkultur.

Im Fall jenes chinesischen Akademikers, der seine Ferien in Maine verbrachte, ergab die tatsächliche Situation, wie Allport es beschrieb, für die Leute in der Kleinstadt keinen Sinn. Also ersannen sie eine Deutung, die für sie sinnvoll war. Der Mann war ein Spion, und um diese Version glaubhaft zu machen, »wurden unstimmige Details eingeebnet, und das Geschehen wurde zugespitzt, um dem neuen Motiv zu entsprechen. Die Episode als Ganze wurde den vorhandenen Strukturen des Denkens angepasst, damit die Menschen, die das Gerücht verbreiteten, sie sich aneignen konnten.« Das ist im Grunde das, was auch die Leute von Lambesis taten. Sie bekamen die kulturellen Stichworte von den Innovatoren – Stichworte, welche die Mainstream-Kids vielleicht kannten, ohne dass sie für sie einen Sinn ergaben – und ebneten sie ein, spitzten sie zu und brachten sie in eine kohärente Form, so dass die Mehrheit sie sich aneignen konnte. Sie gaben diesen Stichworten eine spezielle Bedeutung, die sie davor nicht besessen hatten, und machten ihre Schuhe zu einem Symbol dieser neuen Sensibilität. Es ist keine Überraschung, dass das Airwalk-Gerücht sich in den Jahren 1995 und 1996 so schnell verbreitete.

4.

Die Airwalk-Epidemie hielt nicht. 1997 begannen die Verkäufe der Firma einzubrechen. Es gab Produktionsprobleme, und sie konnte viele Aufträge nicht erfüllen. In wichtigen Verkaufsstellen gab es plötzlich nicht genug Schuhe, als die Jugendlichen aus den Ferien zurückkamen und die Schule wieder begann. Einst loyale Vertreiber wandten sich von Airwalk ab. Zur gleichen Zeit begann die Firma die Avantgarde-Ausstrahlung zu verlieren, von der sie so lange gelebt hatte. »Als Airwalk anfing, war das Produkt zukunftweisend und radikal. Die Schuhe waren sehr aggressiv«, sagte Chad Farmer. »Wir hielten im Marketing die Rolle als Trendsetter aufrecht. Aber das Produkt hielt damit nicht Schritt. Die Firma hörte zunehmend auf den Verkauf, und das Produkt kriegte diesen vereinheitlichten Mainstream-Look. Alle liebten das Marketing. In den Fokusgruppen, die bei uns stattfinden, reden sie immer noch davon, wie sehr ihnen das fehlt. Aber die Frage Nummer eins ist: Was passierte mit dem coolen Produkt?«

Lambesis' Strategie beruhte darauf, Innovatoren-Schuhe für die Mehrheit zu »übersetzen«. Aber plötzlich produzierte Airwalk keine Innovatoren-Schuhe mehr. »Wir machten noch einen entscheidenden Fehler«, sagt Lee Smith, der frühere Chef von Airwalk. »Wir hatten eine segmentierte Strategie, die die kleinen unabhängigen Skateshops – die dreihundert Boutiquen im Staat, die uns in Wirklichkeit erschaffen haben – anders behandelte als die großen Abnehmer. Wir hatten eine spezielle Linie für sie, und sie wollten die nicht in den Kaufhäusern sehen. Wir haben also unser Produkt segmentiert. Wir haben den kleinen Läden gesagt, ihr braucht nicht mit den Kaufhäusern zu konkurrieren. Das funktionierte sehr gut.« Die Boutiquen wurden mit den technischen Schuhen beliefert: sie hatten ein anderes Design, besseres Material, mehr Polsterung, unterschiedliches Futter, andere Gummizusammensetzungen, teurere Zungen. »Wir hatten ein Prestigemodell – den Tony Hawk-Schuh – für Skateboarder, er war stärker und haltbarer. Er kostete etwa 80 Dollar.« Die Schuhe, die Airwalk an Kinney's oder Champ's oder Foot Locker lieferte, waren weniger aufwendig gemacht und kosteten etwa 60 Dollar. Der engere Kundenkreis, die Trendsetter, bekam den exklusiveren Schuh, den Mainstream-Kunden blieb die Befriedigung, dieselbe Marke zu tragen wie die wirklich coolen Jugendlichen.

Aber dann, auf dem Gipfelpunkt des Erfolgs, änderte Airwalk die Verkaufsstrategie. Die Firma begann, auch die exklusiveren Schuhe überallhin zu vertreiben. »Da fingen die Trendsetter an, sich von der Marke abzuwenden«, sagt Farmer. »Sie gingen zu ihren Boutiquen, wo sie die coolen Sachen kriegten, und dann stellten sie fest, dass jeder die Schuhe auch bei J C Penney kaufen konnte.« Jetzt übersetzte Lambesis plötzlich die Sprache des Mainstream für den Mainstream. Die Epidemie war vorbei.

»Ein Produktmanager hat mich mal gefragt, was da passiert ist«, sagt Smith, »und ich antwortete, hast du mal Forrest Gump gesehen? Dumm ist, wer dumm handelt. Na ja, cool ist, wer cool handelt. Coole Marken behandeln ihre Leute gut, und wir haben das nicht getan. Ich hatte einigen dieser kleinen Läden persönlich versprochen, dass wir ihnen das spezielle Produkt weiter liefern würden, und dann überlegten wir uns das anders. Das war der Anfang. In dieser Welt ist alles Mund-zu-Mund. Als wir wuchsen, hätten wir noch mehr auf die Details achten müssen, damit unser Ruf nicht litt, und wenn Leute sagten: Ihr habt euch verkauft, ihr Typen seid jetzt Mainstream, ihr seid nichts mehr, da hätten wir sagen können: Wisst ihr was? Das stimmt nicht.

Wir hatten dieses kleine Juwel von einer Marke, und Stück für Stück haben wir es an den Mainstream verkauft, und als wir's ganz verkauft hatten«, er machte eine Pause, »was dann? Du kaufst ein Paar von unseren Schuhen. Warum solltest du jemals noch eins kaufen?«

SIEBEN

FALLSTUDIE ZWEI

SELBSTMORD, RAUCHEN
UND DIE SUCHE
NACH DER UNVERANKERTEN ZIGARETTE

V or einiger Zeit hatte ein Siebzehnjähriger namens Sima auf einer der vielen Inseln von Mikronesien im Südpazifik einen Streit mit seinem Vater. Er hielt sich mit seiner Familie im Haus seines Großvaters auf, als sein Vater, ein strenger und anspruchsvoller Mann, ihn eines Morgens aus dem Bett holte und ihm sagte, er solle ein Messer an einer Bambusstange finden, um damit Brotfrucht zu ernten. Sima lief Stunden im Dorf herum, konnte aber kein Baummesser finden, und als er mit leeren Händen zurückkam, war sein Vater außer sich. Die Familie würde nun nichts zu essen bekommen, sagte er seinem Sohn, wütend mit der Machete herumfuchtelnd. »Mach, dass du wegkommst. Such dir ein anderes Haus, wo du leben kannst.«

Sima verließ das Haus seines Großvaters und wanderte zu seinem Heimatdorf zurück. Auf dem Weg dorthin traf er seinen vierzehnjährigen Bruder und borgte sich einen Stift. Zwei Stunden später begann sein Bruder, der neugierig war, wohin Sima gegangen war, nach ihm zu suchen. Er ging zu dem jetzt leerstehenden Haus der Familie und sah durch ein Fenster hinein. In der Mitte eines dunklen Raums hing Sima in einer Schlinge. Er war tot. Sein Abschiedsbrief lautete:

Mein Leben geht zu dieser Zeit zu Ende. Heute ist ein Tag der Trauer für mich und auch ein Tag des Leidens. Aber es ist ein Freudentag für Papa. Heute hat Papa mich fortgeschickt. Vielen Dank dafür, dass Du mich so wenig geliebt hast. Sima. Sag Mama Lebewohl von mir. Mama, Du wirst dich über Deinen Jungen nicht mehr ärgern müssen. Alles Liebe von Sima.[54]

In den frühen sechziger Jahren war der Selbstmord in Mikronesien praktisch unbekannt. Aber aus Gründen, die niemand rich-

tig versteht, begann die Selbstmordrate danach steil und dramatisch anzusteigen. Jahr für Jahr sprang sie auf neue Höhen, bis es
Ende der achtziger Jahre in Mikronesien mehr Selbstmorde pro
Kopf gab als irgendwo sonst auf der Welt. Bei Männern zwischen 15 und 24 Jahren liegt die Selbstmordrate in den USA bei
ungefähr 22 auf 100.000. Auf den mikronesischen Inseln liegt
sie bei etwa 160 auf 100.000 – also sieben Mal höher. Auf dieser
Ebene ist der Selbstmord fast etwas Alltägliches, und er wird
schon durch kleinste Vorfälle ausgelöst. Sima nahm sich das
Leben, weil sein Vater ihn angeschrien hatte. Angesichts der mikronesischen Selbstmordepidemie war das nichts Ungewöhnliches. Teenager auf den Inseln begingen Selbstmord, weil sie ihr
Mädchen mit einem anderen Jungen gesehen hatten, oder weil
ihre Eltern ihnen kein Geld für ein paar Dosen Bier gaben. Ein
Neunzehnjähriger erhängte sich, weil seine Eltern ihm keinen
Talar für die Abschlussfeier der Highschool kaufen wollten. Ein
Siebzehnjähriger erhängte sich, weil sein älterer Bruder ihn er-
mahnt hatte, nicht so viel Lärm zu machen.

Was in westlichen Kulturen etwas Seltenes und tief Patho-
logisches ist, wurde in Mikronesien zu einem Ritus der Adoleszenz mit eigenen Regeln und Symbolen. Praktisch alle Fälle
von Selbstmord auf den Inseln sind Variationen von Simas Geschichte. Das Opfer ist immer männlichen Geschlechts. Er ist
unter zwanzig, unverheiratet und lebt noch bei seinen Eltern.
Auslöser ist fast immer ein häuslicher Streit: eine Auseinandersetzung mit den Eltern oder dem Bruder oder der Freundin. In
drei Viertel der Fälle hatte das Opfer nie zuvor einen Selbstmordversuch unternommen oder ihn angedroht. Die Abschieds-
briefe drücken eher verletzten Stolz und Selbstmitleid als Depression oder Trauer aus. Der Selbstmord selbst geschieht meist
am Abend eines Wochenendtages, gewöhnlich nachdem das
Opfer mit Freunden etwas getrunken hat. In fast allen Fällen
folgt das Opfer derselben Prozedur, als gäbe es ein strenges, un-
geschriebenes Protokoll über die korrekte Art, sich das Leben
zu nehmen. Er sucht sich ein abgelegenes oder leeres Haus. Er

nimmt ein Seil und knüpft eine Schlinge, aber er springt nicht vom Stuhl oder von einer ähnlichen Höhe wie bei einer typischen westlichen Selbsterhängung. Er knüpft das Seil an einen niedrigen Ast oder eine Türklinke und lehnt sich nach vorn, so dass das Gewicht seines Körpers die Schlinge fest um den Hals zieht und den Blutstrom zum Gehirn abschneidet. Das führt zur Ohnmacht. Der Tod resultiert aus Anoxie – Sauerstoffmangel im Gehirn.

In Mikronesien, schreibt der Anthropologe Donald Rubinstein, sind diese Rituale inzwischen Teil der Kultur geworden. Als die Zahl der Selbstmorde zunahm und die Idee immer jüngere Männer ansteckte, wurde die Tat selber im Bewusstsein der Menschen verwandelt – aus etwas einst Undenkbarem wurde etwas Geläufiges. Nach Rubinstein, der die mikronesische Epidemie in einer Reihe brillanter Aufsätze dokumentiert hat, ist

... die Idealisierung des Selbstmords unter Heranwachsenden in bestimmten mikronesischen Gemeinden weit verbreitet und wird sogar in populären Songs, die von mikronesischen Radiosendern gespielt werden, ausgedrückt. Auch in Graffiti an Schulwänden oder auf T-Shirts wird der Selbstmord idealisiert. Einige Jungen, fast noch Kinder, die einen Selbstmordversuch unternommen hatten, berichteten, dass sie zuerst davon hörten, als sie acht oder zehn Jahre alt waren. Ihre Selbstmordversuche scheinen imitativ gewesen zu sein, eine Art experimentelles Spiel. Ein Elfjähriger hängte sich zum Beispiel in seinem Elternhaus auf, und als er gefunden wurde, war er bereits bewusstlos, und die Zunge trat aus dem Mund hervor. Er erklärte später, dass er es »einmal ausprobieren« wollte. Er sagte, er habe nicht sterben wollen, habe aber gewusst, dass er den Tod riskierte. Fälle imitativer Selbstmordversuche von Jungen im Alter von fünf oder sechs wurden kürzlich aus Truk berichtet. Verschiedene Todesfälle durch Selbstmord sehr junger Heranwachsender waren offensichtlich die Folge solcher Experimente. Der Gedanke des Selbstmords gewinnt folglich eine gewisse Vertrautheit, wenn nicht Faszination für junge Männer, je mehr Selbstmordfälle es in diesen Gemeinden gibt. Der tödliche Ernst des Aktes scheint trivialisiert zu werden. Besonders unter den sehr Jungen scheint der Selbstmord ein experimentelles und manchmal fast modisches Element angenommen zu haben.

In dieser Passage liegt etwas zutiefst Erschreckendes. Zunächst einmal sollte der Selbstmord einer solchen Trivialisierung nicht zugänglich sein. Aber was wirklich erschreckend wirkt, ist die Tatsache, wie vertraut dies alles klingt. Wir haben hier eine ansteckende Epidemie der Selbstzerstörung vor uns, in welche die Jugend vieler mikronesischer Gemeinden im Geiste des Experiments, der Nachahmung und der Rebellion hineingeraten ist. Es ist eine sinnlose Tat, die zu einer wichtigen Form der Selbstdarstellung geworden ist. Auf seltsame Weise scheint die Teenager-Selbstmord-Epidemie in Mikronesien der Epidemie des Teenager-Rauchens im Westen zu ähneln.

I.

Das Rauchen unter Teenagern ist eines der großen, verwirrenden Phänomene modernen Lebens. Niemand weiß wirklich, wie man es bekämpfen soll, im Grunde weiß man nicht einmal, was es wirklich ist. Eine Grundannahme derer, die gegen das Rauchen kämpfen, besteht darin, dass die Tabakfirmen Jugendliche zum Rauchen bringen, indem sie sie belügen, indem sie das Rauchen als sehr viel attraktiver und sehr viel weniger schädlich darstellen, als es in Wirklichkeit ist. Um dieses Problem zu lösen, haben wir die Zigarettenwerbung eingeschränkt und überwacht, um den Tabakunternehmen das Lügen schwerer zu machen. Der Preis für Zigaretten ist erhöht worden, und das Gesetz, das den Verkauf an Minderjährige verbietet, ist strikt angewendet worden, um es den Teenagern zu erschweren, an Zigaretten zu kommen. Es hat Gesundheitskampagnen im Fernsehen, Radio und in den Druckmedien gegeben, um den Teenagern die Gefahren des Rauchens drastisch vor Augen zu führen.

Es hat sich indessen herausgestellt, dass diese Methode nicht sehr wirkungsvoll ist. Warum glauben wir zum Beispiel, dass der Schlüssel zur Bekämpfung des Rauchens darin liegt, die Menschen über die Risiken aufzuklären? Der Ökonom W. Kip Viscusi befragte vor kurzem eine Gruppe von Langzeitrauchern, wie viele Lebensjahre sie das Rauchen kosten werde? Sie schätzten neun Jahre. Die richtige Antwort liegt irgendwo bei sechs oder sieben Jahren. Raucher sind nicht Raucher, weil sie die Risiken des Rauchens unterschätzen. Sie rauchen sogar, wenn sie die Gefahren überschätzen.[55]

Es ist auch keineswegs erwiesen, wie effektiv es ist, wenn Erwachsene Teenagern sagen, sie sollten nicht rauchen. Wie alle Eltern von Teenagern bestätigen werden, ist der Widerspruchsgeist in diesem Alter so lebendig, dass jedes Verbot und jede Ermahnung eher zum Gegenteil führen. Wenn man sich die Statistik der letzten zehn Jahre ansieht, stellt man fest, dass genau dies eingetreten ist. Die Anti-Raucher-Bewegung ist nie lauter oder energischer gewesen. Dennoch verweisen alle Anzeichen darauf, dass der Schuss unter den Jugendlichen nach hinten losging. Zwischen 1993 und 1997 stieg die Zahl der Raucher unter Studentinnen und Studenten von 22,3 auf 28,5 Prozent. Zwischen 1991 und 1997 erhöhte sich die Zahl der Raucher im Highschool-Alter um 32 Prozent. Seit 1998 ist die Gesamtzahl der Raucherinnen und Raucher im Teenager-Alter um außerordentliche 73 Prozent gestiegen. Es gibt wenige Gesundheitskampagnen in den letzten Jahren, die so eklatant gescheitert sind wie der Feldzug gegen das Rauchen.[56]

Die Lehre daraus kann nicht lauten, dass wir den Kampf aufgeben. Man muss sich einfach der Erkenntnis stellen, dass die Grundvoraussetzungen, von denen die bisherige Kampagne ausging, nicht stimmen. Deshalb ist die Selbstmordepidemie in Mikronesien so interessant und möglicherweise relevant für das Problem des Rauchens in den USA. Sie erlaubt einen neuen Blick auf das Problem. Was, wenn das Rauchen, statt den rationalen Prinzipien des Marktes zu folgen, denselben geheimnisvollen und komplizierten gesellschaftlichen Regeln und Riten folgt, die den Teenager-Selbstmord in Mikronesien beherrschen? Wenn das Rauchen wirklich eine Epidemie wie der mikronesische Selbstmord ist, muss das nicht Konsequenzen für die Methoden seiner Bekämpfung haben?

2.

Eine zentrale Beobachtung der Wissenschaftler, die sich mit dem Selbstmord beschäftigen, ist, dass der Akt der Selbstzerstörung an einigen Orten und unter bestimmten Umständen ansteckend sein kann. Selbstmorde führen zu Selbstmorden. Ein Pionier auf diesem Gebiet ist David Phillips, ein Soziologe an der University of San Diego, der eine Reihe von Untersuchungen über den Selbstmord durchgeführt hat, jede einzelne faszinierender und auf den ersten Blick unwahrscheinlicher als die vorhergehende.[57]

Er begann damit, eine Liste aller Selbstmordfälle zusammenzustellen, von denen auf der Titelseite der prominentesten Zeitungen des Landes in der Zeit zwischen 1950 und 1970 berichtet worden war. Dann verglich er diese Liste mit den Selbstmordstatistiken derselben Periode. Er wollte feststellen, ob es eine Beziehung zwischen den beiden gab. Und die gab es tatsächlich. Sofort nachdem die Selbstmordgeschichten erschienen waren, stiegen die Selbstmordraten in jenen Landesteilen, in denen die jeweilige Zeitung gelesen wurde, deutlich an. Im Fall von Berichten in der nationalen Presse stieg die Rate im ganzen Lande. (Marilyn Monroes Tod löste eine zeitweilige Steigerung der nationalen Selbstmordrate von 12 Prozent aus.) Dann wiederholte Phillips sein Experiment mit Verkehrsunfällen. Er nahm Selbstmordberichte von den Titelseiten der *Los Angeles Times* und der *San Francisco Chronicle* und verglich sie mit den Statistiken über Verkehrsunfälle mit tödlichem Ausgang im Staate Kalifornien. Es war dasselbe Muster. Am Tag nach einem prominenten Selbstmordfall erhöhten sich die Verkehrsunfälle mit tödlichem Ausgang um 5,9 Prozent gegenüber der Norm. Zwei Tage nach dem Zeitungsbericht lagen die Verkehrstoten noch immer 4,1 Prozent über dem Durchschnitt. Drei Tage danach war es eine Steigerung von 3,1, vier Tage danach von 8,1 Prozent. Nach zehn Tagen fiel die Rate wieder auf eine normale Höhe zurück. Phillips schloss daraus, dass viele dieser Verkehrsunfälle verdeckte Selbstmorde waren.

Die Art der Ansteckung, von der Phillips redet, hat nichts Rationales oder auch nur etwas notwendigerweise Bewusstes an sich. Sie hat nichts mit Überredung oder Überzeugung zu tun. Es geht hier um etwas viel Subtileres. »Wenn ich zu Fuß gehe und an einer roten Ampel stehe, frage ich mich manchmal, ob ich nicht einfach bei Rot rübergehen sollte«, sagt er. »Dann macht es jemand anderes, und ich mache es auch. Es ist eine Art von Nachahmung. Ich habe die Erlaubnis, das zu tun, von jemandem bekommen, der mir diesen Verstoß vormacht. Ist das eine bewusste Entscheidung? Ich weiß es nicht. Vielleicht kann ich mir hinterher Gedanken darüber machen. Aber zur Zeit des Geschehens wissen die meisten von uns nicht, welche Entscheidung bewusst und welche unbewusst ist. Die Entscheidungen, die Menschen treffen, sind subtil und kompliziert, und wir verstehen sie im Grunde nicht sehr gut.«

Im Fall des Selbstmords, argumentiert Phillips, hat der Beschluss irgendeiner Berühmtheit, sich das Leben zu nehmen, eine ähnliche Wirkung. Sie gibt anderen Menschen, besonders jenen, die dafür auf Grund ihrer Labilität oder Unreife besonders empfänglich sind, sozusagen die Erlaubnis, das eigentlich Verbotene zu tun. »Selbstmordgeschichten sind eine Art Werbung für eine besondere Lösung all deiner Probleme«, sagt Phillips. »Da sind all diese Leute, die unglücklich und ziellos dahinleben, weil sie unter Depressionen leiden. Es gibt eine Menge Geschichten, die für verschiedene Methoden im Umgang mit diesem Problem werben. Vielleicht ist Billy Graham an dem Wochenende auf einem seiner Kreuzzüge unterwegs – das wäre die religiöse Antwort darauf. Oder jemand wirbt für einen eskapistischen Film – das ist auch eine Antwort. Die Selbstmordgeschichten bieten eine andere Alternative an.« Die »Erlaubnis-Geber«, von denen Phillips spricht, sind in gewissem Sinne das Äquivalent jener Verkäufer, über die ich im zweiten Kapitel gesprochen habe. Genau wie Tom Gau durch die überzeugende Kraft seiner Persönlichkeit zum Tipping Point einer Mund-zu-Mund-Epidemie werden konnte, werden die Prominenten, die Selbstmord begehen – deren Tod anderen die »Erlaubnis« gibt, auch zu sterben –, zu Tipping Points von Selbstmord-Epidemien.

Das Faszinierende an Phillips' Untersuchungen ist, wie spezifisch die Stichworte der Zeitungsberichte wirken. In seiner Studie über Verkehrsunfälle stellte Phillips ein klares Muster fest. Zeitungsartikel über Selbstmorde führten zu einer deutlichen Zunahme von tödlichen Zusammenstößen, bei denen der Fahrer allein im Wagen saß. Wenn die Zeitung von einem Selbstmörder berichtete, der vorher seine Familie oder seine Freundin umgebracht hatte, stieg die Zahl der Unfälle, in denen nicht nur der Fahrer, sondern auch die Mitfahrer in seinem Wagen starben. Wenn darüber berichtet wurde, dass ein junger Mensch Selbstmord begangen hatte, erhöhten sich die Unfälle junger Fahrer. Artikel über den Selbstmord eines älteren Menschen führten vermehrt zu Verkehrsunfällen, deren Opfer ältere Menschen waren. Diese Muster sind in vielen Untersuchungen nachgewiesen worden. Zeitungsberichte über Selbstverbrennungen im England der siebziger Jahre beispielsweise lösten im folgenden Jahr 82 Selbstmorde durch Selbstverbrennung aus. Die »Erlaubnis«, die ein ursprünglicher Selbstmordakt erteilt, ist in anderen Worten keine allgemeine »Einladung«, sich selbst zu töten, sondern eine hoch detaillierte »Gebrauchsanweisung« für Leute, die sich umbringen wollen. Es ist keine Geste. Es ist Sprache.[58]

In einer anderen Studie befragte eine Gruppe von englischen Wissenschaftlern in den sechziger Jahren 135 Leute, die in ein psychiatrisches Krankenhaus überwiesen worden waren, nachdem sie einen Selbstmordversuch unternommen hatten. Sie stellten fest, dass viele in dieser Gruppe einander kannten, dass sie aus den gleichen gesellschaftlichen Kreisen stammten. Das war kein Zufall. Es bewies, was der Selbstmord im Kern ist, nämlich eine Privatsprache zwischen Mitgliedern einer gemeinsamen Subkultur. Die Schlussfolgerung des Autors ist es wert, hier vollständig wiedergegeben zu werden.

Viele Patienten, die einen Selbstmordversuch unternehmen, stammen aus Bevölkerungskreisen, in denen die Aggression gegen sich selbst allgemein als ein Mittel anerkannt wird, eine bestimmte Information weiterzugeben. In dieser Gruppe wird der Akt als verständlich und dem kulturellen Muster entsprechend aufgefasst ... Wenn das wahr ist, dann folgt daraus, dass das Individuum, das in bestimmten Situationen, gewöhnlich unter Leidensdruck, eine Information über seine Schwierigkeiten an andere weitergeben möchte, kein neues kommunikatives Medium erfinden muss ... Das Individuum innerhalb der »Selbstmordversuchs-Subkultur« kann einen Akt vollziehen, der eine präfigurierte Bedeutung in sich trägt; er muss sie nur aussprechen. Der Prozess ist essenziell jenem ähnlich, in dem ein Mensch ein Wort in einer Sprache benutzt.[59]

Das ist genau das, was in Mikronesien geschieht, nur dort auf einer höheren Ebene. Wenn der Selbstmord im Westen eine Art grober Sprache ist, so wurde er in Mikronesien zu einer unglaublich expressiven Form der Kommunikation, voller Bedeutung und Nuancen, geformt von den überzeugendsten der »Erlaubnis-Geber«. Rubinstein schreibt über die seltsamen Selbstmordmuster auf der mikronesischen Insel Ebeye, einer Gemeinde von etwa 6000 Menschen. Zwischen 1955 und 1965 gab es keinen einzigen Selbstmordfall auf der ganzen Insel. Im Mai 1966 erhängte sich ein achtzehnjähriger Junge in seiner Gefängniszelle, nachdem er verhaftet worden war, weil er ein Fahrrad gestohlen hatte, aber sein Fall schien keine große Wirkung zu haben. Im November 1966 folgte der Tod von R., dem charismatischen Erben einer der wohlhabendsten Familien auf der Insel. R. war mit zwei Frauen liiert, die beide ein einmonatiges Baby von ihm hatten. Unfähig, sich zwischen ihnen zu entscheiden, erhängte er sich aus Verzweiflung. Bei der Beerdigung fielen beide Frauen, die zum ersten Mal von der Existenz der jeweils anderen erfuhren, an seinem Grab in Ohnmacht.

Drei Tage nach R.s Tod gab es einen weiteren Selbstmord. Ein 22-jähriger Mann, der Schwierigkeiten in der Ehe hatte, erhängte sich. Es waren zwei Selbstmorde in einer Woche auf einer Insel, die zuvor in zwölf Jahren nur einen Selbstmord zu verzeichnen gehabt hatte. Der Sanitäter der Insel schrieb: »Nach R.s Tod träumten viele Jungen von ihm, und sie sagten, er riefe sie dazu auf, sich selbst zu töten.« In den nächsten zwölf Jahren gab es 25 weitere Selbstmorde, wobei sich meist drei oder vier in wenigen Wochen zusammendrängten. »Verschiedene Selbstmordopfer und mehrere junge Männer, die einen Selbstmordversuch unternommen hatten, berichteten, dass sie eine Vision gehabt hatten, in der ein Boot mit all den bisherigen Opfern die Insel umkreiste, wobei die Verstorbenen sie aufriefen, ihnen zu folgen«, schrieb ein Anthropologe, der die Insel besucht hatte, im Jahre 1975.

Die Motive, die R. eingeführt hatte, tauchten wieder und wieder auf. M. war ein Oberschüler, der eine Freundin in seinem Internat hatte und eine auf Ebeye, und als die erste Freundin auf die Insel zurückkehrte, konnte er sich nicht entscheiden – ein Problem, das in der Jugend-Subkultur der Insel als Grund galt, sich das Leben zu nehmen. Sein Abschiedsschreiben enthielt nur zwei Sätze: »Ich wünsche M. und C. (den beiden Freundinnen) alles Gute. Es war schön, mit Euch beiden zusammen zu sein.« Mehr brauchte er nicht zu sagen, denn R. hatte den Kontext seines Selbstmords vorgegeben. In der Selbstmord-Epidemie auf

Ebeye war R. der Tipping Point, der Verkäufer, derjenige, dessen Erfahrung die seiner Nachfolger definierte. Die Kraft seiner Persönlichkeit und die Umstände seines Todes ließen sein Beispiel lange über seinen Tod hinaus wirken.

3.

Folgt das Teenager-Rauchen derselben Logik? Um mehr darüber zu erfahren, warum Teenager rauchen, verteilte ich einen Fragebogen an mehrere Hundert Leute und bat sie, ihre ersten Erfahrungen mit dem Zigarettenrauchen zu schildern. Das war keine wissenschaftliche Untersuchung. Die Auswahl der Befragten war nicht typisch für die Vereinigten Staaten. Es waren zumeist Leute Ende zwanzig oder Anfang dreißig, die in Großstädten lebten. Nichtsdestoweniger waren die Antworten auffallend, vor allem weil sie alle eine große Ähnlichkeit aufwiesen. Das Rauchen schien eine bestimmte Art der Kindheitserinnerung wachzurufen – lebhaft, präzise und emotional. Eine der Befragten erinnerte sich, dass sie es liebte, die Handtasche ihrer Großmutter zu öffnen, weil sie »nach billigen Winstons und Leder roch, vermischt mit Lippenstift und Kaugummi mit Zimtgeschmack«. Jemand anderes erinnerte sich, dass er »auf dem Rücksitz eines Chryslers saß, und von vorne kam die wundervolle Mischung aus Tabak und Schwefel«. Rauchen, das war bei der überwältigenden Mehrheit so, wurde mit bestimmten Eigenschaften assoziiert: Kultiviertheit, Eleganz, Überlegenheit. Das traf selbst auf jene zu, die heute das Rauchen hassen, die es für eine gefährliche Gewohnheit halten. Die Sprache des Rauchens, wie die Sprache des Selbstmords, ist ungewöhnlich konsistent. Hier sind zwei Reaktionen, die beide Kindheitserinnerungen schildern:

Meine Mutter rauchte, und obwohl ich das überhaupt nicht mochte – ich hasste den Geruch –, bewunderte ich ihre langen, schlanken Finger und die vollen Lippen, immer mit Lippenstift, und wenn sie rauchte, sah sie so elegant und draufgängerisch aus, dass ich mir sicher war, ich würde eines Tages auch rauchen. Sie meinte, dass Nichtraucher irgendwie langweilig waren. Der Raucher stinkt und denkt, sagte sie immer und räkelte sich geradezu darin, wie hässlich das klang.

Meine beste Freundin Susan war anglo-irischer Abstammung. Ihre Eltern waren im Gegensatz zu meinen jugendlich, locker, liberal. Sie tranken vor dem Dinner Cocktails. Mr. O'Sullivan hatte einen Bart und trug Rollkragenpullover. Mrs. O'Sullivan war immer schwarz gekleidet, weil das zu ihrem pechschwarzen Haar passte. Sie trug dickes Augen-Make-up und war immer ein bisschen zu braun, und immer, praktisch immer, hatte sie eine gefährlich lange Zigarettenspitze zwischen den manikürten Fingern.

Das ist die Sprache des Rauchens, und sie ist so reich und ausdrucksvoll wie die Sprache des Selbstmords. Auch in dieser Epidemie gibt es Verkäufer, Leute, die den Tipping Point ermöglichen, »Erlaubnis-Geber«. Wieder und wieder schilderten die Teilnehmer an meiner Befragung die Personen, die sie »initiierten«, die sie dazu brachten, auf dieselbe Weise zu rauchen wie sie.

Als ich ungefähr neun oder zehn war, holten meine Eltern ein Au-pair-Mädchen ins Haus. Sie hieß Maggie und war Engländerin, und sie blieb einen Sommer bei uns. Sie war vielleicht zwanzig. Sie war sehr sexy und trug einen Bikini, wenn wir im Pool der Campbells schwammen. Bei den Männern war sie berühmt dafür, dass sie in ihrem Bikini Handstand machte. Man sagte auch, dass ihr Bikini-Top abging, wenn sie kopfüber hineinsprang – Mr. Carpenter tauchte immer unter, wenn sie einen Kopfsprung machte. Maggie rauchte, und ich bettelte sie an, mich auch mal rauchen zu lassen.

Der erste Junge in meiner Bekanntschaft, der rauchte, war Billy G. Wir hatten uns in der fünften Klasse angefreundet, als sich die ersten Risse in unserer Gruppe in der Vorstadt in New Jersey bemerkbar machten – wir teilten uns in Sportler, Kiffer und Intellektuelle auf. Billy war unglaublich cool. Er verabredete sich zuerst mit Mädchen, er rauchte zuerst, er trank zuerst Alkohol und hörte Drogenmusik. Ich kann mich daran erinnern, dass ich mit ihm im Zimmer seiner Schwester saß – seine Eltern waren geschieden (darin war er auch der erste), und seine Mutter war nie zu Hause – und einen Joint drehte … Was mich anzog, war, dass es verboten und zugleich erwachsen war.

Das erste Mädchen, das, soweit ich mich erinnern kann, rauchte, war Pam P. Ich lernte sie kennen, als wir beide in der zehnten Klasse waren. Wir fuhren zusammen im Schulbus, und ich fand sie besonders cool, weil sie in einer Wohnung, nicht in einem Haus lebte. In unserer Kleinstadt gab es nicht viele Wohnungen. Pam wirkte viel älter als fünfzehn. Wir saßen immer hinten im Bus und bliesen den Rauch aus dem Fenster. Sie zeigte mir, wie man inhalierte, wie man ein Herrenhemd in der Taille zusammenknotete, wie man Lippenstift auftrug. Sie hatte eine Lederjacke. Ihr Vater war selten zu Hause.

Es gibt sogar eine gut belegte Theorie, dass leidenschaftliche Raucher eine bestimmte Persönlichkeitsstruktur haben. Hans Eysenck, der einflussreiche britische Psychologe, hat behauptet, dass ernsthafte Raucher auf Grund sehr einfacher Charakterzüge von Nichtrauchern unterschieden werden können. Der typische Raucher, sagt Eysenck, ist eine extrovertierte Person, jemand, der

… gesellig ist, Partys mag, viele Freunde hat, sich gerne unterhält … Er sucht das Erregende, nimmt Risiken auf sich, handelt spontan und ist ganz allgemein sehr impulsiv ... Er zieht es vor, in Bewegung zu bleiben und Dinge zu tun, er neigt zu einer gewissen Aggressivität und wird schnell zornig; er hat seine Gefühle nicht immer unter Kontrolle, und er ist nicht sonderlich zuverlässig.

In vielen Studien seit Eysencks grundlegender Arbeit ist dieser »Typus« des Rauchers weiter und genauer bestimmt worden. Wenn man die Statistiken ernst nimmt, haben Raucher einen stärkeren Geschlechtstrieb als Nichtraucher. Sie beginnen auch früher mit dem Sex, sie brauchen ihn mehr, und sie sind für das andere Geschlecht attraktiver. Im Alter von neunzehn Jahren haben zum Beispiel 15 Prozent der nichtrauchenden weißen Frauen, die ein College besuchen, Erfahrungen mit Sex. Unter den weißen College-Studentinnen, die rauchen, sind es 55 Prozent. Die Statistiken für Männer weisen nach Eysenck dasselbe aus. Dazu kommt, dass die Raucher sehr viel höher auf dem rangieren, was die Psychologen den »anti-sozialen« Index nennen: sie fallen eher negativ auf, sie sind trotziger und rebellischer. Sie neigen zu vorschnellen Urteilen. Sie sind risikofreudiger. Der durchschnittliche Raucherhaushalt wendet 73 Prozent mehr Geld für Kaffee und drei oder vier Mal mehr für Bier auf als der durchschnittliche Nichtraucherhaushalt.[60]

In einer Abhandlung unter dem Titel: *Smoking: The Artificial Passion*[61] schreibt David Krogh, dass Raucher bei so genannten »Lügentests« besser abschneiden als Nichtraucher. Dies sind von Psychologen entworfene Tests, in die unbestreitbare Aussagen eingestreut sind, wie zum Beispiel: »Ich sage nicht immer die Wahrheit« oder »Ich bin manchmal meiner Frau/Partnerin gegenüber kühl«. Wenn die Teilnehmer dies abstreiten, gelten sie als nicht besonders glaubwürdig. Raucher neigen dazu, solche Fragen ehrlich zu beantworten. »Eine Theorie ist«, schreibt Krogh, »dass ihr Mangel an Unterwürfigkeit und ihre Neigung zum Trotz sie relativ gleichgültig gegen das macht, was andere Leute von ihnen halten.«

Man kann das sicher nicht auf alle Raucher anwenden, aber als generelle Voraussagen zum Verhalten von Rauchern sind diese Erkenntnisse recht präzise, und je mehr jemand raucht, desto eher treffen die Annahmen zu. »Im Geiste der Wissenschaft«, schreibt Krogh, »möchte ich die Leser bitten, das folgende Experiment zu machen. Man besuche einerseits eine informelle Zusammenkunft von Schauspielern, Rockmusikern oder Friseuren und andererseits eine von Ingenieuren, Elektrikern oder Computerprogrammierern und beobachte, wie viel jeweils geraucht wird. Wenn Ihre Erfahrung meiner in irgendeiner Weise ähnelt, werden die Unterschiede dramatisch sein.«

Hier ist noch ein Beispiel aus meinem Fragebogen. Kann sich eine extrovertierte Persönlichkeit klarer zeigen?

Als ich noch sehr klein war, rauchte in meiner Umgebung nur mein Großvater. Er war eine Rabelaissche Figur, ein Trickkünstler, der in seiner Jugend aus Polen eingewandert war. Die meiste Zeit seines Lebens hatte er als Glaser gearbeitet. Meine Mutter sagte immer, dass sie, wenn sie mit ihm essen ging, Angst hatte, er würde das Tischtuch mit einem Ruck wegziehen, so dass Besteck, Teller und Gläser liegen und stehen blieben, nur um die anderen Gäste zu amüsieren.

Die Rolle, die die Raucherpersönlichkeit für Jugendliche spielt, kann man, glaube ich, kaum überzeichnen. Wenn man all diese extrovertierten Charakterzüge zusammennimmt – Trotz, sexuelle Frühreife, Ehrlichkeit, Impulsivität, Gleichgültigkeit gegen die Meinung anderer, Abenteuerlust –, bekommt man eine fast perfekte Beschreibung einer Person, zu der sich Heranwachsende hingezogen fühlen. Maggie, das Au-pair-Mädchen, Pam P. aus dem Schulbus und Billy G. waren alle cool. Aber sie waren nicht cool, weil sie rauchten. Sie rauchten, weil sie cool waren. Dieselben Charakterzüge, die sie für ihre Umgebung so attraktiv machten, führten dazu, dass sie zu dem griffen, was diese Eigenschaften wie Trotz, Risikofreude, Impulsivität, Gleichgültigkeit gegen andere und Ehrlichkeit zusammenfasste und ausdrückte: die Zigarette.

Das scheint auf den ersten Blick eine einfache Erkenntnis zu sein. Aber sie ist unverzichtbar, wenn man verstehen will, warum der Feldzug gegen das Rauchen ein solcher Schlag ins Wasser war. Im Laufe des letzten Jahrzehnts hat die Anti-Raucher-Bewegung den Zigarettenherstellern immer wieder vorgeworfen, dass sie das Rauchen cool gemacht habe, und sie hat viele Millionen von Dollar eingesetzt, um die Teenager davon zu überzeugen, dass Rauchen nicht cool ist. Aber das ist nicht der Punkt. Das Rauchen war niemals cool. *Raucher* sind cool. Raucher-Epidemien beginnen genau auf die Art und Weise, wie die Selbstmord-Epidemie auf den Inseln von Mikronesien begann. Es ist der außerordentliche Einfluss von Leuten wie Pam P. und Billy G. und Maggie und den anderen, die so sind wie sie – die Raucherversionen von R. und Tom Gau und Gaetan Dugas. In dieser Epidemie, wie in allen anderen, ist eine sehr kleine Gruppe dafür verantwortlich, dass die Epidemie sich ausbreiten konnte.

4.

Die Epidemie des Teenager-Rauchens illustriert indessen nicht einfach nur das Gesetz der Wenigen. Sie ist auch eine gute Illustration des Verankerungsfaktors. Schließlich ist die Tatsache, dass so viele Teenager mit Zigaretten experimentieren, weil sie von anderen Rauchern angesteckt werden, an sich nicht sonderlich erschreckend. Das Problem – die Tatsache, die das Rauchen zum Staatsfeind gemacht hat – liegt darin, dass die meisten Teenager so lange mit Zigaretten experimentieren, bis sie süchtig sind. Die Erfahrung des Rauchens ist für viele Menschen so tief und unvergesslich, dass sie nicht wieder aufhören können. Die Gewohnheit verankert sich.

Es ist wichtig, diese beiden Konzepte – Ansteckung und Verankerung – auseinander zu halten, weil sie sehr unterschiedlichen Mustern folgen und unterschiedliche Strategien implizieren. Lois Weisberg ist eine ansteckende Person. Sie kennt so viele Menschen und gehört so vielen Welten an, dass sie in der Lage ist, eine bestimmte Information sehr schnell zu verbreiten. Lester Wunderman und die Schöpfer von »Blue's Clues« auf der anderen Seite sind Spezialisten für Verankerung: sie besitzen die geniale Gabe, Botschaften zu erfinden, die unvergesslich sind und die das Verhalten der Menschen verändern. Ansteckung ist zu einem großen Teil die Funktion des Boten. Verankerung ist eine Eigenschaft der Botschaft.

Das Rauchen macht da keine Ausnahme. Ob ein Teenager zu rauchen beginnt oder nicht, hängt davon ab, ob sie oder er in Kontakt mit einem jener »Verkäufer« gerät, die den Teenagern die »Erlaubnis« geben, etwas zu tun, was gegen die Regel verstößt. Aber ob ein Teenager Zigaretten ausreichend mag, um das Rauchen zu einer lebenslangen Gewohnheit zu machen, ist eine andere Frage und hängt von einer ganzen Reihe anderer Kriterien ab. In einer Untersuchung der University of Michigan wurde zum Beispiel eine große Gruppe von Leuten gefragt, wie sie sich fühlten, als sie ihre erste Zigarette rauchten.[62] »Wir stellten fest, dass für die große Mehrheit die erste Zigarette ein unangenehmes Erlebnis ist«, sagte Ovide Pomerleau, einer der Wissenschaftler, die die Untersuchung durchführten. »Was aber die späteren Raucher von denen unterschied, die es sofort wieder aufgaben, war, dass es für sie im Ganzen eine angenehme Erfahrung war – es war für sie etwas Erregendes daran, etwas, was sie genossen.«

Die Zahlen der Studie sind interessant. Von den Leuten, die mit Zigaretten nur ein paar Mal experimentierten und dann nie wieder rauchten, empfand nur ein Viertel irgendeine Art von Genuss oder Vergnügen beim ersten Versuch. Von den ehemaligen Rauchern – Leute, die lange rauchten, es dann aber schafften aufzuhören – sprach etwa ein Drittel von einem angenehmen Gefühl bei der ersten Zigarette. Von den lebenslangen Rauchern aber genossen 78 Prozent die ersten Züge. Die Frage, wie sehr sich das Rauchen in einer Person verankert, hängt also sehr stark von ihrer Reaktion auf die erste Zigarette ab.

Das ist ein entscheidender Punkt und dazu einer, der in der rhetorischen Hitze des Gefechts gegen das Rauchen oft verloren geht. Die Tabakindustrie ist zum Beispiel seit Jahren heftig angegriffen worden, weil sie leugnet, dass Nikotin süchtig machen kann. Das ist natürlich eine lächerliche Position. Aber die gegenteilige Aussage, dass Nikotin ein todbringender Tyrann sei, der alle versklavt, die mit ihm in Kontakt geraten, ist ebenso lächerlich. Von allen Teenagern, die mit Zigaretten experimentieren, wird nur ein Drittel zu Rauchern. Nikotin macht süchtig, aber offenbar nur bestimmte Leute und über bestimmte Zeiten. Selbst unter Langzeitrauchern, so stellt sich heraus, gibt es enorme Unterschiede, was die Verankerung ihrer Gewohnheit angeht. Experten glaubten früher, dass 90 bis 95 Prozent aller Raucher regelmäßig rauchten. Aber vor einigen Jahren entdeckten Wissenschaftler, die am Gesundheitsbericht der Bundesregierung arbeiteten, dass ein Fünftel aller Raucher nicht jeden Tag raucht. Es gibt in anderen Worten Millionen von Amerikanern, die oft rauchen, aber nicht süchtig sind – Leute, für die das Rauchen ansteckend ist, in denen es sich aber nicht verankert. In den letzten Jahren ist diese Gruppe der »Gelegenheitsraucher« gründlich untersucht worden. Führend dabei war der Psychologe Saul Shiffman von der University of Pittsburgh. Shiffmans Definition eines Gelegenheitsrauchers ist jemand, der nicht mehr als fünf Zigaretten am Tag, aber mindestens an vier Tagen der Woche raucht. Shiffman schreibt:

> Die Rauchgewohnheiten eines Gelegenheitsrauchers können von Tag zu Tag variieren, und es gibt Tage vollständiger Enthaltsamkeit. Gelegenheitsraucher berichten, dass es ihnen nicht schwer fällt, auf die Zigarette zu verzichten, und sie haben auch fast keine Entzugssymptome, wenn sie nicht rauchen … Im Gegensatz zu regelmäßigen Rauchern, die bald

nach dem Erwachen rauchen, um den Nikotinspiegel im Blut zu erhöhen, warten Gelegenheitsraucher in der Regel ein paar Stunden, bevor sie ihre erste Zigarette anzünden. Kurz gesagt, alle Indikatoren weisen darauf hin, dass Gelegenheitsraucher nicht süchtig sind und dass ihr Rauchverhalten nicht von Entzugsgefühlen gesteuert wird.

Für Shiffman sind Gelegenheitsraucher das Gegenstück zu Gesellschaftstrinkern. Es sind Leute, die ihre Gewohnheiten kontrollieren. Er sagt:

> Die meisten dieser Leute sind nie schwere Raucher gewesen. Ihre Entwicklung, was das Rauchen angeht, ist sozusagen stehen geblieben. Jeder Raucher fängt als Gelegenheitsraucher an, entwickelt sich dann aber in eine abhängigere Form des Rauchens. Als wir Informationen über die Frühphase des Rauchens sammelten, fanden wir heraus, dass die Gelegenheitsraucher nicht anders anfangen als die anderen auch. Der Unterschied liegt darin, dass sie in diesem Stadium stehen blieben, während die anderen mehr rauchten und abhängig wurden.[63]

Was unterscheidet die Gelegenheits- von den Gewohnheitsrauchern? Es sind wahrscheinlich genetische Faktoren. Allan Collins von der University of Colorado führte vor kurzem ein Experiment durch, in dem er verschiedenen Mäusearten allmählich gesteigerte Dosen Nikotin injizierte. Wenn das Nikotin im Blut der Maus toxische Ausmaße erreicht (Nikotin ist schließlich ein Gift), bekommt das Tier einen Anfall – der Schwanz versteift sich, es beginnt im Käfig herumzulaufen, der Kopf zuckt, und schließlich wirft es sich auf den Rücken. Collins wollte feststellen, ob verschiedene Mäusearten unterschiedlich auf Nikotin reagieren. Das traf zu. Die Mäuseart, die Nikotin am besten verkraftete, konnte drei bis vier Mal so viel Nikotin aufnehmen wie die nikotinempfindlichste Art, bevor der Anfall eintrat.

»Das entspricht unseren Feststellungen bei Alkohol«, sagt Collins.

Dann setzte er alle Mäuse in Käfige und ließ zwei Flaschen anbringen, aus denen sie trinken konnten. Eine enthielt nur eine einfache Zuckerlösung, die andere Zuckerlösung, der Nikotin beigemischt war. Das Ziel des Experiments war es, herauszufinden, ob es eine Beziehung gab zwischen der genetischen Nikotintoleranz einer Mäuseart und der Menge Nikotin, die sie freiwillig zu sich nehmen würde. Die Korrelation war nahezu perfekt. Je mehr Nikotin eine Maus vertrug, desto mehr trank sie von der mit Nikotin angereicherten Lösung.

Collins glaubt, dass es Gene im Gehirn der Maus gibt, die den Abbau des Nikotins steuern und damit bestimmen, wie schnell es zur Vergiftung kommt, wie viel Genuss es bereitet, wie aufputschend es wirkt. Einige Mäusearten besitzen nach dieser Theorie Gene, die Nikotin sehr gut verarbeiten können, und andere haben Gene, die Nikotin wie ein Gift behandeln.

Menschen sind keine Mäuse, und eine mit Nikotin angereicherte Zuckerlösung aus einer Flasche zu trinken, ist nicht dasselbe wie eine Marlboro anzuzünden. Aber wenn es auch nur eine geringfügige Korrelation gibt zwischen dem, was in Mäusegehirnen abläuft, und dem, was bei uns geschieht, dann scheinen diese Ergebnisse gut zu Pomerleaus Untersuchung zu passen. Die Leute, die bei ihrer ersten Zigarette keinen Genuss oder keine aufputschende Wirkung spürten, und jene, die das Ganze so schrecklich fanden, dass sie nie im Leben wieder eine Zigarette rauchten, sind wahrscheinlich Menschen, deren Körper sehr nikotinempfindlich sind. Sie können es auch in den kleinsten Dosen kaum ertragen. Gelegenheitsraucher mögen Leute sein, die Gene besitzen, die dem Nikotin Genuss abgewinnen können, aber keine, die mit Nikotin in höheren Dosen fertig werden. Die gewohnheitsmäßigen Raucher aber sind vielleicht Leute, die Gene besitzen, welche beides können. Das soll nicht heißen, dass die genetische Anlage die einzige Erklärung für die unterschiedliche Intensität des Rauchens ist. Es ist bekannt, dass

Nikotin gegen Langeweile und Stress wirkt, und daher werden Menschen, die in langweiligen oder gestressten Situationen leben, immer mehr rauchen als jene, die das nicht tun. Hier soll nur gesagt werden, dass das, was das Rauchen verankert, etwas ganz anderes ist als das, was es ansteckend macht. Wenn wir nach Tipping Points im Kampf gegen das Rauchen suchen, müssen wir uns für eine dieser beiden Seiten entscheiden. Wo wollen wir ansetzen? Sollen wir versuchen, das Rauchen weniger ansteckend zu machen, was heißt, jene »Verkäufer« zu stoppen, die den Rauchvirus verbreiten? Oder haben wir eine bessere Chance, wenn wir gegen die Verankerung des Rauchens kämpfen, wenn wir versuchen, alle Raucher in Gelegenheitsraucher zu verwandeln?

5.

Lassen Sie uns mit der Frage der Ansteckung beginnen. Es gibt zwei mögliche Strategien, um die Verbreitung des Rauchens zu stoppen. Die erste ist, die »Erlaubnis-Geber« – die Maggies und Billy G.s – daran zu hindern, mit dem Rauchen überhaupt anzufangen. Das ist natürlich äußerst schwierig: Ausgerechnet die unabhängigsten, frühreifsten, trotzigsten Teenager werden für vernünftige Mahnungen, was ihre Gesundheit betrifft, kaum besonders zugänglich sein. Die zweite Möglichkeit ist, all die Teenager, die bei Leuten wie Maggie und Billy G. »Erlaubnis« suchen, dazu zu bringen, woanders hinzusehen, sich ihre Stichworte zu dem, was cool ist, woanders zu holen, nämlich bei Erwachsenen.

Auch das ist praktisch unmöglich. Diese Strategie könnte sogar noch schwieriger sein als die erste. Es ist einfach so, dass die Eltern diese Art von Einfluss auf ihre Kinder nicht mehr besitzen. Diese Tatsache ist angesichts der weit verbreiteten Annahme, dass Eltern die Persönlichkeit und das Verhalten ihrer Kinder bestimmen, sehr schwer zu akzeptieren. Aber es gibt, wie Judith Harris in ihrem Buch *The Nurture Assumption*[64] überzeugend dargestellt hat, sehr wenig an wissenschaftlich haltbaren Beweisen, was für den Einfluss der Eltern spricht. Viele Psychologen haben im Laufe der Jahre Untersuchungen durchgeführt, die genau dieser Frage galten: Welche Wirkung haben Eltern auf ihre Kinder?

Offensichtlich geben sie ihre Gene an ihre Nachkommen weiter, und die Gene spielen eine entscheidende Rolle in dem, was und wie wir sind. Eltern geben in den frühen Jahren der Kindheit Liebe und Zuneigung; bekommen Kinder diese emotionale Zuwendung nicht, werden sie unwiderruflich geschädigt. Die Eltern stellen ein Heim und Nahrung und Schutz, sie geben den Kindern jene grundsätzlichen Voraussetzungen, ohne die sie nicht sicher und gesund und glücklich aufwachsen können. So viel ist richtig. Aber hat es für die Persönlichkeit des Kindes eine bleibende Bedeutung, ob die Mutter ängstlich und unerfahren ist oder autoritär und kompetent? Hilft man der intellektuellen Neugier der Kinder auf die Beine, wenn man das Haus mit Büchern füllt? Wirkt es sich auf die Entwicklung des Kindes aus, wenn Mutter oder Vater nur zwei Stunden am Tag da sind, statt acht Stunden? In anderen Worten, spielt die soziale Umwelt, die wir für unsere Kinder schaffen, eine entscheidende Rolle für ihre Entwicklung und ihr späteres Leben als Erwachsene?

In einer Reihe von Studien über das Leben von Zwillingen – vor allem von Zwillingen, die bei der Geburt getrennt und von verschiedenen Familien aufgezogen wurden – haben Genetiker nachgewiesen, dass die meisten der Charakterzüge, die aus uns machen, was wir sind, zur Hälfte von unseren Genen und zur Hälfte von unserer Umwelt geformt werden. Und es war immer eine feste Annahme, dass in dieser Umwelt, die so entscheidend für unser Leben ist, das Zuhause die größte Rolle spielt. Das Problem ist nur: wann immer Psychologen sich daran machten, diesen Erziehungseffekt zu suchen – sie konnten ihn nicht finden.

Eine der größten und rigorosesten Studien dieser Art wurde als das Colorado Adoption Project bekannt. Mitte der siebziger Jahre überredete eine Gruppe von Wissenschaftlern der University of Colorado unter der Leitung des bekannten Verhaltensgenetikers Robert Plomin 245 schwangere Frauen aus Denver und Umgebung, die sich entschlossen hatten, ihre Kinder nach der Geburt zur Adoption freizugeben, an einer Untersuchung teilzunehmen. Sie verfolgten den Weg der Kinder in ihre neuen Familien und machten in bestimmten Abständen deren ganze Kindheit hindurch immer wieder Persönlichkeits- und Intelligenztests mit ihnen. Dieselben Tests wurden auch mit den Adoptiveltern veranstaltet. Um einen Vergleich zu haben, überprüften die Wissenschaftler zugleich eine sozial ähnliche Gruppe von Kindern, die bei ihren leiblichen Eltern aufwuchsen. Die Ergebnisse der Vergleichsgruppe entsprachen im Großen und Ganzen den Erwartungen. Was intellektuelle Kompetenz und gewisse Aspekte der Persönlichkeit anging, waren die leiblichen Kinder ihren Eltern ähnlich. Die Resultate bei den adoptierten Kindern dagegen waren überraschend und geradezu seltsam. Sie hatten nicht die geringste Gemeinsamkeit mit denen ihrer Adoptiveltern: Diese Kinder waren den Menschen, die sie sechzehn Jahre lang aufgezogen, ernährt, gekleidet und geliebt hatten, nicht ähnlicher als irgendwelchen zwei Erwachsenen, die man willkürlich von der Straße holte.

Das ist, wenn man darüber nachdenkt, eine ziemlich ungewöhnliche Feststellung. Die meisten von uns glauben, dass wir unseren Eltern ähneln, weil wir ihre Gene in uns tragen und mehr noch, weil sie uns aufgezogen haben. Wir glauben, dass sie uns in hohem Maße nach ihrem Bild erzogen haben. Aber wenn das der Fall ist, wenn Umgebung und Erziehung eine so wichtige Rolle spielen, wie kommt es, dass die adoptierten Kinder ihren Eltern *nicht im Geringsten* ähneln? Die Untersuchung aus Colorado sagt nicht, dass Gene alles erklären und dass die Umwelt nichts bedeutet. Im Gegenteil, alle ihre Resultate verweisen darauf, dass unsere Umwelt eine große, wenn nicht die entscheidende Rolle bei der Entwicklung unserer Intelligenz und unserer Persönlichkeit spielt. Was die Studie indessen aussagt, ist, dass die Umwelteinflüsse nicht viel mit den Eltern zu tun haben. Sie liegen in etwas anderem, und nach Meinung von Judith Harris ist dieses »Andere« der Einfluss der Peergroup, der Bezugsgruppe der Gleichaltrigen.

Warum, fragt Harris, behalten die Kinder von neu Eingewanderten fast nie den Akzent ihrer Eltern? Wie kommt es, dass die Kinder von Taubstummen genauso schnell sprechen lernen wie die Kinder von Eltern, die von Geburt an mit ihnen reden? Die Antwort darauf lautete immer, dass Sprache eine Kompetenz ist, die Kinder vorwiegend von anderen Kindern lernen. Harris' Hauptargument besteht nun darin, dass dies generell so ist, dass die Umwelteinflüsse, welche die Charakterentwicklung der Kinder bestimmen, ebenfalls vorwiegend aus der Peergroup kommen.

Diese Behauptung hat verständlicherweise eine große Kontroverse ausgelöst, die sogar von der populären Presse aufgegriffen wurde. Es gibt durchaus legitime Gegenargumente, die in Zweifel ziehen, ob man so weit gehen kann wie Harris. Fraglos aber hat die Diskussion große Relevanz, was das Rauchen unter Teenagern betrifft. Bei Kindern von Rauchern ist die Wahrscheinlichkeit, dass sie selbst rauchen werden, zwei Mal so hoch wie bei Kindern von Nichtrauchern. Das ist eine bekannte Tatsache. Aber das bedeutet noch lange nicht, dass Eltern, die vor ihren Kindern rauchen, ein Beispiel abgeben, dem sie folgen. Es bedeutet einfach, dass sie von ihren Eltern Gene geerbt haben, die sie für das Rauchen prädisponieren. Und tatsächlich haben Untersuchungen gezeigt, dass diese Regel bei adoptierten Kindern nicht gilt. Bei ihnen spielt es keine Rolle, ob die Adoptiveltern rauchten oder nicht. »In anderen Worten, die Wirkung des Elternvorbilds war, als sie erwachsen wurden, gleich Null«, schreibt der Psychologe David Rowe in seinem 1994 erschienenen Buch *The Limits of Family Influence*.[65] »Die Rolle der Eltern ist passiv – sie liefern die Gene, die das Rauchrisiko verstärken oder vermindern, aber sie üben keinen sozialen Einfluss aus.«

Für Rowe und Harris ist also der Prozess, durch den Teenager mit der Rauchgewohnheit angesteckt werden, auf die Peergroup beschränkt. Es geht nicht darum, das Verhalten von Erwachsenen nachzuahmen, was auch erklärt, warum das Teenager-Rauchen gerade in dem Moment zunimmt, da das Rauchen unter Erwachsenen zurückgeht. Teenager-Rauchen hat etwas mit Teenager-Verhalten zu tun. Es hat damit zu tun, dass man teilhaben möchte an der emotionalen Erfahrung und dem sprachlichen Ausdruck und den Ritualen der Adoleszenz, die für Außenstehende so undurchschaubar und irrational sind wie die Riten der Selbstmorde unter Jugendlichen in Mikronesien. Wie kommen wir also darauf, dass irgendwelche Interventionen von Erwachsenen irgendetwas ausrichten könnten?

»Teenagern etwas von den Gefahren des Rauchens zu erzählen – Davon kriegst du Falten! Davon wirst du impotent! Daran stirbst du! – ist sinnlos«, schließt Harris. »Das ist Erwachsenen-Propaganda, das sind Argumente der Erwachsenen. Gerade weil die Erwachsenen es nicht billigen, rauchen die Teenager.«

6.

Wenn der Versuch, die Wirkung der »Verkäufer« einzuschränken – also in die innere Welt der Heranwachsenden einzugreifen –, keine sehr effektive Strategie gegen das Rauchen zu sein scheint, wie steht es mit der Verankerung? Hier weist die Suche nach dem Tipping Point in eine ganz andere Richtung. Wir nehmen an, dass einer der Gründe, warum einige Teenager nach der ersten Zigarette nie wieder rauchen und andere zu lebenslangen Rauchern werden, darin liegt, dass Menschen verschiedene Toleranzen für Nikotin haben. In einer perfekten Welt würden wir starken Rauchern eine Pille geben, die ihre Toleranz auf die eines Gelegenheitsrauchers bringt. Unglücklicherweise gibt es eine solche Pille nicht. Was wir haben, ist das Nikotinpflaster, das eine geringe gleichmäßige Dosis Nikotin freisetzt, so dass die Raucher nicht zur Zigarette greifen müssen. Das ist eine Maßnahme, die schon vielen Rauchern geholfen hat. Aber es ist ziemlich eindeutig, dass auch das Pflaster nicht perfekt ist. Ein Süchtiger will den »Hit«, eine plötzliche Zufuhr, die spürbar ist. Heroinsüchtige sind auch nicht daran interessiert, sich den Stoff langsam durch einen Tropf zuführen zu lassen. Raucher bekommen von einer Zigarette einen kleinen »Hit«, dann pausieren sie, dann holen sie sich den nächsten. Das Pflaster gibt dem Raucher im Laufe des Tages eine gleichmäßige, niedrige Dosis der Droge, und das ist eine ziemlich langweilige Art, Nikotin zu sich zu nehmen. Es scheint daher genauso wenig dazu geeignet, als Tipping Point im Kampf gegen die Epidemie des Rauchens zu dienen, wie kalorienarme Milkshakes im Kampf gegen das Übergewicht. Gibt es einen besseren Kandidaten?

Ich glaube, es gibt zwei Möglichkeiten. Die erste liegt in der Beziehung zwischen dem Rauchen und depressiven Zuständen, eine Verbindung, die erst vor kurzem entdeckt wurde. 1986 wurde in einer Studie über ambulante Psychiatriepatienten in Minnesota festgestellt, dass die Hälfte von ihnen rauchte, eine Zahl, die deutlich über dem nationalen Durchschnitt lag. Zwei Jahre später entdeckte der Psychologe Alexander Glassman, dass 60 Prozent der starken Raucher, die er in einem Forschungsprojekt mit ganz anderer Zielsetzung untersucht hatte, unter schweren Depressionen litten. Daraufhin entschloss er sich zu einer großen Untersuchung dieses Zusammenhangs, deren Ergebnisse er 1990 im *Journal of the American Medical Association* veröffentlichte.[66] Seine Versuchsgruppe waren 3200 willkürlich ausgesuchte Erwachsene. Von jenen unter ihnen, die zu irgendeiner Zeit ihres Lebens unter ärztlich diagnostizierten psychischen Störungen gelitten hatten, waren 74 Prozent Raucher, und 14 Prozent waren Raucher gewesen, hatten aber inzwischen aufgehört. Von denen, die nie eine psychische Störung erlebt hatten, waren 53 Prozent zu irgendeiner Zeit ihres Lebens Raucher ge-

wesen, und 31 Prozent hatten es geschafft, das Rauchen aufzugeben. Wenn psychische Probleme zunehmen, nimmt auch das
Rauchen zu. Ungefähr 80 Prozent der Alkoholiker rauchen. Bei-
nahe 90 Prozent der unter Schizophrenie Leidenden rauchen. In
einer besonders erschreckenden Studie verglich ein Team britischer Psychiater das Rauchverhalten einer Gruppe von Zwölf-
bis Fünfzehnjährigen, die unter Verhaltensstörungen litten und
eine Sonderschule besuchten, mit einer Gruppe im selben Alter,
die gewöhnliche Schulen besuchte. Die Hälfte der gestörten Jugendlichen rauchte bereits mehr als 21 Zigaretten in der Woche,
während dies nur auf 10 Prozent der Jugendlichen auf gewöhnlichen Schulen zutraf.[67] Während das Rauchen in der Gesellschaft
im Ganzen zurückgeht, nimmt es in den Randgruppen zu.

Es gibt eine Reihe von Theorien, die zu erklären versuchen,
warum das Rauchen sich so stark an emotionale Probleme ket-
tet. Die erste besagt, dass dieselben Eigenschaften oder Lebens-
lagen, die einen Menschen für den ansteckenden Effekt des Rauchens empfänglich machen – geringes Selbstbewusstsein zum
Beispiel oder eine unglückliche Familiensituation –, auch die
Dinge sind, die zu Depressionen beitragen. Es gibt aber auch erste faszinierende Hinweise darauf, dass beide Probleme dieselbe
genetische Wurzel haben könnten. Man nimmt zum Beispiel an,
dass Depressionen zumindest zum Teil mit einem Problem bei
der Herstellung bestimmter chemischer Elemente im Gehirn zu
tun haben, insbesondere der Neurotransmitter – das sind Über-
tragungssubstanzen wie Serotonin, Dopamin und Norepinephrin. Dies sind die Stoffe, die Stimmungen regulieren, die zu
den Selbstwertgefühlen und zum Genussempfinden beitragen.
Drogen wie Zoloft und Prozac wirken, weil sie das Gehirn dazu
bringen, mehr Serotonin zu produzieren. Sie kompensieren in
anderen Worten den Mangel an Serotonin, an dem einige Depressive leiden. Nikotin scheint genau dasselbe bei den beiden
anderen Neurotransmittern – Dopamin und Norepinephrin –
zu leisten.

Raucher, die unter Depressionen leiden, benutzen Tabak also

bewusst oder unbewusst, um ihr Leiden zu lindern. Die Wirkung ist stark genug, um Raucher, die eine Krankengeschichte mit Depressionen haben, einem beträchtlichen Risiko des Rückfalls auszusetzen, wenn sie das Rauchen aufgeben. Das ist im Grunde eine doppelte Verankerung: nicht nur finden die Raucher es sehr schwierig aufzuhören, weil sie nikotinsüchtig sind, einige von ihnen scheuen auch deshalb davor zurück, weil sie sich dem Risiko einer erneuten Depression nicht aussetzen wollen.

Das ist ein ernüchternder Gedanke. Aber er verweist auch darauf, dass Tabak einen verwundbaren Punkt haben könnte. Wenn man Raucher gegen Depression behandelt, ist ihre Sucht vielleicht eher zu brechen. In der Mitte der achtziger Jahre erprobte der Pharmakonzern Glaxo Wellcome ein neues Antidepressivum, das Bupropion genannt wurde. Zu ihrer Überraschung erhielt die Firma Berichte ihrer Marktforschungsabteilung, in denen plötzlich vom Rauchen die Rede war. Andrew Johnston, der die Psychiatrie-Abteilung bei Glaxo Wellcome leitet, sagte: »Ich hörte auf einmal, dass Patienten, die an der Erprobung teilnahmen, sagten: ›Ich habe gar keine Lust mehr zu rauchen‹, oder: ›Ich rauche viel weniger‹, oder: ›Zigaretten schmecken mir nicht mehr so gut wie vorher‹. Sie können sich vielleicht vorstellen, wie viele Berichte ich kriege, und deshalb habe ich zuerst nicht darauf geachtet. Aber es wurden immer mehr. Das war sehr ungewöhnlich.«

Das war 1986, bevor man begann, die Verbindung zwischen Rauchen und Depression zu verstehen, und deshalb war die Firma am Anfang verwirrt. Aber die Wissenschaftler begriffen schnell, dass Bupropion als eine Art Nikotinersatz fungierte. »Das Dopamin, das Nikotin freisetzt, geht in die Großhirnrinde«, erklärt Johnston. »Das ist das Genusszentrum des Hirns. Von da geht die Empfindung aus, dass es einem gut geht, dass man sich wohl fühlt, und das verbindet sich mit Nikotin. Deshalb ist das Aufhören so schwer. Nikotin erhöht auch den Norepinephrinspiegel, und deshalb wird man nervös und unruhig, wenn man aufhört zu rauchen. Bupropion bewirkt zwei Dinge. Es erhöht den Dopaminspiegel, und deshalb verlieren Raucher das Bedürfnis zu rauchen, und dann ersetzt es eine gewisse Menge an Norepinephrin, das vermindert die Unruhe, die Entzugserscheinungen.«

Glaxo Wellcome hat das Mittel – das jetzt unter der Bezeichnung Zyban vertrieben wird – bei stark süchtigen Rauchern (mehr als fünfzehn Zigaretten am Tag) getestet und ist auf bemerkenswerte Wirkungen gestoßen. Bei dem Versuch hörten aus einer Gruppe starker Raucher nach Beratung und Verabreichung eines Placebos 23 Prozent mit dem Rauchen auf. In der Gruppe, die Beratung und ein Nikotinpflaster bekam, hatten nach vier Wochen 36 Prozent aufgehört. In der Gruppe, der Zyban verabreicht wurde, waren es 49 Prozent und in der Kombination Zyban und Nikotinpflaster 58 Prozent. Interessanterweise hatten Zoloft und Prozac – die Serotoninmittel – wenig Auswirkung auf die Raucher. Es scheint nicht auszureichen, nur die Stimmung zu heben, man muss dies in genau der Weise tun, wie Nikotin es tut. Das heißt nicht, dass Zyban ein perfektes Mittel gegen das Rauchen ist. Es hat am wenigsten Erfolg bei den stärksten Rauchern, eine Einschränkung, die auf fast alle Mittel zutrifft, die den Entschluss, mit dem Rauchen aufzuhören, unterstützen sollen. Aber der Anfangserfolg von Zyban hat eines bewiesen: es gibt auch beim Kampf gegen das Rauchen einen Tipping Point. Indem man sich auf die depressive Stimmung vieler Raucher einschießt, kann man eine entscheidende Schwäche des Suchtprozesses ausnutzen.

Ein weiterer potenzieller Tipping Point wird deutlich, wenn wir noch einmal auf die Untersuchungen über die Art, wie Teenager mit dem Rauchen anfangen, zurückblicken. Wenn Teenager zum ersten Mal mit Zigaretten experimentieren, sind sie alle Gelegenheitsraucher. Die meisten hören bald wieder auf und bleiben ihr Leben lang Nichtraucher. Einige rauchen weiterhin gelegentlich, ohne nikotinabhängig zu werden. Ungefähr ein Drittel wird zu Gewohnheitsrauchern.

An dieser Phase ist so interessant, dass auch die Teenager des letzten Drittels ungefähr drei Jahre brauchen, um aus Gelegenheitsrauchern zu Abhängigen zu werden – etwa vom fünfzehnten zum achtzehnten Lebensjahr –, und dann eskaliert das Rauchen allmählich in den nächsten fünf bis sieben Jahren. »Wenn jemand an der Highschool regelmäßig raucht, heißt das nicht, dass sie oder er eine Schachtel am Tag raucht«, sagt Neal Benowitz, ein Suchtexperte von der University of California. »In der Regel erreichen die Raucher dieses Niveau erst in den Zwanzigern.«

Die Nikotinabhängigkeit ist also weit davon entfernt, sofort einzutreten. Es braucht eine lange Zeit, um wirklich süchtig nach Zigaretten zu werden, und nur weil Teenager mit fünfzehn rauchen, heißt das noch nicht, dass sie auf eine lebenslange Abhängigkeit zusteuern. Man hat ungefähr drei Jahre, um sie zu stoppen. Die zweite und noch interessantere Implikation dieses Sachverhalts ist, dass Nikotinabhängigkeit kein lineares Phänomen darstellt. Es ist nicht so, dass man ein wenig süchtig ist, wenn man eine Zigarette pro Tag braucht, und etwas süchtiger, wenn man zwei braucht, und zehn Mal so süchtig, wenn man zehn braucht. Es scheint vielmehr einen Sucht-Tipping Point zu geben, eine Schwelle. Wenn man unter einer gewissen Zahl von Zigaretten am Tag bleibt, scheint man diese Schwelle nicht zu überschreiten. Das erklärt noch einmal, warum die Gelegenheitsraucher Gelegenheitsraucher bleiben: sie rauchen einfach nie genug, um über diese Suchtschwelle hinauszugelangen. Ein abhängiger Raucher andererseits ist jemand, der diese Linie irgendwann überschritten hat.

Wo liegt die Suchtschwelle? Sie ist wahrscheinlich variabel, es kommt auf die betreffende Person an. Aber Benowitz und Jack Henningfield – wahrscheinlich weltweit die führenden Nikotinexperten – haben einige Annäherungswerte aufgestellt. Gelegenheitsraucher, argumentieren sie, sind Leute, die bis zu fünf Zigaretten am Tag rauchen können, ohne abhängig zu werden. Das scheint nahezulegen, dass die Menge an Nikotin, die sich in fünf Zigaretten befindet – es sind ungefähr vier bis sechs Milligramm –, wahrscheinlich dicht unterhalb der Suchtschwelle liegt. Henningfield und Benowitz fordern deshalb, dass die Tabakfirmen gezwungen werden sollten, die Nikotinanteile der Zigaretten herabzusetzen, so dass sogar die stärksten Raucher – jene, die etwa dreißig Zigaretten pro Tag rauchen – nicht mehr als fünf Milligramm Nikotin innerhalb einer 24-Stunden-Periode zu sich nehmen. Diese Beschränkung, schrieben die beiden im *New England Journal of Medicine*, »würde ausreichen, um die Entwicklung einer Abhängigkeit bei den meisten jungen Leuten zu verhindern oder zu begrenzen. Zugleich würde die Nikotinmenge für den Geschmack und die nervliche Stimulation ausreichen.« Teenager könnten in anderen Worten weiter aus all den genannten Gründen mit Zigaretten experimentieren, aber da die Nikotinmenge, die sie zu sich nehmen würden, unterhalb der Suchtschwelle läge, könnte sich die Gewohnheit nicht mehr in ihnen verankern. Das Zigarettenrauchen wäre weniger wie die Grippe und mehr wie die gewöhnliche Erkältung: man fängt sie sich leicht ein, aber man wird sie auch schnell wieder los.[68]

Es ist wichtig, diese beiden Verankerungsfaktoren in die richtige Perspektive zu rücken. Das Antiraucher-Programm in den Vereinigten Staaten hat sich bisher darauf konzentriert, die Preise zu erhöhen, die Werbung zu beschränken, Spots über die Schädlichkeit des Rauchens ins Radio und Fernsehen zu bringen, Minderjährigen den Zugang zu Zigaretten zu erschweren und ihnen in den Schulen einzuhämmern, dass sie nicht rauchen sollten. Und während diese breite, scheinbar umfassende, ehrgeizige Kampagne lief, ist das Teenager-Rauchen enorm gestiegen. Das Programm hat versucht, die Haltung zur Zigarette auf einer Massenbasis zu verändern, aber es ist eindeutig daran gescheitert, die Gruppen zu erreichen, deren Haltung verändert werden muss. Das Programm hat versucht, den Einfluss der »Verkäufer« zu vermindern. Aber dieser Einfluss, das wird immer deutlicher, ist nicht zu brechen. Die Verantwortlichen für das Programm sind davon überzeugt, dass man das ganze Problem auf einmal anpacken muss, und das sofort. Aber in Wahrheit muss man das gar nicht. Man muss nur die Tipping Points finden – und die liegen in der Verbindung zur Depression und in der Nikotinschwelle.

Die zweite Lehre der Verankerungsstrategie liegt darin, dass sie es uns ermöglicht, eine vernünftigere Einstellung zum experimentellen Rauchen unter Teenagern zu finden. Die absolutistische Methode, die Drogen zu bekämpfen, geht von der Prämisse aus, dass ein solches Experimentieren direkt zur Abhängigkeit führt. Wir wollen nicht, dass unsere Kinder Heroin oder Haschisch oder Kokain ausgesetzt werden, weil wir glauben, dass die Lockung dieser Substanzen so stark ist, dass schon die kleinste Menge unwiderrufliche Wirkung haben kann. Aber die Statistiken über den Gebrauch illegaler Drogen sprechen eine ganz andere Sprache. In einer staatlichen Umfrage zum Drogenmissbrauch aus dem Jahre 1996 sagten 1,1 Prozent der Befragten, dass sie schon mindestens einmal Heroin probiert hatten. Aber nur 18 Prozent dieser 1,1 Prozent sagten, dass sie es im vergangenen Jahr genommen hätten, und nur 9 Prozent hatten es im vergangenen Monat genommen. Das ist nicht das Profil einer besonders süchtig machenden Droge. Die Zahlen für Kokain sind noch auffallender. Von denen, die jemals in ihrem Leben Kokain probierten, sind weniger als 1 Prozent – 0,9 Prozent – regelmäßige Konsumenten.[69]

Diese Zahlen sagen uns, dass das Experimentieren mit Drogen und der regelmäßige Gebrauch zwei völlig unterschiedliche Dinge sind. Dass eine Droge ansteckend ist – wie etwa das Zigarettenrauchen –, heißt nicht, dass sie sich auch verankern muss. Die schiere Zahl derer, die schon einmal Kokain genommen haben, sagt uns, dass das Bedürfnis, etwas Gefährliches zu tun, unter Teenagern in der ganzen Welt sehr verbreitet ist. So sind Teenager. So lernen sie etwas über die Welt, und in den allermeisten Fällen – bei Kokain 99,1 Prozent – wird aus dem Experiment keine Gewohnheit. Wir sollten also aufhören, diese Experimente zu bekämpfen, wir sollten akzeptieren, dass Teenager von so etwas nicht abzubringen sein werden. Sie werden immer von Leuten wie Maggie, dem Au-pair, Billy G. und Pam P. fasziniert sein, und sie sollten auch von ihnen fasziniert sein, schon um das auszuleben und festzustellen, dass man nicht sein ganzes Leben lang rebellisch und aufsässig bleiben kann. Statt das Experimentieren zu bekämpfen, sollten wir also lieber sicher gehen, dass es keine ernsten Konsequenzen hat.

Ich glaube, dass man an dieser Stelle noch einmal auf etwas zurückkommen sollte, was Donald Rubinstein über die Selbstmordfälle in Mikronesien geschrieben hat:

> Einige Jungen, fast noch Kinder, die einen Selbstmordversuch unternommen hatten, berichteten, dass sie zuerst davon hörten, als sie acht oder zehn Jahre alt waren. Ihre Selbstmordversuche scheinen imitativ gewesen zu sein, eine Art experimentelles Spiel. Ein Elfjähriger hängte sich zum Beispiel in seinem Elternhaus auf, und als er gefunden wurde, war er bereits bewusstlos, und die Zunge trat aus seinem Mund hervor. Er erklärte später, dass er es »einmal ausprobieren« wollte. Er sagte, er habe nicht sterben wollen ...[70]

Das Tragische daran ist nicht, dass diese Jungen experimentierten. Das ist etwas, was Jungen in dem Alter tun. Tragisch ist, dass sie mit etwas experimentierten, was nicht rückgängig zu machen ist. Unglücklicherweise gibt es keine sicherere Art des Selbstmordversuchs, die helfen könnte, die Teenager von Mikronesien zu retten. Aber es kann eine sicherere Form des Rauchens geben, und indem man sich auf die Tipping Points des Suchtprozesses konzentriert, kann man die Entwicklung zur Abhängigkeit stoppen.

SCHLUSS

or noch nicht so langer Zeit begann eine Krankenschwester namens Georgia Sadler eine Kampagne, die darauf zielte, die schwarze Gemeinde in San Diego über Diabetes und Brustkrebs aufzuklären. Um zur Früherkennung dieser Krankheiten beizutragen, hielt sie Seminare in den schwarzen Kirchen der Stadt ab. Das Ergebnis war indessen enttäuschend. »Es kamen, sagen wir, 200 Leute zum Gottesdienst in die Kirche, aber für das Seminar danach blieben nur etwa 20 da, und das waren Leute, die schon viel über diese Krankheiten wussten und nur noch mehr erfahren wollten. Es war sehr entmutigend.« Sadler hatte ein Verbreitungsproblem.

Sie begriff, dass sie einen neuen Kontext brauchte. »Ich nehme an, dass die Leute nach dem Gottesdienst müde und hungrig waren«, sagt sie. »Sie wollten einfach nach Hause.« Sie brauchte einen Ort, wo die Frauen, die sie ansprechen wollte, sich entspannen konnten, wo sie aufnahmefähig waren. Sie brauchte auch einen neuen Überbringer ihrer Botschaft, jemanden, der ein wenig von einem Verkäufer hatte, von einem Vermittler, von einem Kenner. Sie brauchte eine einprägsamere Methode, um ihre Information zu verankern. Und sie musste es so einrichten, dass sie ihr schmales Budget, das von verschiedenen Stiftungen und Gruppen stammte, nicht strapazierte. Ihre Lösung? Sie verlegte die Kampagne aus den Kirchen in Schönheitssalons.

»Dort ist das Publikum im wahrsten Sinne des Wortes gefangen«, sagt Sadler. »Diese Frauen verbringen mindestens zwei Stunden im Salon, manchmal bis zu acht, wenn ihr Haar zu kleinen Zöpfen geflochten wird.« Meist haben die Frauen auch ein enges Verhältnis zu den Kosmetikerinnen in ihrem Schönheitssalon. »Wenn man erst mal jemanden gefunden hat, die einem das Haar richtig macht, fährt man hundert Meilen zu ihr. Sie ist deine Freundin. Sie begleitet dich, wenn du den Highschool-

Abschluss feierst, wenn du heiratest, wenn du dein erstes Kind kriegst. Das ist eine Langzeitbeziehung. Da entwickelt sich Vertrauen. Wenn man sich irgendwo entspannt und sich so zeigt, wie man ist, dann im Schönheitssalon.« Außerdem zieht der Beruf der Kosmetikerin Frauen an, die kommunikativ sind und einen großen Bekanntenkreis haben. »Die sind die geborenen Vermittler«, sagt Sadler. »Die lieben nichts mehr, als dir was zu erzählen. Und sie haben meist ein sehr gutes Einfühlungsvermögen, weil sie ihre Klienten immer im Auge haben, um zu überprüfen, wie sie reagieren.«

Sie holte eine Gruppe von Frauen zusammen, die in Schönheitssalons arbeiteten, und bildete sie gewissermaßen aus. Es ging vor allem darum, die Informationen über Brustkrebs in eindringlicher Form weiterzugeben. »Es sollte eine ganz einfache Form des Gesprächs sein«, sagt Sadler. »Wir wollten keine Klassenzimmer-Atmosphäre. Es sollte etwas sein, was Frauen miteinander teilten, was sie weitererzählen wollten. Und es ist doch sehr viel leichter, das in Form einer Geschichte zu machen.« Sadler versorgte ihre Kosmetikerinnen ständig mit neuen Informationen, mit Klatsch und mit zwanglosen Ansätzen für ein Gespräch über Brustkrebs, so dass sie, wann immer eine Kundin wiederkam, das Thema mühelos aufs Neue ansprechen konnten. Sie druckte das Material in einer großen Schrifttype auf laminiertes Papier, damit es im Durcheinander der Schönheitssalons lange überlebte. Sie erfand ein Auswertungsprogramm, um festzustellen, was funktionierte und was nicht, wie viele Frauen wirklich zu Mammographien und Diabetestests gingen. Und sie stellte fest, dass ihr Programm Wirkung zeigte. Man kann mit wenig viel erreichen.

Auf den Seiten dieses Buches haben wir uns eine ganze Reihe solcher Geschichten angesehen – vom Kampf gegen die Kriminalität in New York bis zu Lester Wundermans Schatzsuche –, und was sie alle gemeinsam haben, ist ihre Einfachheit. Sadler wandte sich nicht an staatliche Krebsinstitute oder an das Gesundheitsministerium von Kalifornien. Sie forderte nicht Millionen von Dollar, um eine riesige Werbekampagne zu initiieren. Sie ging nicht in San Diego von Tür zu Tür, um den Frauen kostenlose Mammographien anzubieten. Sie bombardierte auch nicht die Radio- und Fernsehsender mit Appellen um Unterstützung. Stattdessen nahm sie ihr kleines Budget und dachte darüber nach, wie man es intelligenter einsetzen konnte. Sie veränderte den Kontext ihrer Botschaft. Sie veränderte den Überbringer und auch die Botschaft selbst. Sie konzentrierte ihre Anstrengungen auf einen Punkt.

Dies ist die erste Lehre des Tipping Points. Will man eine Epidemie auslösen, muss man die Ressourcen auf einige wenige Punkte konzentrieren. Das Gesetz der Wenigen sagt, dass Vermittler, Kenner und Verkäufer dafür verantwortlich sind, dass Mund-zu-Mund-Epidemien entstehen. Will man sie ins Leben rufen, muss man sich ausschließlich auf diese drei Gruppen konzentrieren. Niemand sonst spielt eine Rolle. William Dawes zu sagen, dass die Briten kamen, bedeutete für die Siedler von New England gar nichts. Es Paul Revere zu sagen, bedeutete den Unterschied zwischen Sieg und Niederlage. Die Schöpfer von »Blue's Clues« entwickelten eine intelligente Fernsehsendung, die von den Kindern geliebt wurde. Aber ihnen war klar, dass niemand viel lernen konnte, wenn man die Sendung nur ein Mal zeigte. Also machten sie etwas, was im Fernsehen zuvor noch niemand gemacht hatte. Sie zeigten dieselbe Show fünf Mal hintereinander. Sadler versuchte nicht, alle Frauen in San Diego auf einmal zu erreichen. Sie nahm die Ressourcen, die sie hatte, und konzentrierte sie auf einen entscheidenden Ort – den Schönheitssalon.

Die Theorie des Tipping Points fordert, dass wir unsere Denkweise radikal verändern. Ich habe in diesem Buch viel Zeit damit verbracht, über die Idiosynkrasien unserer Wahrnehmung zu sprechen. Es fällt uns sehr schwer, exponentielle Steigerungen einzuschätzen. Wir können uns nicht vorstellen, dass ein fünfzig Mal gefaltetes Papier die Distanz zur Sonne bedeutet. Die kognitiven Kategorien, die wir bilden können, sind beschränkt, und auch die Zahl der Menschen, die wir lieben, und der Bekannten und Freunde, die wir wirklich kennen, hält sich in engen Grenzen. Wir geben schnell auf, wenn uns ein Problem in abstrakter Form entgegentritt, aber wir lösen es mühelos, wenn es als gesellschaftliche Frage formuliert wird. All diese Dinge sind Ausdruck der Eigenheiten unseres Verstehens und Fühlens und eine Widerlegung der Annahme, dass unsere Formen der Kommunikation zielgerichtet und klar seien. Sie sind in Wahrheit chaotisch und undurchsichtig. Die »Sesamstraße« und »Blue's Clues« haben vor allem deshalb Erfolg, weil sie Dinge umsetzen, die ihren Erfindern keineswegs von Beginn an einleuchteten. Wer hätte gedacht, dass Big Bird zusammen mit Menschen auftreten musste, um populär zu werden? Wer hätte vorhersagen können, dass eine Fabrik, deren Belegschaft sich von 100 auf 150 erhöht, keine Probleme bekommt, wohl aber in Schwierigkeiten gerät, wenn die Belegschaft von 150 auf 200 wächst? In dem Test mit willkürlich aus dem Telefonbuch gegriffenen Namen hätte wohl niemand, glaube ich, angenommen, dass die höchsten Ergebnisse über 100 liegen würden und die niedrigsten unter 10. Wir gehen davon aus, dass Menschen unterschiedlich sind, aber nicht so unterschiedlich.

Die Welt hält sich – sosehr wir es wünschen – nicht an unsere Intuition, an unsere Denkweise. Das ist die zweite Lehre des Tipping Points. Jene, die es schaffen, soziale Epidemien auszulösen, tun nicht einfach das, was sie für richtig halten. Sie überprüfen ihre Intuition, ihre Annahmen immer wieder. Ohne die Resultate des »Ablenkungstests«, die den Produzenten von »Sesamstraße« nachwiesen, dass ihre Annahmen über die Trennung von Fantasie und Realität falsch waren, wäre »Sesamstraße« heute eine vergessene Fußnote der Fernsehgeschichte. Lester Wundermans Goldkiste klang wie eine alberne Idee, bis er die Gelegenheit bekam zu beweisen, dass sie viel effektiver war als die konventionelle Werbung. Dass niemand auf Kitty Genoveses Schreie reagierte, schien ein offensichtlicher Beweis für die Kälte und Gleichgültigkeit der Großstadt zu sein, bis sorgfältige psy-

chologische Tests die enorme Macht der Umstände nachwiesen.
Um soziale Epidemien richtig zu verstehen, müssen wir zunächst begreifen, dass die Kommunikation unter Menschen sehr
ungewöhnlichen und unseren Erwartungen widersprechenden
Regeln folgt.

Was erfolgreichen Epidemien zu Grunde liegt, ist letztlich
der feste Glaube, dass Veränderung möglich ist, dass Menschen
ihr Verhalten oder ihre Einstellung radikal verändern können,
wenn sie richtig angesprochen werden. Auch das widerspricht
einigen unserer tiefsten Annahmen über uns selbst und andere.
Wir lösen uns nur schwer von der Vorstellung, dass wir innen-
geleitet und autonom sind, dass unsere Gene und unser Charakter auf Dauer bestimmen, wer wir sind und wie wir handeln.
Aber wenn man die Beispiele von Verkäufern und Vermittlern,
von Paul Reveres Ritt und »Blue's Clues«, von der Regel der 150
und der Säuberung der New Yorker U-Bahn zusammennimmt,
dann führen sie uns zu einer ganz anderen Schlussfolgerung
über den menschlichen Charakter. Wir werden von unserer Umgebung, sowohl den Räumen als auch den Menschen, außerordentlich stark beeinflusst. Als die Graffiti von den Wänden der
New Yorker U-Bahn entfernt waren, wurden die New Yorker
offenbar zu besseren Menschen. Theologiestudenten zu sagen,
dass sie sich beeilen müssten, verwandelte sie in schlechtere Menschen. Der Selbstmord eines charismatischen jungen Mannes auf
einer mikronesischen Insel löste eine Selbstmordepidemie aus,
die über ein Jahrzehnt anhielt. Eine kleine Goldkiste in der Ecke
einer Anzeige des Columbia Record Club machte den Erwerb
von Schallplatten durch Mailorder unwiderstehlich. Wenn man
sich komplexes Verhalten wie das Rauchen oder den Selbstmord
oder das Verbrechen genauer ansieht, versteht man, wie empfänglich wir für alles sind, was wir sehen und hören, und wie
empfindlich wir noch für die kleinsten Details unseres Alltags-
lebens sind. Wenn der soziale Wandel so sprunghaft und oft
so unerklärlich ist, so deshalb, weil wir alle sprunghaft und unerklärlich sind.

Aber wenn es in der Welt des Tipping Points Undurchsichtigkeit und Impulsivität gibt, so gibt es auch ein hohes Maß an Hoffnung für die Zukunft. Schon indem wir die Größe einer Gruppe manipulieren, können wir ihre Empfänglichkeit für neue Ideen dramatisch erhöhen. Indem wir Details an der Präsentation einer Botschaft ändern, können wir ihre Verankerung signifikant erhöhen. Einfach indem wir jene wenigen besonderen Menschen finden, die so viel gesellschaftliche Macht ausüben, können wir den Verlauf sozialer Epidemien bestimmen. Letztlich sind die Tipping Points eine Bestätigung des Potenzials zur Veränderung und der Kraft intelligenten Handelns. Sehen Sie sich die Welt um sich herum an. Sie mag unbeweglich und unnachgiebig erscheinen. Sie ist es nicht. Mit dem kleinsten Anstoß kann man sie – wenn man den richtigen Punkt findet – kippen.

ANMERKUNGEN

1. Eine gute Auswertung der New Yorker Kriminalstatistiken bietet Michael Massings Artikel »The Blue Revolution« in der *New York Review of Books* vom 19. November 1998, S. 32–34. Sehr aufschlussreich außerdem die Ausführungen von William Bratton und William Andrews zum ungewöhnlichen Absinken der New Yorker Kriminalitätsrate in »What We've Learned About Policing«, *City Journal*, Frühjahr 1999, S. 25.

2. Die wichtigsten Untersuchungen zum Gähnen stammen von Robert Provine, einem Psychologen an der Universität Maryland. Unter anderem veröffentlichte er hierzu die Aufsätze »Yawning as a Stereotyped Action Pattern and Releasing Stimulus«, in: *Ethology*, 72 (1983), S. 109–122, und »Contagious Yawning and Infant Imitation«, in: *Bulletin of the Psychonomic Society*, 27, 2 (1989), S. 125 f.

3. Am einfachsten lässt sich das Phänomen des Tipping Points an der Ausbreitung einer Grippeepidemie veranschaulichen: Angenommen, in einem Sommer kommen 1000 kanadische Touristen nach Manhattan, allesamt Überträger einer vierundzwanzig Stunden dauernden Virusgrippe, gegen die es keinen wirksamen Impfschutz gibt. Die Infektionsrate bei dieser Virusart beträgt zwei Prozent, das heißt eine von 50 Personen, die mit einem Überträger des Virus in näheren Kontakt kommen, wird krank. Nehmen wir weiterhin an, ein durchschnittlicher Bewohner Manhattans kommt pro Tag ebenfalls mit genau 50 Personen in Berührung – unterwegs in der U-Bahn und im Kontakt mit seinen Arbeitskollegen. In diesem Fall haben wir

ein ausgeglichenes Verhältnis: Die 1000 Kanadier übertragen das
Virus am Tag ihrer Ankunft auf 1000 Personen. Diese stecken
am nächsten Tag weitere 1000 Personen an, während die 1000
Erstüberträger wieder gesund werden. Dieses vollkommen aus-
geglichene Verhältnis von Gesundenden und neu Erkrankten
bleibt den Rest des Sommers und den Herbst über erhalten,
so dass die Grippewelle auf unspektakuläre Weise ihren Lauf
nimmt.

Aber dann beginnt die Weihnachtszeit: Busse und U-Bahnen
füllen sich zusehends mit Touristen und Leuten auf Einkaufs-
tour, so dass der durchschnittliche Bewohner von Manhattan
auf einmal mit 55 statt der gewohnten 50 Personen in Berührung
kommt – das Gleichgewicht gerät urplötzlich durcheinander.
Jetzt treffen tausend Überträger der Grippe pro Tag auf 55.000
Leute, was bei der Infektionsrate von zwei Prozent am nächsten
Tag 1100 Infizierte nach sich zieht. Diese treffen am nächsten
Tag auf 60.500 Personen, was am dritten Tag der Epidemie mit
1210 infizierten Manhattanern zu Buche schlägt, am vierten mit
1331, am Ende der Woche mit annähernd 2000, und immer so
weiter, in einer immer steiler ansteigenden Kurve, bis Manhattan schließlich am Weihnachtstag fest im Griff einer voll ausge-
wachsenen Grippeepidemie liegt. Der Tipping Point war dabei
der Moment, zu dem die durchschnittliche Kontaktrate von 50
auf 55 Personen pro Tag sprang. Von da an verwandelte sich eine
alltägliche und wenig veränderliche Erscheinung – eine Grippeepidemie auf niedriger Stufe – in eine schwere Beeinträchtigung
des allgemeinen Gesundheitszustands. Würde man den Verlauf
der kanadischen Grippeepidemie grafisch darstellen, wäre der
Tipping Point der Punkt, an dem die Linie plötzlich steil ansteigt.

An einem Tipping Point ist für einen Moment lang alles offen – Veränderungen, die in einem solchen Moment, an einem
solchen Punkt, vorgenommen werden, können ungeheuer wirkungsvoll sein. Unser Beispiel, die kanadische Grippe, entwickelte sich zum massenhaften Phänomen, als die Zahl von New
Yorkern, denen ein Grippeüberträger über den Weg lief, von 50

auf 55 sprang. Wäre eine ebenso kleine Veränderung in ent-
gegengesetzter Richtung erfolgt, wäre also die Rate von 50 auf
45 gesunken, hätte dies die Zahl der Neuerkrankungen innerhalb einer Woche auf 478 pro Tag absinken lassen, bis die Ka-
nada-Grippe, wäre es noch einige Wochen so weitergegangen,
schließlich ganz aus Manhattan verschwunden wäre. Eine Abnahme von 70 auf 65, 65 auf 60 oder 60 auf 55 wäre hierfür nicht
ausreichend gewesen, sehr wohl jedoch eine von 50 auf 45, weil
sie eine Veränderung unmittelbar am Tipping Point dargestellt
hätte.

Das Tipping Point-Modell ist in mehreren klassischen Arbeiten von Soziologen beschrieben worden. Besonders lohnend
hierzu die Lektüre von Mark Granovetter, »Threshold Models
of Collective Behavior«, in: *American Journal of Sociology*, 83
(1978), S. 1420–1443; Mark Granovetter und R. Soong, »Threshold Models of Diffusion and Collective Behavior«, in: *Journal of
Mathematical Sociology*, 9 (1983), S. 165–179; Thomas Schelling,
»Dynamic Models of Segregation«, in: *Journal of Mathematical
Sociology*, 1 (1971), S. 143–186; Thomas Schelling, *Micromotives
and Macrobehavior*, New York 1978; Jonathan Crane, »The
Epidemic Theory of Ghettos and Neighborhood Effects on
Dropping Out and Teenage Childbearing«, in: *American Jour-
nal of Sociology*, 95, 5 (1989), S. 1226–1259.

4. Eine der besten für ein nichtspezialisiertes Publikum geschrie-
benen Darstellungen des gesetzmäßigen Verlaufs epidemischer
Erkrankungen stammt von Gabriel Rotello, *Sexual Ecology:
AIDS and the Destiny of Gay Men*, New York 1997. Die Er-
klärung der Baltimorer Syphilisepidemie durch das Center for
Disease Control (Seuchenkontrollzentrum) ist nachzulesen in
dem Artikel »Outbreak of Primary and Secondary Syphilis –
Baltimore City, Maryland, 1995«, in: *Mortality and Morbidity
Weekly Report*, 1. März 1996.

5. Richard Koch, *The 80/20 Principle: The Art of Achieving More*

with Less, New York 1998 [dt. *Das 80/20-Prinzip: Mehr Erfolg mit weniger Aufwand*, Frankfurt a. M. 1998].

6. John Potterat, »Gonorrhea as a social disease«, in: *Sexually Transmitted Disease*, 12, 25 (1985).

7. Randy Shilts, *And the Band Played On*, New York 1987.

8. Jaap Goudsmit, *Viral Sex: The Nature of AIDS*, New York 1997, S. 25–37.

9. Richard Kluger, *Ashes to Ashes*, New York 1996, S. 158 f.

10. A. M. Rosenthal, *Thirty-Eight Witnesses*, New York 1964.

11. John Darley und Bibb Latane, »Bystander Intervention in Emergencies: Diffusion of Responsibility«, in: *Journal of Personality and Social Psychology*, 8 (1968), S. 377–383.

12. Die Diskussion um den Fall Paul Revere ist nachzulesen in dem bemerkenswerten Buch von David Hackett Fischer, *Paul Revere's Ride*, New York 1994.

13. Stanley Milgram, »The Small World Problem«, in: *Psychology Today*, 1 (1967), S. 60–67. Eine theoretische Behandlung erfährt dasselbe Thema in: *The Small World*, hg. von Manfred Kochen, Norwood/New Jersey 1989.

14. Carol Werner und Pat Parmelee, »Similarity of Activity Preferences Among Friends: Those Who Play Together Stay Together«, *Social Psychology Quarterly*, 42, 1 (1979), S. 62–66.

15. Brett Tjadens Projekt »Oracle of Bacon at Virginia« wird inzwischen an der University of Virginia weitergeführt (unter der Internet-Adresse www.cs.virginia.edu/oracle/).

16. Mark Granovetter, *Getting a Job*, Chicago 1995.

17. Mehr hierzu in: J. Jeffrey Inman, Leigh McAlister und Wayne D. Hoyer, »Promotion Signal: Proxy for a Price Cut?«, in: *Journal of Consumer Research*, 17 (1990), S. 74–81.

18. Linda Price und ihre Mitarbeiterinnen und Mitarbeiter haben das Phänomen der »Kenner« an verschiedenen Stellen beschrieben, siehe u. a.: Lawrence F. Feick und Linda L. Price, »The Market Maven: A Diffuser of Marketplace Information«, in: *Journal of Marketing*, 51 (Januar 1987), S. 83–97; Robin A. Higie, Lawrence F. Feick und Linda L. Price, »Types and Amount of Word-of-Mouth Communications About Retailers«, in: *Journal of Retailing*, 63, 3 (Herbst 1987), S. 260–278; Linda L. Price, Lawrence F. Feick und Audrey Guskey, »Everyday Market Helping Behavior«, in: *Journal of Public Policy and Marketing*, 14, 2 (Herbst 1995), S. 255–266.

19. Brian Mullen et al., »Newscasters' facial expressions and voting behavior of viewers: Can a smile elect a President?«, in: *Journal of Personality and Social Psychology*, 51 (1986), S. 291–295.

20. Gary L. Wells und Richard E. Petty, »The Effects of Overt Head Movements on Persuasion«, in: *Basic and Applied Social Psychology*, 1, 3 (1980), S. 219–230.

21. William S. Condon, »Cultural Microrhythms«, in: *Interaction Rhythms: Periodicity in Communicative Behavior*, hg. von M. Davis, New York 1982, S. 53–76.

22. Elaine Hatfield, John T. Cacioppo und Richard L. Rapson, *Emotional Contagion*, Cambridge 1994.

23. Howard Friedman et al., »Understanding and Assessing Nonverbal Expressiveness: The Affective Communication Test«, in:

Journal of Personality and Social Psychology, 39, 2 (1980), S. 333 bis 351; sowie Howard Friedman und Ronald Riggio, »Effect of Individual Differences in Nonverbal Expressiveness on Transmission of Emotion«, in: *Journal of Nonverbal Behavior*, 6 (Winter 1981), S. 96–104.

24. Die beste Geschichte der »Sesamstraße« stammt wahrscheinlich von Gerald Lesser: *Children and Television: Lessons from Sesame Street*, New York 1975. Siehe hierzu auch Jim Henson, *The Works: The Art, the Magic, the Imagination*, New York 1993.

25. Buchstäblich jedes Mal wenn die erzieherische Wirkung der »Sesamstraße« untersucht wurde – und kein anderes Fernsehprogramm ist wohl so oft und so detailliert wissenschaftlich untersucht worden –, zeigte sich, dass sie die Lese- und Lernfähigkeit ihrer Zuschauer vergrößert. Erst kürzlich nahm eine Forschergruppe der Universitäten von Massachusetts und Kansas erneut Kontakt zu 600 Personen auf, deren Fernsehkonsum als Vorschulkinder sie während der achtziger Jahre begleitet hatte. Alle diese Kinder besuchten inzwischen die Highschool, und die Forscher fanden – zu ihrem Erstaunen – heraus, dass diejenigen Kinder, die als Vier- und Fünfjährige hauptsächlich die »Sesamstraße« gesehen hatten, auch weiterhin besser in der Schule waren, als die, die nicht oder kaum die »Sesamstraße« gesehen hatten. Auch Aspekte wie die Bildung der Eltern, die Familiengröße oder das Vokabular, über das die Untersuchungspersonen als Vorschulkinder verfügt hatten, führten nachweislich zu keinem anderen Ergebnis: Unabhängig von alledem waren diejenigen, die regelmäßig die »Sesamstraße« gesehen hatten, besser in Englisch, Mathematik und Naturwissenschaften und griffen auch in ihrer Freizeit viel eher zu Büchern als die anderen. Der Untersuchung zufolge verbesserte sich der Durchschnitt der Schüler pro wöchentlich gesehener Stunde »Sesamstraße« um 0,052 Bewertungspunkte, ein Kind, das im Alter von fünf Jahren fünf Stunden pro Woche »Sesamstraße« gesehen hatte, war

dementsprechend um durchschnittlich ein Viertel Bewertungs-punkte besser als ein Kind mit ähnlichem Hintergrund, das die »Sesamstraße« nicht gesehen hatte. Auf geheimnisvolle Weise war es auch zwölf, ja fünfzehn Jahre später noch zu bemerken, ob jemand über einen Zeitraum von nicht mehr als zwei oder drei Jahren hinweg regelmäßig eine einstündige Fernsehsendung konsumiert hatte oder nicht.

Eine Zusammenfassung der Ergebnisse dieser Untersuchung wurde 1995 unter dem Titel »Effects of Early Childhood Media Use on Adolescent Achievement« von den Mitgliedern dieses gemeinsamen Projekts der Universitäten von Massachusetts und Kansas in Form eines Forschungsberichts veröffentlicht. Siehe hierzu außerdem: John C. Wright und Aletha C. Huston, »Effects of educational TV viewing of lower income preschoolers on academic skills, school readiness, and school adjustement one to three years later«, in: *A Report to Children's Television Workshop*, University of Kansas, 1995.

26. Lester Wunderman erzählt in seiner wirklich wunderbaren Autobiografie die Geschichte des Columbia Record Club sowie zahlreiche andere Geschichten vom Direktmarketing: Lester Wunderman, *Being Direct: Making Advertising Pay*, New York 1996, insbesondere Kapitel 10 und 11.

27. Howard Levanthal, Robert Singer und Susan Jones, »Effects on Fear and Specificity of Recommendation Upon Attitudes and Behavior«, in: *Journal of Personality and Social Psychology*, 2, 1 (1965), S. 20–29.

28. Die beste Zusammenfassung der »handlungsorientierten« theo-retischen Überlegungen zum Fernsehkonsum liefern Daniel Anderson und Elizabeth Lorch in »Looking at Television: Action or Reaction?«, in: *Children's Understanding of Television: Research on Attention and Comprehension*, New York 1983.

29. Palmers Arbeiten sind an verschiedenen Stellen veröffentlicht worden, u. a. in: Edward Palmer, »Formative Research in Educational Television Production: The Experience of CTW«, in: *Quality in Instructional Television*, hg. von W. Schramm, Honolulu 1972, S. 165–187.

30. Eine Zusammenfassung von Barbara Flaggs Untersuchungen zu den Augenbewegungen befindet sich in Barbara N. Flagg, »Formative Evaluation of Sesame Street Using Eye Movement Photography«, in: *Experimental Research in Televised Instruction*, hg. von J. Baggaley, Bd. 5, Montreal 1982.

31. Ellen Markman, *Categorization and Naming in Children*, Cambridge/Massachusetts 1989.

32. *Narratives from the Crib*, hg. von Katherine Nelson, Cambridge/Massachusetts 1989. Siehe dort die Essays von Bruner und Lucariello sowie von Feldman.

33. Der beste Bericht von der Goetz-Schießerei befindet sich in George Fletchers Buch *A Crime of Self Defense*, New York 1988 [dt. *Notwehr als Verbrechen. Der U-Bahn-Fall Goetz*, Frankfurt a. M. 1993]. Ebenfalls hierzu: Lillian Rubin, *Quiet Rage: Bernie Goetz in a Time of Madness*, New York 1986.

34. Siehe hierzu den bereits erwähnten Artikel von Michael Massing, »The Blue Revolution«, in der *New York Review of Books* vom 19. November 1998, S. 32–34. Außerdem: William Bratton, *Turnaround: How America's Top Cop Reversed the Crime Epidemic*, New York 1998, S. 141.

35. Malcolm Gladwell, »The Tipping Point«, in: *The New Yorker*, 3. Juni 1996, S. 32–39. Dieser Artikel ist auch abrufbar unter der Internet-Adresse www.gladwell.com. Siehe hierzu außerdem die ebenfalls bereits erwähnten, sehr aufschlussreichen Ausfüh-

rungen von William Bratton und William Andrews zum ungewöhnlichen Absinken der New Yorker Kriminalitätsrate in »What We've Learned About Policing«, *City Journal*, Frühjahr 1999, S. 25.

36. George L. Kelling und Catherine M. Coles, *Fixing Broken Windows*, New York 1996, S. 20.

37. Die Beschreibung der von Zimbardo durchgeführten Experimente befindet sich in dem Aufsatz von Craig Harney, Curtis Banks und Philip Zimbardo »Interpersonal Dynamics in a Simulated Prison«, in: *International Journal of Criminology and Penology*, 1 (1973), S. 73. Die Zitate der Wärter und die Zimbardos stammen aus der Radiosendung »The Stanford Prison Experiment«, *CBS 60 Minutes* vom 30. August 1998.

38. Eine gute Zusammenfassung der Versuche mit den Schulkindern findet sich bei Hugh Hartshorne und Mark May, »Studies in the Organization of Character«, in: *Readings in Child Development*, hg. von H. Munsinger, New York 1971, S. 190–197. Der vollständige Bericht befindet sich in Hugh Hartshorne und Mark May, *Studies in the Nature of Character*, Bd. 1: *Studies in Deceit*, New York 1928.

39. Zu Meerkatze und Kartenspiel siehe: Robin Dunbar, *The Trouble with Science*, Cambridge/Massachusetts 1995, Kapitel 6 und 7.

40. Eine Zusammenfassung hiervon in: Richard E. Nisbett und Lee Ross, *The Person and the Situation*, Philadelphia 1991. Eine genauere Beschreibung des Quiz-Experiments liefern Lee D. Ross, Teresa M. Amabile und Julia L. Steinmetz in: »Social Roles, Social Control, and Biases in Social-Perception Process«, in: *Journal of Personality and Social Psychology*, 35, 7 (1977), S. 485–494.

41. Judith Rich Harris, *The Nurture Assumption*, New York 1998, S. 365 [dt. *Ist Erziehung sinnlos? Die Ohnmacht der Eltern*, Hamburg 2000].

42. Walter Mischel, »Continuity and Change in Personality«, in: *American Psychologist*, 24 (1969), S. 1012–1017.

43. John Darley und Daniel Batson, »From Jerusalem to Jericho: A study of situational and dispositional variables in helping behavior«, in: *Journal of Personality and Social Psychology*, 27 (1973), S. 100–119.

44. Myra Friedman, »My Neighbor Bernie Goetz«, in: *New York*, 18. Februar 1985, S. 35–41.

45. George A. Miller, »The Magical Number Seven«, in: *Psychological Review*, 63, 2 (1956).

46. C. J. Buys und K. L. Larsen, »Human Sympathy Groups«, in: *Psychology Reports*, 45 (1979), S. 547–553.

47. S. L. Washburn und R. Moore, *Ape into Man*, Boston 1973.

48. Dunbars Theorien sind an verschiedenen Stellen beschrieben worden. Die beste akademische Zusammenfassung bietet wohl R. Dunbar, »Neocortex size as a constraint on group size in primates«, *Journal of Human Evolution*, 20 (1992), S. 469–493. Von Dunbar gibt es auch eine großartige populärwissenschaftliche Veröffentlichung: *Grooming, Gossip, and the Evolution of Language*, Cambridge/Massachusetts 1996 [dt. *Klatsch und Tratsch. Wie der Mensch zur Sprache fand*, München 1998].

49. Daniel Wegner, »Transactive Memory in Close Relationships«, in: *Journal of Personality and Social Psychology*, 61, 6 (1991), S. 923–929. Sehr brauchbare Ausführungen zu diesem Thema

auch in Daniel Wegner, »Transactive Memory: A Contemporary Analysis of the Group Mind«, in: *Theories of Group Behavior*, hg. von Brian Mullen und George Goethals, New York 1987, S. 200 f.

50. Bruce Ryan und Neal Gross, »The Diffusion of Hybrid Seed Corn in Two Iowa Communities«, in: *Rural Sociology*, 8 (1943), S. 15–24. Eine Beschreibung dieser Untersuchung befindet sich (neben anderen Arbeiten zur Diffusionstheorie) in: Everett Rogers, *Diffusion of Innovations*, New York 1995.

51. Geoffrey Moore, *Crossing the Chasm*, New York 1991, S. 9–14.

52. Gordon Allport und Leo Postman, *The Psychology of Rumor*, New York 1947, S. 135–158.

53. Thomas Valente, Robert K. Foreman und Benjamin Junge, »Satellite Exchange in the Baltimore Needle Exchange Program«, in: *Public Health Reports*, noch unpublizierter Bericht.

54. Der Anthropologe Donald H. Rubinstein hat die Geschichte von Sima an verschiedenen Stellen erzählt, u. a. in »Love and Suffering: Adolescent Socialization and Suicide in Micronesia«, in: *Contemporary Pacific*, 7, 1 (Frühjahr 1995), S. 21–53; und »Epidemic Suicide Among Micronesian Adolescents«, in: *Social Science and Medicine*, 17 (1983), S. 664.

55. W. Kip Viscusi, *Smoking: Making the Risky Decision*, New York 1992, S. 61–78.

56. Diese Statistiken zum Rauchen von Jugendlichen stammen aus verschiedenen Quellen mit unterschiedlichen Kriterien zur Berechnung der Zahl der Raucher-»Anfänger«. Einer im Oktober 1998 veröffentlichten Untersuchung der *Centers for Disease Control* zufolge stieg beispielsweise die Zahl Jugendlicher Ame-

rikaner – unter 18 Jahren – mit täglichem Zigarettenkonsum von 708.000 im Jahre 1988 auf 1,2 Millionen im Jahre 1996, was einem Anstieg um 73 Prozent entspricht. Ebenso stieg der Anteil von Rauchern je 1000 Jugendlichen: 1996 begannen 77 von 1000 regelmäßig zu rauchen, 1988 waren es 51 von 1000. Unter College-Studenten – also einer etwas älteren Untersuchungsgruppe – nimmt das Rauchen ebenfalls zu. In der entsprechenden Untersuchung der *Harvard School of Public Health*, veröffentlicht am 18. November 1998 im *Journal of the American Medical Association*, wurde der Prozentsatz der College-Studenten ermittelt, die während der letzten 30 Tage mindestens eine Zigarette geraucht hatten: Waren es 1993 22,3 Prozent, lag ihr Anteil 1997 bei 28,5 Prozent.

57. Die erste Arbeit von David Phillips zum Anstieg der Selbstmordrate infolge von Zeitungsberichten über Selbstmorde bekannter Persönlichkeiten trug den Titel »The Influence of Suggestion on Suicide: Substantive and Theoretical Implications of the Werther Effect«, in: *American Sociological Review*, 39 (1974), S. 340–354. Eine gute Zusammenfassung dieser Arbeit – wie auch die Statistik zu Marilyn Monroe – befindet sich am Beginn einer Arbeit von Phillips zu Verkehrsunfällen, veröffentlicht unter dem Titel »Suicide, Motor Vehicle Fatalities, and the Mass Media: Evidence toward a Theory of Suggestion«, in: *American Journal of Sociology*, 84, 5 (1979), S. 1150–1174.

58. V. R. Ashton und S. Donnan, »Suicide by burning as an epidemic phenomenon: An analysis of 82 deaths and inquests in England and Wales in 1978–79«, in: *Psychological Medicine*, 11 (1981), S. 735–739.

59. Norman Kreitman, Peter Smith und Eng-Seong Tan, »Attempted Suicide as Language: An Empirical Study«, in: *British Journal of Psychiatry*, 116 (1970), S. 465–473.

60. H. J. Eysenck, *Smoking, Health and Personality*, New York 1965, S. 80. Auf diese Stelle verweist David Krogh in seinem Buch *Smoking: The Artificial Passion*, New York 1991, S. 107. Die Statistik zu Rauchen und Sexualverhalten stammt aus H. J. Eysenck, *Smoking, Personality and Stress*, New York 1991, S. 27.

61. David Krogh, *Smoking: The Artificial Passion*, New York 1991.

62. Ovide Pomerleau, Cynthia Pomerleau, Rebecca Namenek, »Early Experiences with Tobacco among Women Smokers, Ex-Smokers, and Never-Smokers«, in: *Addiction*, 93, 4 (1998), S. 595–601.

63. Saul Shiffman, Jean A. Paty, Jon D. Kassel, Maryann Gnys und Monica Zettler-Segal, »Smoking Behavior and Smoking History of Tobacco Chippers«, in: *Experimental and Clinical Psychopharmacology*, 2, 2 (1994), S. 139.

64. Siehe Anm. 41.

65. David C. Rowe, *The Limits of Family Influence*, New York 1994. Das Buch bietet eine sehr gute Übersicht über die Untersuchungen zu Zwillingen und Adoptivkindern.

66. Alexander H. Glassman, John E. Helzer, Lirio Covey et al., »Smoking, Smoking Cessation, and Major Depression«, in: *Journal of the American Medical Association*, 264 (1990), S. 1546 bis 1549.

67. Wendy Fidler, Lynn Michell, Gillian Raab, Anne Charlton, »Smoking: A Special Need?«, in: *British Journal of Addiction*, 87 (1992), S. 1583–1591.

68. Die Neal Benowitz/Jack Henningfield-Methode ist an zwei Stellen beschrieben worden: Neal Benowitz und Jack Henning-

field, »Establishing a Nicotine Threshold for Addiction«, in: *New England Journal of Medicine*, 331 (1994), S. 123–125; und Jack Henningfield, Neal Benowitz und John Slade, »Reducing Illness and Death Caused by Cigarettes by Reducing Their Nicotine Content«, Forschungsbericht für die *American Medical Association*, 1997.

69. Eine gute Übersicht über die vorhandenen Statistiken zu Drogengebrauch und -sucht befindet sich in: Dirk Chase Eldredge, *Ending the War on Drugs*, Bridgehampton/New York 1998, S. 1–17.

70. Rubinstein, »Epidemic Suicide Among Micronesian Adolescents«, S. 664.

DANKSAGUNG

Der Tipping Point entstand aus einem Artikel, den ich im Auftrag von Tina Brown als freier Journalist für den *New Yorker* schrieb. Tina redigierte den Text, um mir anschließend – zu meiner Überraschung und großen Freude – eine feste Stelle bei der Zeitung anzubieten. Vielen Dank, Tina. Sie und ihr Nachfolger David Remnick erlaubten mir freundlicherweise, viele Monate lang statt in der Redaktion an diesem Buch zu arbeiten. Die früheste Fassung des Textes erfuhr eine brillante Lektüre durch Terry Martin, der jetzt in Harvard lehrt, früher jedoch in unserer gemeinsamen Heimatstadt Elmira, wo er seit meinem Zehnte-Klasse-Biologie-Unterricht eine geistige Inspirationsquelle für mich ist. Besonderen Dank schulde ich auch Judith Rich Harris, der Autorin von *The Nurture Assumption* (dt. *Ist Erziehung sinnlos? Die Ohnmacht der Eltern*, Hamburg 2000), für ihre außerordentlich klugen Anregungen, die meine Sicht der Welt veränderten, und meiner Mutter Joyce Gladwell, die allezeit meine Lieblingsschriftstellerin ist und sein wird. Judith Shulevitz, Robert McCrum, Zoe Rosenfeld, Jacob Weisberg und Deborah Needleman nahmen sich die Zeit, das Manuskript zu lesen und mir ihre Überlegungen dazu mitzuteilen. Dee Dee Gordon (und Sage) und Sally Horchow stellten mir freundlicherweise während der wochenlangen Schreibarbeit an dem Text ihre Wohnungen zur Verfügung. Irgendwann kann ich mich hoffentlich dafür revanchieren. Im Verlag Little, Brown and Company durfte ich mit einer Gruppe großartig begabter und hingebungsvoller Meister ihres Faches zusammenarbeiten: Katie Long, Betty Power, Ryan Harbage, Sarah Crichton und vor allem mein Lektor Bill Phillips. Bill hat das Buch so oft gelesen, dass er es wahrscheinlich längst auswendig kann, und durch seine Beobachtungsgabe und Intelligenz wurde der Text bei jeder Lektüre besser. Vielen Dank. Zwei Menschen bin ich schließlich zu größtem Dank verpflichtet: Meiner Agentin und Freundin Tina Bennett, die die Idee zu diesem Projekt hatte und an seiner Verwirklichung wesentlich beteiligt war – durch ihren Schutz, ihren Rat und ihre Hilfe –, und meinem Lektor beim *New Yorker*, dem unvergleichlichen Henry Finder, dem ich mehr schulde, als ich ausdrücken kann. Vielen Dank an euch alle.